EVROPA

EUROPÄISCHE BIBLIOTHEK 23

gegründet von Henning Ritter

»Dear Pierre«
»Cher John«

Pierre Boulez und John Cage
Der Briefwechsel

Herausgegeben von Jean-Jacques Nattiez
unter Mitwirkung von Françoise Davoine, Hans Oesch
und Robert Piencikowski

Aus dem Englischen und Französischen
übersetzt von Bettina Schäfer
und Katharina Matthewes

Europäische Verlagsanstalt

Die Originalausgabe erschien 1990 unter dem Titel
»Pierre Boulez, John Cage: Correspondances et documents«
bei Amadeus Verlag Winterthur.

Die Deutsche Bibliothek – CIP-Einheitsaufnahme

Dear Pierre – cher John : Pierre Boulez und John Cage ; der Briefwechsel / hrsg. von Jean-Jacques Nattiez. [Aus dem Engl. und dem Franz. übers. von Bettina Schäfer. – Hamburg : Europäische Verlagsanstalt, 1997
(Europäische Bibliothek ; 23)
Einheitssacht.: John Cage – Pierre Boulez <dt.>
ISBN 3-434-50098-7

1. Auflage September 1997

Umschlaggestaltung: Groothuis+Malsy, Bremen,
unter Verwendung eines Fotos von John Cage, © Karsten de Riese, sowie eines Fotos von Pierre Boulez, © Paul Sacher Stiftung
Signet: Dorothee Wallner nach Caspar Neher »Europa« (1945)
Herstellung: Das Herstellungsbüro, Hamburg
Satz: Henjes/Carstensen, Hamburg
Druck und Bindung: Clausen & Bosse, Leck

Printed in Germany 1997

Inhalt

Boulez, Cage und der Sünden(zu)fall

Bettina Schäfer

Pierre Boulez ist als Dirigent weltbekannt. Vor allem im Bereich der neuen Musik hat er Maßstäbe gesetzt. Als er 1976 in Bayreuth Wagner dirigierte, klang auch diese Musik neu und wie gereinigt von allen bekannten, eingefahrenen Konnotationen. Entsprechend brüskierte damals sein eigenwilliger *Ring* die Wagner-Gemeinde und trug ihm Wolfgang Wagners Dank ein. Wagner sei ein viel zu guter Komponist, um ihn den Reaktionären zu überlassen, hatte Boulez erklärt.

Gleichzeitig hat Pierre Boulez als Komponist seit den fünfziger Jahren Weltgeltung und weitreichenden Einfluß erlangt und seit den frühen siebziger Jahren mit dem IRCAM (Institut de Recherche et de Coordination Acoustique/Musique) in Paris eines der modernsten experimentellen Tonstudios geleitet, wo außer ihm selbst Musiker aus aller Welt arbeiten.

Zu Beginn der fünfziger Jahre entwickelte er eine grundsätzlich neue, die *serielle* Kompositionsweise. Sein ehemaliger Lehrer Olivier Messiaen sowie seine Altersgenossen – Luigi Nono, Karlheinz Stockhausen, Henri Pousseur, Bo Nilsson – arbeiteten damals an denselben Problemen und komponierten bis in die sechziger Jahre mit ähnlichen Verfahren, die zusammengefaßt unter dem Begriff *Serialismus* die europäische neue Musik nach dem Zweiten Weltkrieg charakterisierten.

Nachdem Messiaen vor allem mit seinem Stück *Modes de valeurs et d'intensités* (1949) schon in diese Richtung aufgebrochen war, war Boulez der erste Komponist, der systematisch eine umfassend *serielle* Methode entwarf. Sie ist in zweien seiner Briefe am Beispiel der Stücke *Polyphonie X* und *Structures* (für zwei Klaviere) genau beschrieben. Seine serielle Technik fußte auf der Schönbergschen Methode der Komposition mit zwölf nur aufeinander bezogenen Tönen, wandte dieses Prinzip aber auch auf die anderen Charakteristika des Klangs – Dynamik, Dauer, Klangfarbe – an. Das Komponieren wurde zu einer Organisation der Töne und Klänge, es bedurfte verschiedener mathematischer Operationen, und der Komponist hatte viele »organisatorische« Probleme zu lösen – wovon in einigen der hier aufgenommenen Boulezschen Briefe die Rede ist. Zu hören war eine rational durchstrukturierte, nach dem Willen ihres Schöpfers unpersönlich wirkende Musik, die außer den bekannten auch neue Instrumente einsetzte, besonders alle Arten von Schlagzeug, und die bald auch mit den bis dahin unbekannten Möglichkeiten des elektroakustischen Klangs, der Live-Elektronik und mit elektronisch erzeugtem Klang arbeitete. Diese Musik fand in Europa unter Künstlern und kritischen Intellektuellen ein zunächst kleines Publikum, das aber doch in gewisser Weise neue Trends bestimmte. Boulez und auch zum Beispiel Nono waren selbst Intellektuelle, sie repräsentierten den aufgeklärten, gesellschaftskritischen und eher linksgerichteten Teil ihrer Generation. Dies mochte sich bei Boulez vielleicht indirekter, bei Nono hingegen direkter und deutlicher ausdrücken. Was aber ihre politische Haltung gleichermaßen prägte, war das politische Erbe des antifaschistischen Widerstands. In Frankreich und in Italien gaben im kulturellen Leben nach dem Zweiten Weltkrieg vor allem solche Intellektuelle, Schriftsteller und Künstler den Ton an, die aktiv im Widerstand engagiert gewesen waren oder doch mit ihm sympathisiert hatten. Oft selbst noch jung, wie etwa der mit Boulez befreundete Armand Gatti, der als Achtzehnjähriger im *maquis* gekämpft hatte, wurden sie zu persönlichen und intellektuellen Bezugspunkten für die nachfolgende Generation. Boulez schätzte beispielsweise den Widerstandskämpfer und surrealistischen Dichter René Char und vertonte mehrere seiner Gedichte *(Le Soleil des eaux, Le Visage nuptial, Le Marteau sans maître).* Oder, um bei dem später mit Stücken wie *V comme Vietnam* über Frankreich hinaus bekannt gewordenen Theatermacher Gatti zu bleiben: Boulez setzte 1952 eines seiner Gedichte mit dem Titel *Oubli signal lapidé* in Musik. Im Briefwechsel erfährt man von Boulez einige Hintergründe zu diesen Stücken: einzelne Ideen, Änderungsüberlegungen, Aufführungserfahrungen werden hier von ihm manchmal nur kurz angerissen, bisweilen auch ausführlicher erläutert.

Für Boulez nicht anders als für die Avantgarde der neuen Musik in Europa sollte seit etwa 1950 ausgerechnet die Bundesrepublik zum Ort wichtiger Begegnungen und Aufführungen neuer Musik werden. Seit Kriegsende waren hier gleich mehrere Treffpunkte, Festivals und Arbeitsmöglichkeiten entstanden. Das war den Initiativen musikalischer Organisatoren zu verdanken wie etwa Heinrich Strobel oder Wolfgang Steinecke, die damit bedeutende Beiträge zur kulturellen Resozialisierung der Deutschen und vor allem zur Wiederaufnahme des internationalen kulturellen Austauschs leisteten. So fanden die jungen Komponisten aus Ost und West in einem Deutschland zwischen Postfaschismus, politischer Restauration und kultureller Erneuerung sowohl Möglichkeiten zur Aufführung und Rundfunkübertragung ihrer Musik als auch zur Vorstellung und Diskussion ihrer theoretischen Ansätze. Die 1946 von Wolfgang Steinecke ins Leben gerufenen *Darmstädter Ferienkurse für neue Musik* und ebenso die *Kranichsteiner Musiktage* wurden eine Zeitlang zum allsommerlichen Rendezvous der jungen *Serialisten*, und die *Darmstädter Beiträge zur neuen Musik* boten jedes Jahr theoretischen Auseinandersetzungen Platz, an denen sich Musikkritiker und -wissenschaftler, nicht zuletzt Theodor W. Adorno, lebhaft beteiligten.

Ein weiterer, international ebenso angesehener Treffpunkt für Komponisten zeitgenössischer Musik waren die *Donaueschinger Musiktage*, die Heinrich Strobel begründet hatte. (1954 waren beispielsweise auch John Cage und der Pianist David Tudor, die damals sehr große Skepsis ernteten, eingeladen und stellten unter anderem Cages erstes Tonbandstück *Williams Mix* vor.) Neben seiner Redaktionstätigkeit für die Zeitschrift *Melos* leitete Strobel außerdem beim SWF Baden-Baden die Musikredaktion und setzte sich für viele junge Komponisten ein. Er begünstigte die musikalische Laufbahn von Pierre Boulez, indem er ihn zu Beginn der sechziger Jahre als Dirigenten nach Baden-Baden engagierte, wo er ihm gleichzeitig günstige Kompositions- und Aufführungsbedingungen für seine eigenen Werke bieten konnte.

Schließlich gehörte auch das Studio für elektronische Musik beim NWDR in Köln zu diesen Orten für neue Musik im westlichen Teil Deutschlands. Es war 1950 von Herbert Eimert gegründet worden, dem Komponisten, Musikkritiker und Redakteur am Kölner Rundfunk. Als erstes elektronisches Tonstudio in Europa wurde es für Stockhausen, seit 1957 für Ligeti und für viele andere zu einer wichtigen Station in der kompositorischen Entwicklung. Boulez erwähnt in einem seiner Briefe, er werde ab Herbst 1953 mit Stockhausen in diesem Studio an neuen Projekten arbeiten.

Was jedoch John Cage betrifft, so ist man sich heute noch nicht ganz einig, welcher Kunstsparte er eigentlich zugeordnet werden sollte – Musik, Textkunst, Malerei oder Gesamtkunst à la Fluxus und Happening? Oder allen gleichzeitig? Oder sieht man, was Cage am nächsten käme, am besten gleich von Einordnungen und herkömmlichen Ordnungsvorstellungen ab? Am bekanntesten wurden wahrscheinlich seine Aussagen über die Stille, über den Zufall und das Unvorhersehbare. Oft weiß man auch, daß er als erster Komponist mit einem vollkommen stummen Musikstück (in drei Sätzen!) mit dem Titel *4'33* (1952) aufwartete; er hat es auch einmal selbst als *happening* auf einer New Yorker Straße aufgeführt, und es wurde im Dokumentarfilm festgehalten. Oder manche erinnern sich, daß er seltsame, zen-buddhistische Gedanken verlauten ließ und ziemlich viele verrückte Stücke mit Geräuschen und unvorhersehbaren Aktionen zur Aufführung brachte, oft zusammen mit anderen Musikern wie David Tudor, manchmal auch mit Nichtmusikern. Außerdem sind einige auch heute noch der Meinung, daß Cage vielleicht mehr mit Anarchismus, Aktionskunst und Hippie-Lebensstil zu tun hat als mit neuer Musik.

Aus dieser Perspektive wirkt dann folgendes Ereignis ganz überraschend: Es war Cage, der einen offiziellen Kompositionsauftrag für das offizielle Musikwerk zur Feier des 200. Jahrestages der US-amerikanischen Unabhängigkeitserklärung von 1776 erhielt und auch ausführte. Und ausgerechnet Pierre Boulez, der mit Cages »Zufall als Methode« überhaupt nichts zu tun haben wollte, dirigierte dann 1976 die Uraufführung des *Apartment House 1776* – »Material für einen Musizirkus zur Begehung der Zweihundertjahrfeier der U.S.A.« mit dem New York Philharmonic Orchestra.

Wie schrill und exzentrisch auch immer Cages künstlerische Haltung, seine Musik und seine Aktionen in Europa empfunden wurden – es hat sich inzwischen herausgestellt, daß er zu den bedeutendsten Komponisten des 20. Jahrhunderts gehört und nachhaltigen Einfluß auf die Musik und die Kunst der westlichen Welt nach dem Zweiten Weltkrieg ausgeübt hat.

Eine ganze Reihe von Neuerungen ging mit Cages Wirken in die zeitgenössische Musik ein: der Gedanke der Gleichberechtigung von Klang und Stille im musikalischen Werk, das Einbeziehen unterschiedlicher Zufallsmethoden in die Komposition, die im Wechselspiel mit Morton Feldman entwickelte aleatorische Form (d.h. den Interpreten oder Ausführenden werden innerhalb des von einer Partitur gesetzten Rahmens bestimmte Wahlmöglichkeiten geboten); dann verschiedenartigste Notationsweisen von systematischem Charakter, die jedoch nichts mit dem bekannten Notenbild gemein haben, sondern als Partituren eigene, meist graphische Kunstwerke darstellen; schließlich das musikalische Werk, das aufgrund weniger, vom »Komponisten« gesetzter Anhaltspunkte in jeder Aufführung neu und anders entsteht: das musikalische *happening.*

Vor diesem Hintergrund mag es verwundern, daß zwei so konträr orientierte Künstler wie Pierre Boulez und John Cage einmal lebhaftes Interesse aneinander entwickelten, denn ersterer suchte nach immer komplexerer Struktur und immer feinmaschigerer Durchorganisation seines Werks, letzterer wollte immer mehr Unvorhersagbares in seine Musik bringen und dehnte die Sphäre der Kunst immer weiter aus in Bereiche, die bis dahin als Nichtkunst galten.

Aber zu Beginn der fünfziger Jahre gab es neben den sich bereits abzeichnenden ästhetischen Gegenpositionen auch Verbindendes. Und Boulez und Cage sollten nach ihrer ersten Begegnung in Paris 1949 bis etwa 1954 eine Reihe hochinteressanter Briefe schreiben, in denen sie sich vor allem über ihre Ideen und Neuansätze zur Komposition einer zeitgenössischen Musik im technischen Zeitalter in bemerkenswerter Offenheit austauschten.

Im Jahr 1949 steht der vierundzwanzigjährige Pierre Boulez am Anfang seiner musikalischen Laufbahn und hat bereits Werke von einer gewissen Bedeutung komponiert, darunter die *Sonatine pour flûte et piano* (1946), *Le Visage nuptial* (1946/47) und vor allem die *Zweite Klaviersonate* (1946/48). Er bewegt sich in einem linksintellektuellen Freundeskreis: mit dem Maler Bernard Saby, dem Schriftsteller Pierre Joffroy, dem Reporter, Dichter und späteren Theatermacher Armand Gatti, dem Musikkritiker und Redakteur der führenden Literaturzeitschrift *NRF* (*Nouvelle Revue Française*) Pierre Souvchinsky, der zu seinen frühesten Förderern gehört. Er verehrt Olivier Messiaen, seinen Lehrer am Conservatoire, der für die Entwicklung seiner Komposition in dieser Zeit wichtig wurde. Zum Broterwerb arbeitet Boulez am Theater von Jean-Louis Barrault und Madeleine Renaud als Dirigent und musikalischer Leiter des kleinen Bühnenorchesters. Barrault, der in Deutschland vor allem als Pierrot in Marcel Carnés Film *Kinder des Olymp* bekannt wurde, war damals einer der ambitioniertesten französischen Theaterregisseure, er hatte mit Antonin Artaud zusammengearbeitet, und sein Engagement galt vor allem modernen Autoren. Er legte Wert auf eine zeitgenössische Musik in seinem Theater, die hier oft ähnlich wie im Film eingesetzt wurde. Boulez sammelte auf diese Weise Dirigiererfahrung mit kleinem Ensemble. Zusammen mit den Interpreten ging er daran, für die neuartigen Interpretationsprobleme (z.B. bei Musik ohne Metrum, d.h. ohne daß ein Takt zu hören ist, die Fragen »Wie schlägt man das? Wie spielt man zusammen?«) neue Spiel- und Dirigiertechniken zu entwickeln. Und er erhielt in diesem Zusammenhang auch die Möglichkeit, sich in einigen Heften der Theatercompagnie zu musikalischen Fragen zu äußern und mit Barraults Unterstützung seine Konzertreihe für neue Musik, *domaine musical,* zu starten. All dies wird auch in den Briefen an Cage zum Thema.

Musikalisch befindet er sich also an einem Anfang, in einer Aufbruchsituation, und hat sich mit hohen künstlerischen Qualitätsansprüchen auf die Suche nach grundlegend Neuem begeben.

Der damals sechsunddreißigjährige John Cage verbrachte 1949 dank einer Auszeichnung der American Academy and Institute of Arts and Letters und eines Guggenheim-Stipendiums ein halbes Jahr in Europa. Er war zu diesem Zeitpunkt in den USA schon mit innovativen Schlagzeugkonzerten bekannt geworden und hatte bereits die wichtigsten Stücke für das von ihm erfundene, aufsehenerregende »präparierte Klavier« geschrieben. Seine 1946/48 entstandenen *Sonatas and Interludes* für den mit allen möglichen Materialien (vom Bolzen über Plastikscheiben bis zum Radiergummi) »präparierten« Flügel wurden 1949 in Paris zum erstenmal in Europa aufgeführt, und Pierre Boulez hielt die einführende Rede dazu, die hier als Text Nr. 1 wiedergegeben ist.

Cage hatte sich als junger Mann mit Dichtung und, für kurze Zeit, in Paris mit Architektur auseinandergesetzt, bevor er sich für die Musik entschied. Er war Schüler bei Richard Buhlig in Los Angeles, dann bei dem Schönberg-Schüler Adolph Weiss und bei Henry Cowell in New York gewesen und hatte schließlich 1934/35 in Los Angeles bei Arnold Schönberg persönlich Unterricht in Kontrapunkt und Analyse genommen. Durch die Zusammenarbeit mit dem Filmregisseur Oskar von Fischinger angeregt, beschäftigte er sich mit Geräuschen, mit der Notation von Schlagzeugklängen und mit der Organisation von Rhythmus. An der Cornish-School in Seattle, wo er um 1940 als Musiker arbeitete, traf er den Martha-Graham-Schüler Merce Cunningham, der in den sechziger Jahren als Avantgardist des *modern dance* bekannt wurde. Mit Cunningham sollte Cage eine lebenslange Freundschaft und Zusammenarbeit verbinden. 1937 hatte er versucht, in Los Angeles ein Tonstudio für zeitgenössische Musik zu gründen, und einige zum Teil experimentelle Stücke von Bedeutung hatte er bereits aufgeführt: *Imaginary Landscape No. 1* (1939) für gedämpftes Klavier, Becken und zwei Plattenspieler mit variablen Geschwindigkeiten für Frequenzmeß-Schallplatten, *(First) Construction in Metal* (1939) für sechs Schlagzeuger, 1940 sein erstes Stück für präpariertes Klavier: *Bacchanale;* dann das 1942 entstandene *The Wonderful Widow of eighteen Springs*, in dem er Textstücke aus Joyces *Finnegan's Wake* verwendet, seine erste Musik für Ballett aus demselben Jahr, für Merce Cunningham: *Credo in Us*, und 1946/48 die *Sonatas and Interludes* für präpariertes Klavier. Cage hatte 1943 ein vielbesprochenes Schlagzeugkonzert im Museum of Modern Art veranstaltet, hatte Marcel Duchamp kennengelernt und war um 1949 nach New York in die Monroe/Ecke Grand Street in eine selbstausgebaute Atelierwohnung gezogen, eine Etage über Merce Cunningham. Er beschäftigte sich zu dieser Zeit nicht nur mit der Zen-Philosophie bei Daisetsu Suzuki, sondern auch mit traditioneller indischer Musik bei Gita Sarabhai und lernte um 1950/51 Morton Feldman kennen, und, was für seine Musik mindestens so bedeutsam werden sollte, den Pianisten und späteren Komponisten David Tudor. Die zeitweise in demselben Haus lebenden Maler Jasper Johns, Philip Guston, Willem de Kooning, Robert Rauschenberg zählten ebenfalls zu den Freunden im engeren Sinne und beeinflußten seine ästhetischen Positionen, und damit zusammenhängend indirekt auch seine Musik.

So standen Boulez und Cage zur Zeit ihrer Bekanntschaft zwar an durchaus verschiedenen Punkten ihrer musikalischen und ästhetischen Entwicklung, aber sie hatten eines gemein: Sie empfanden beide das dringliche Bedürfnis nach fundamentalen, tiefgreifenden Neuerungen in der Komposition. Es ging ihnen darum, viel umfassender als bisher, etwas Neuartiges zu schaffen und letzte Reste einer Ausdrucksästhetik des 19. Jahrhunderts zu eliminieren, es ging um eine zweite Moderne in der Musik, wie sie sich auch in anderen Kunstsparten vollzog oder schon vollzogen hatte, nachdem eine erste Moderne bereits vor dem Ersten Weltkrieg von einigen europäischen und amerikanischen Komponisten initiiert worden war.

Einer der wichtigsten dieser Neuerer des anbrechenden 20. Jahrhunderts, neben Igor Strawinskij, Béla Bartók und Alexandr Skrjabin, war

Arnold Schönberg, der bis in die frühen dreißiger Jahre mit unerhörter Musik für skandalumwitterte Aufführungen sorgte, indem er das bis dahin verbindliche Dur-Moll-tonale System zunächst mit seinen atonalen Kompositionen von innen heraus auflöste, dann durch seine Methode der »Komposition mit zwölf nur aufeinander bezogenen Tönen« ganz ersetzte. Schönberg war in den ersten drei Jahrzehnten dieses Jahrhunderts wohl der avantgardistischste, einflußreichste und zugleich umstrittenste Komponist. Er war in den zwanziger Jahren an die Akademie der Künste in Berlin berufen worden und mußte 1933 mit Hitlers Machtergreifung aus Deutschland emigrieren. Sein Werk hatte sich in Europa noch nicht wirklich durchgesetzt – die Einladungen nach Darmstadt 1950 und 52 kamen für ihn zu spät, er starb 1952 in Los Angeles –, und war in der veränderten Welt nach dem Zweiten Weltkrieg bereits alt geworden. Dies wurde von vielen jungen avantgardistischen Musikern so empfunden, wobei er als Bezugspunkt – für Boulez und auch für Cage – immer noch wichtig war. Boulez hatte bei dem französischen Schönberg-Schüler René Leibowitz in den frühen vierziger Jahren die Zwölftonmusik kennengelernt; Cages Bezug mit seinen Studien in Los Angeles bei Schönberg selbst war noch direkter.

Ein weiteres Moment, das sie einander nahegebracht haben mochte, war beider Wunsch, Relikten des 19. Jahrhunderts auch bezüglich der Rolle des Künstlers eine radikale Absage zu erteilen: Gedächtnis (Gewohnheit), Geschmack und Willkür des Komponisten sollten nicht mehr in seine Musik eingehen, die Musik sollte diese Subjektivität ihres Schöpfers nicht mehr widerspiegeln. Boulez und Cage waren sich darin einig, daß es bei einer Musik auf der Höhe ihrer Zeit nicht zuletzt darum gehen mußte, allerletzte Reste von Spätromantik oder Neoklassizismus, die sich in der Kultivierung musikalischer Expressivität niederschlugen, aus der Komposition zu entfernen. Cage weist auch in seinem Text »Vorreiter der modernen Musik« (hier als Nr. 5 aufgenommen) auf diese Notwendigkeit grundlegender Veränderung hin.

In der Architektur hatten vergleichbare Neuerungen vom Bauhaus der frühen zwanziger Jahre, dem wiederum Schönberg in seinen ästhetischen Positionen wie durch die Freundschaft mit Adolf Loos verbunden war, ihren Ausgang genommen. Unter der Überschrift »neue Sachlichkeit« hatten Walter Gropius, Bruno Taut, Mies van der Rohe, Adolf Loos eine schnörkellose, von den neuen Materialien Stahl, Glas und

Beton ausgehende moderne Architektur initiiert und die entsprechenden Denkansätze dazu formuliert. Das Bauhaus arbeitete zudem mit Definitionen von Modernität, welche die Verbindungen der verschiedenen Künste und die Kultivierung neuer, durch die neuen technischen Möglichkeiten erst ermöglichten Künste wie Fotografie und Design betonte. So war es wohl kein Zufall, daß Cage zu Beginn der vierziger Jahre an der von Mohóly-Nagy geleiteten New School of Design in Chicago, an der sich einige der aus Deutschland emigrierten Bauhaus-Dozenten zusammengefunden hatten, Klassen für experimentelle Musik abhielt oder in den frühen fünfziger Jahren mit seinem Freundeskreis einige Sommer am Black Mountain College, dem damals der ehemalige Bauhaus-Künstler Josef Albers vorstand, mit Unterricht und Aufführungen verbrachte.

Wenn es für Boulez und Cage zum Zeitpunkt ihrer Begegnung 1949 also durchaus gemeinsame Ausgangspunkte wie auch Ziele gab, so machte sich schon damals in Paris aufgrund von Cages beginnender Beschäftigung mit dem Zufall die künftige Streitfrage bemerkbar. Boulez bemerkt dies in einem seiner Briefe, in dem er daran erinnert, daß sie wie zu Zeiten von Cages Paris-Aufenthalt noch endlos am Quai der Ile Saint-Louis auf und ab spazierengehen und sich über den Zufall auseinandersetzen könnten – und sie würden dennoch zu keiner Einigung gelangen. Noch überwiegen aber die Gemeinsamkeiten gegenüber den sich bereits abzeichnenden Gegensätzlichkeiten, und so richten sie nicht nur viele Fragen zu ihren musikalischen Untersuchungen und Experimenten aneinander und beschreiben Neuentdecktes, sondern sie schicken von New York nach Paris und vice versa auch Partituren, Schallplatten und Tonbänder mit ihren »Neuigkeiten«, die beide bei Freunden, Bekannten und nicht zuletzt öffentlich – in Radiosendungen oder Konzerten – vorstellen.

In der vorliegenden Korrespondenz sind mehrere musikgeschichtlich bedeutende Momente festgehalten, die einen genaueren Blick verdienen.

Als erster Einschnitt ist Boulez' Entwicklung einer seriellen Methode zu nennen. Er beschreibt in den Briefen Nr. 26, 31 und 35 die Schritte, in denen er das Prinzip der Schönbergschen Reihe (der zwölf nur aufeinander bezogenen Töne) auf alle vier Klangparameter anwendet:

Tonhöhe, Dauer, Klangfarbe und Dynamik. Mit dieser Ausweitung des Reihen-Organisationsprinzips auf alle Bereiche der Komposition destillierte er sein ganz und gar neues Verfahren – unter Bezug auf Schönberg und indem er sich gleichzeitig von ihm absetzte. Damit hatte er im wesentlichen das ins Werk gesetzt, was bald als *serielle* Musik bekannt und einflußreich wurde. (»Seriell«, weil das Prinzip der Reihe oder auch »das Gesetz der Serie« angewandt wurde.)

Die beiden ersten seriell komponierten Stücke der Musikgeschichte – *Polyphonie X* und *Structures* (für zwei Klaviere) – können in den genannten Briefen in ihrer Entstehung mitverfolgt werden. Es ergibt sich ein direkter Einblick in die Komponistenwerkstatt, da Boulez dem amerikanischen Freund ausführlich bis in die Details erläutert und aufzeichnet, wie er die Ableitung seiner Reihen für die einzelnen Klangparameter aus den Verfahren mit Zwölfton-Reihen Schritt für Schritt entwickelt. Bei konzentriertem Mit-Denken können dank seiner Genauigkeit auch Nichtkomponisten den Prozeß nachvollziehen und sich von Boulez' mathematischen Operationen faszinieren lassen.

Auf der Seite von John Cage erlebt man hier lesend einen weiteren Gongschlag der Musikgeschichte: die Vorstellung seiner bahnbrechenden *Music of Changes* (Nr. 28 und 32). Mit diesem ersten anhand von Zufallsoperationen komponierten Stück führt Cage zugleich einen musikalischen Denkansatz ein, der sich an entscheidenden Stellen von »Europa« und seinen Musiktraditionen verabschiedet. Er gesellt sich mit diesem Ansatz eher zu den wenigen frühen modernen Komponisten, die seit Beginn des 20. Jahrhunderts kaum einzuordnende Werke schufen: etwa einem Charles Ives oder dem jüngeren Henry Cowell (mit dem Cage befreundet war) in USA, Erik Satie in Frankreich und Edgard Varèse in Frankreich und den USA. Aus heutiger Perspektive wird die *Music of Changes* durchaus als ein Schlüsselwerk des 20. Jahrhunderts neben Schönbergs *Die glückliche Hand*, Strawinskijs *Sacre du Printemps* und Varèses *Hyperprism* gestellt und das Datum ihrer Entstehung als musikgeschichtlicher Einschnitt definiert (Werner Klüppelholz in *MusikTexte – Zeitschrift für neue Musik*, Nr. 15/1986).

Aus der Perspektive des provozierten Zeitgenossen jedoch wies Boulez stellvertretend Cages neues Kompositionsverfahren kategorisch ab: »... aber was den Zufall angeht, so kann ich nicht einmal den Gedanken daran ertragen ...« oder: »Ich glaube, über diesen Punkt würden wir uns nie einig, und wenn wir hundert Jahre zusammen wären ...« David Tudor zufolge wurde während Boulez' New-York-Aufenthalt im Winter 1952, als er auch bei Cage wohnte und dessen Freunde »Morty« Feldman, David Tudor und Christian Wolff persönlich kennenlernte, immer wieder über die Frage »Zufall oder freie Form« oder: »Wie frei darf die Form sein?« gestritten. Wegen der Unvereinbarkeit ihrer Positionen habe sich Boulez von Cage distanziert.

Interessanterweise gefiel aber Boulez die *Music of Changes* als musikalisches Ergebnis sehr gut (er hatte eine Partitur erhalten), und er schreibt, er sei »ganz und gar einverstanden«. Es ist das einzige Werk von John Cage, das Boulez später in seiner Konzertreihe *domaine musical* in Paris zur Aufführung gebracht hat.

Die Zufallsoperation als Kompositionsmethode ist allein Cages »Entdeckung« – mit weitreichenden Folgen. Er entwickelte ein auf dem chinesischen Orakelbuch *I Ging* beruhendes Verfahren, aufgrund dessen der Zufall in den eigentlichen Kompositionsprozeß eingreift. Wenn zu Beginn dieser Korrespondenz die kompositorischen Fragen noch offen im Raum stehen, auf die Cages Zufallsoperation eine Antwort sein wird, so können Leser im Lauf der Lektüre auch Schritte auf dem Weg zu dieser Lösung erkennen, wie z.B. seine Arbeit an der Musik für den Dokumentarfilm über Alexander Calder. Darüber hinaus war Zufälliges schon früher ein Element in einigen seiner Kompositionen – aufgrund bestimmter »Instrumente«, wie etwa Radios auf Sendung oder Frequenzmeßplatten in variablen Geschwindigkeiten.

Und Cage ist nicht der erste, der den Zufall in die Kunst einführt: Dieses Verdienst dürfte eher dem verehrten Schachpartner (der immer gegen Cage gewann) und Dadaisten Marcel Duchamp zukommen. Kurz nach dem Ersten Weltkrieg hatte Duchamp mit seinen *ready-mades* (die Zufallsobjekte waren) Skandale provoziert, um bald darauf in den Kunsthallen der westlichen Welt zu arrivieren – was den ursprünglichen Absichten nicht gerade entsprach.

Es wurde Cage später unterstellt, er habe sich mit seinen Münzwürfen und *I Ging*-Tabellen künstlerische Entscheidungen ersparen wollen oder aus kreativem Unvermögen zu dieser Methode gegriffen. Und daß ein Komponist, der den Anspruch erhebe, Kunst zu schaffen, nicht den Zufall walten lassen könne, spricht auch schon aus einigen von Boulez' Briefen. Dessen Blick, sowie der vieler europäischer Serialisten, auf das, was Cage tat und wie er Musik dachte, hat in den fünfziger Jahren die

Cage-Rezeption in Deutschland, überhaupt in Europa stark bestimmt. Eine der Ausnahmen war Stockhausen, der Anregungen aus der Zufalls-Musik aufnahm. Doch vorwiegend galt der unkonventionelle amerikanische Geräuschkünstler den europäischen Kollegen in den Fünfzigern als Original mit witzigen Einfällen, aber ob man ihn als Musiker akzeptieren sollte, war äußerst fraglich. Eine ähnliche Haltung wird in einem Ausspruch Schönbergs deutlich, der auf die Frage, wen von seinen amerikanischen Schülern er interessant fände, bemerkt haben soll: »Ja, da ist einer, Cage, aber das ist kein Musiker, das ist ein Erfinder.«

Seine ersten Aufführungen in Deutschland hatte Cage zusammen mit David Tudor in Donaueschingen (1954), später bei den Ferienkursen in Darmstadt, Köln und Düsseldorf (1958). Wenn damals ein kleiner Kreis sich zur wohlwollenden Toleranz oder Annahme von Cages Musik entschloß, so änderte sich das deutlich seit den sechziger Jahren mit dem Aufbruch in anderen Kunstbereichen, als Fluxus, Happening und damit zusammenhängend die Pop-art bekannt wurden, als gleichzeitig die politische und kulturelle »68er«-Protestbewegung Schlagzeilen machte, die manche von Cages Ideen und Überzeugungen aufgriff und auf ihre Weise umsetzte: das *happening*, die Auffassung von Leben und Kunst als einem Ganzen, oder den Bezug auf die Zen-Philosophie. Seit Mitte der sechziger und verstärkt seit Beginn der achtziger Jahre nahmen Cages Musik und seine musikalischen und ästhetischen Denkansätze und Überzeugungen nachhaltigen Einfluß auf die neue Musik in Europa. Dies war allerdings zur Zeit der Korrespondenz beider Komponisten überhaupt noch nicht abzusehen.

So liegt ein nicht geringer Reiz dieser Briefe auch darin, daß ihre Verfasser nicht wissen konnten, wohl aber ihre heutigen Leser und Leserinnen, was musikgeschichtlich in den Jahrzehnten danach folgte. In Europa war es der sich schnell durchsetzende *Serialismus*: Boulez, Stockhausen, Nono und die anderen, ihr Streben hinaus aus den Konzertsälen zu anderen Aufführungsorten sowie die von einigen Komponisten, vor allem Luigi Nono, betriebene Politisierung ihrer Kunst. Und auf der anderen Seite des Atlantik die »New York School« (in Anlehnung an die avantgardistischen befreundeten New Yorker Maler) mit ihrer offenen, den Zufall einbeziehenden Musik: Cage, Brown, Feldman, Wolff, Tudor und deren Wechselwirkung mit Fluxus, Happening, Pop-art. Die Auswirkungen beider Richtungen haben heute unter anderem zu großzügigeren, gelasseneren Definitionen dessen geführt, was musikalisch zum Bereich der Kunst gehört und was nicht. Sie haben außerdem für gesteigerte technische und gestalterische Anforderungen an die Interpreten gesorgt, die inzwischen zur Normalität für die Aufführung neuer Musik geworden sind. Gleichzeitig ist es, vor allem mit der vielfachen Verwendung *aleatorischer* Formen, seit damals beinahe selbstverständlich geworden, daß Interpreten neuer Musik zu eigenverantwortlicher, eigeninitiativer Mit-Gestaltung von Musikstücken willens und in der Lage sind. Und als Rezipient neuer Musik ist man es inzwischen gewohnt, daß Aufführungen in allen möglichen Umgebungen stattfinden, nur nicht in Konzertsälen – von der Fabrikhalle zum Maleratelier, von der Tiefgarage bis hin zur Open-air-Veranstaltung. Dies hat die ästhetische Erfahrung erweitert. Und daß längst nicht mehr von allen Komponisten die strenge Abgrenzung zur Nicht-Kunst-Musik, also etwa zu Pop, vertreten wird, zählt heute ebenfalls fast zu den Selbstverständlichkeiten, ebenso wie das Entstehen von »Zwischenbereichen«, bei denen nicht mehr festzustellen ist, ob es sich nun um Kunst-Musik oder Pop-Musik handelt – von Phil Glass bis Laurie Anderson.

Dies sind einige äußere Folgen von Entwicklungen, die in den fünfziger Jahren mit Serialismus und Zufallskomposition in Gang kamen und dank derer zwischen heute und der Situation nach dem Zweiten Weltkrieg ganze Welten liegen – vor allem auch hinsichtlich des Verhältnisses zu Kunsttraditionen und ihren Verbindlichkeiten. Vergegenwärtigt man sich diese »Langzeitwirkung«, wird ein weiteres Moment der Radikalität von Boulez' und Cages Werken und Kompositionsmethoden deutlich.

In ihrer Korrespondenz lesen sich diese »Neuigkeiten« so direkt und unprätentiös, so konzentriert und sachlich bezogen auf das gerade Herausgefundene und voller Bemühen, die neu entwickelten Methoden, die neuen Denkansätze für ihr Komponieren möglichst genau und unmißverständlich zu beschreiben, daß beim naiven Lesen das Radikale und der Zündstoff daran durchaus unbemerkt bleiben können. Alles wird hier ganz selbstverständlich und folgerichtig in der inneren Logik der Komponisten entfaltet und gebärdet sich kein bißchen revolutionär. Boulez und Cage führen die Leser in ihre sehr friedlichen, meist geräuscharmen und von Konzentration erfüllten Werkstätten. Man glaubt bisweilen, direkt neben ihnen zu stehen und den Künstlern abwechselnd über die Schulter zu schauen – als sei keine Zeit vergangen seit ihren Entdeckungen. Der Zeitsprung macht sich an anderen Stellen um so deutlicher bemerkbar: wie provozierend diese neue Musik damals vom Publikum empfunden wurde, wie sehr sie gegen Hörerwartungen verstieß und wieviel Engagement von Musikern und Veranstaltern nötig war, um solche Werke aufzuführen und die Öffentlichkeit dafür zu sensibilisieren, geht hier allein aus einigen Bemerkungen von Boulez an den New Yorker Freund hervor. Cage hingegen ist allgemein mit kritischen Äußerungen wie Berichten über Publikumsreaktionen eher sparsam, erwähnt nur einmal anläßlich der Aufführung seines Tonbandstücks *Williams Mix* die Mehrheitsreaktion eines durchaus aufgeschlossenen Publikums.

Vielleicht ist es die unmittelbare, schnelle Niederschrift dieser Briefe und die unzensierte Mischung aus Momentaufnahmen von Tagesereignissen und absoluter Konzentration auf Wesentliches, die nach fast einem halben Jahrhundert das Hier und Jetzt von damals so gegenwärtig macht. Vielleicht sind es aber auch das lebhafte Interesse beider Künstler an der Musik und der kompositorischen Entwicklung des anderen sowie ihr gleichermaßen freundschaftlicher Blick auf das Gegenüber, die ihre Äußerungen so offen, lebendig und im besten Sinne jung wirken lassen.

Ein weiteres musikalisches Ereignis der frühen fünfziger Jahre, das nachhaltigen Einfluß ausüben sollte, ist hier als knappe Beschreibung (Nr. 32) mit einer erklärenden Graphik (welche die Partitur des einen Stückes ist) in die Sammlung aufgenommen: Morton Feldmans *Projection and Intersection*. Es handelt sich dabei um die ersten beiden Werke der Musikgeschichte, die den Interpreten hinsichtlich unterschiedlicher musikalischer Bezugspunkte – seien es die genauen Tonhöhen, die Einsatzmomente, die Dauern oder Spielweisen – gewisse Wahlmöglichkeiten anbieten. Zum erstenmal bezieht somit ein Komponist die Aufführenden seines Werks aktiv in die Komposition ein und gibt ihnen die Möglichkeit, an der von Aufführung zu Aufführung unterschiedlichen konkreten Gestalt eines Stückes durch ihre jeweiligen Entscheidungen mitzuwirken. In einem Gespräch zwischen Cage und Feldman von 1966 wird an die Entstehung von *Projection* erinnert: »Du hast es in der Monroe Street aufgeschrieben, und David Tudor und ich waren im anderen Zimmer. Du warst rausgegangen und hast das Stück graphisch notiert.

Dadurch hatten wir [Tudor und Cage als Interpreten in diesem Fall] die Freiheit, in diesen drei [Tonhöhen-]Bereichen – hoch, mittel und tief – zu spielen. Wir kamen dann rein und spielten das Stück, und danach hatte sich die musikalische Welt verändert.« (in: *Radio Happenings*, Köln: MusikTexteVerlag 1993)

Boulez reagierte mit einem ausführlich analysierenden kritischen Brief (Nr. 35) auf die Partitur von *Projection*, die Feldman ihm geschickt hatte. Daß er dem Interpreten für die Aufführung dieser beiden Stücke Entscheidungen einräumt, daß er nur Frequenzbereiche (oder Frequenzbänder, wie Boulez sagt) festlegt und keine bestimmten Tonhöhen, das sind Unsäglichkeiten für den energischen Systematiker Boulez. Und er sah deutlich, daß die gewohnte Ordnung bedroht war: »... dann wären sie [die Interpreten] ja Komponisten«. Feldman hatte mit seiner ersten aleatorischen Komposition auf selbstverständliche Weise etwas ziemlich Ungeheuerliches eingeführt.

Spätestens an dieser Stelle sollte etwas zu dem legendären Pianisten neuer Musik und späteren Komponisten von elektronischen Klangereignissen David Tudor gesagt werden, denn inzwischen ist offensichtlich, daß er entscheidenden Anteil an der Entstehung von solchen Partituren hatte, die höchste Ansprüche an den Interpreten stellen und ihm zugleich weitreichende Freiheiten für die Gestaltung eines Stücks bei der Aufführung gewähren. John Holzaepfel schreibt in seinem Aufsatz »Der Tudor-Faktor«, daß die Freunde Brown, Cage, Feldman und Wolff nach eigenen Aussagen sich von Tudor regelrecht herausgefordert sahen, mit immer neuen Ideen, Notationsweisen und Gestaltungsmöglichkeiten aufzuwarten, um »David nicht zu langweilen«. Dazu die Aussagen der Komponisten Feldman: »Diese Art von Musik ist mehr als eine Spezialität von Tudor. In gewisser Weise ist er ganz und gar dafür verantwortlich. Als ich David traf, lernte ich Möglichkeiten zu hören und zu erkennen, von denen ich nie geträumt hatte. (...)« Und Cage: »Sein Interesse an Puzzles führte zur Erfindung der ganzen Unbestimmtheit. Was man tun mußte, war, eine Situation schaffen, die *ihn* interessieren würde. Darin bestand seine Rolle.«

David Tudor spielte jedoch nicht nur die neuen US-amerikanischen Komponisten, sondern führte auch Boulez' *Zweite Klaviersonate* 1950 in der Carnegie Hall auf, wovon in der Korrespondenz mehrfach die Rede ist, und er machte im Lauf der fünfziger Jahre noch weitere europäische Avantgardisten in den USA bekannt. Einige widmeten ihm Klavierstücke, wie etwa der von seiner Interpretationsweise begeisterte Stockhausen. Tudor hat die Rolle des Interpreten von Grund auf verändert, er setzte durch seine Praxis die Maßstäbe neu: Eigenständigkeit und Verantwortlichkeit des Aufführenden zogen mit ihm in die Konzertsäle, Hallen und Open-air-Events ein.

Morton Feldmans *Projection* und *Intersection* von 1950/51 sind gleichzeitig die ersten musikalischen Werke in einer vollkommen neuartigen graphischen Notation. Auch dieses ungewöhnliche äußere Erscheinungsbild der Partitur trifft auf eine beinahe verständnislose Kritik bei Boulez. Den von europäischer Tradition losgelösten gedanklichen Ansatz Feldmans, der in *Projection* zutage tritt und sich auch in seinem Statement dazu (Nr. 32) spiegelt, scheint Boulez vor allem in seinen Konsequenzen noch gar nicht recht zu überblicken.

Feldman gegenüber sollte die europäische Musikwelt zunächst ähnlich wie im Fall Cage reagieren. Darmstadt beispielsweise lud ihn erst mit etwa zwanzigjähriger Verspätung ein, zu Beginn der siebziger Jahre, als er sich bereits als avantgardistischer Komponist durchgesetzt hatte. Gleichwohl zeitigte während der fünfziger Jahre, ohne daß Feldman als ihr Urheber und Anreger große öffentliche Anerkennung erhalten hätte, seine zunächst geschmähte aleatorische Form, die durch die Wahlmöglichkeiten für die Interpreten entsteht, erhebliche Auswirkungen in der neuen Musik Europas und wurde weithin bekannt.

Auch die bis dahin unbekannte graphische Notation von Musikstücken hat von Feldman ausgehend zunächst im unmittelbaren Umkreis bei Cage, Wolff und Brown, bald aber weithin in den USA und Europa großen Anklang gefunden und wurde auf verblüffende Weise verwendet und weiterentwickelt.

Feldman selbst erläutert *Projection* und *Intersection*, seine Art von Majestätsbeleidigung der westlichen Musiktradition, lakonisch und mit einer Schlichtheit, die seine Revolution für Uneingeweihte beinahe unkenntlich macht. Reagierte nicht wenige Seiten weiter Boulez mit seinem vehementen Brief – man liefe vielleicht auch hier Gefahr, nicht ganz zu verstehen, was an diesen Stücken eigentlich so aufregend war.

Boulez fällt an Feldmans Stück neben den – aus seiner Sicht – kompositorischen Mängeln vor allem ihre »Einfachheit« und ihr »Mangel an Geheimnis« auf. Und er gesteht in diesem Zusammenhang, daß aus demselben Grund, nämlich weil dessen Bilder zu simpel und durchschaubar seien und weil er es sich damit als Künstler zu einfach mache, er auch Mondrian als Maler nicht mag ... den Feldman zu dieser Zeit sehr schätzte.

Ähnlich, nur wesentlich kategorischer, sollte Boulez 1957 in seinem Artikel »Aléa« die Zufallskomposition John Cages kritisieren und ihr das Prädikat »Kunst« aberkennen – ohne seinen Namen zu nennen, aber in seinen Bezugnahmen deutlich genug, als daß man spätestens auf der zweiten Seite weiß, wer gemeint ist. Seine Kritik ist schneidend, ihm ist man in New York zu wenig daran interessiert, komplexe Kompositionen zu schaffen, die in verschiedener Hinsicht und auf mehreren Ebenen »organisiert« sind, und – nach Boulez – nur dadurch mit jener Eigenschaft aufwarten können, die in der Kunst »Dichte« genannt wird. Kunstwerke müssen für ihn, um interessant zu sein, immer einen Rest an Geheimnis bewahren, wie er mit dem schönen Breton-Zitat vom »undurchdringlichen Kern an Nacht« in diesem Zusammenhang in Brief Nr. 35 bereits zum Ausdruck brachte. Daß Dichte und unerschöpfliches Geheimnis auch auf anderen Wegen entstehen können, vermochte ihm damals niemand zu beweisen. Mit seinen strikten ästhetischen Maßstäben und seinem energischen Bedürfnis nach Struktur *und* Dichte, nach Klarheit *und* Geheimnis in der Kunst zeigt sich Boulez hier von einer sehr französischen, philosophisch-aufklärerisch und literarisch geprägten Seite: Descartes, Voltaire, Diderot, Baudelaire, Rimbaud und sogar noch der zeitgenössische Surrealist René Char scheinen sich hier zu treffen: Es ist die hohe Aufgabe der Kunst und des Künstlers, mit komplexen und vielfältig wirksamen Werken die menschlichen Möglichkeiten positiv zu erweitern, das Wahrnehmen und Denken zu bereichern. Boulez' scharfe Kritik weist ihn als *intéllectuel pur et dur* (der reine, harte Intellektuelle) aus, besonders wenn er, wie 1957 in »Aléa« (deutsch in: Joseph Häusler, *Werkstattexte*), die Grenzen der Kunst gegen die Nichtkunst kategorisch verteidigt. Seine kritische Betrachtung und schließlich sein Verwerfen des von Cage, Feldman und den anderen vollzogenen Schrittes ist auf dem Hintergrund seiner Bejahung der aufklärerischen Traditionslinie naheliegend und nachvollziehbar, wirkt aber heute – aufgrund des veränderten Verhältnisses zu (Kunst)Traditionen und ihren Verbindlichkeiten – bei weitem nicht mehr so zwingend wie zur Zeit ihrer Formulierung. Vielleicht grenzte sich Boulez auch deshalb so scharf ab, weil er selbst – wiederum durch seine Beschäftigung mit Literatur, in diesem Fall derjenigen von Stéphane Mallarmé und dessen *Livre*-Fragmenten – dem Spiel mit Struktur und Zufall Anregung abgewinnt und in gewissem Maße Nicht-Festgelegtes bewußt in seine Kunst einlassen will. Nur unterscheidet sich »seine Art Zufall« (O-Ton Cage) tatsächlich deutlich von derjenigen, mit welcher Cage arbeitet, und sein Denken kreist darum – entsprechend seinem intellektuellen wie künstlerischen Hintergrund –, wie er eine Kontrolle über das Unbekannte, das Nicht-Festgelegte an jedem Punkt einer Komposition wiederherstellen und sein Werk konsequent organisieren kann. Der Grad, in dem Cage den Zufall als Gestaltungsprinzip walten ließ, wurde für ihn zum eigentlichen Scheidepunkt. Seine Bedenken, durch zu simple oder simplifizierende Techniken, als die er die unverleugnet spielerische Anwendung von Zufallsoperationen versteht, ein Kunstwerk zu verflachen oder fragwürdig zu machen, mögen aus heutiger Sicht bei Cage, Feldman & Co. ganz unangebracht wirken. Und dies, obwohl man sich in New York nicht um die Grenzen von Kunst und Nichtkunst zu kümmern schien und obwohl Cage einmal zu einem anderen Kritiker sagte: »You don't have to call it music, if that hurts you.« (Sie müssen nicht Musik dazu sagen, wenn Ihnen das wehtut.)

Boulez' Unduldsamkeit gegenüber den amerikanischen Grenzübertritten weist aber grundsätzlicher auf einen bedenkenswerten Umstand hin: Da die Kunst tatsächlich ganz und gar künstlich ist, wird gleichzeitig mit der Ablösung von Tradition und Beurteilungskriterien die Anforderung an die einzelnen Künstler sehr hoch. Wenn, wie bei der »New York School«, das eigene Leben zur Kunst wird, müssen die Kunstschaffenden alles an sich selbst bilden und aus sich selbst schöpfen – oder das, was sie hervorbringen, wird trivial und uninteressant. Auf dem Hintergrund der Entwicklung westlicher Gesellschaften zu Entindividualisierung, Trivialisierung und Normierung bis in die »subjektivsten« Freiräume der Phantasie werden die Freiheiten, die Cage und seine Freunde sich herausnahmen, zu hohen Ansprüchen an kreative Individuen. Und er selbst baute entsprechend darauf und übte sich regelrecht darin (nicht ohne Grund beschäftigte er sich mit der Zen-Lehre), seine Kunst in Offenheit und Durchlässigkeit für die Mitwelt – auch deren Zumutungen – entstehen zu lassen. Er hatte die europäische Denk- und Kunsttradition, mit der er vertraut war, zunehmend beiseite gelassen, um sein geistiges und emotionales Innenleben bewußt uneinheitlich, offen und beweglich zu möblieren. Mit seiner Musik ging es ihm nicht zuletzt darum zu zeigen, wie, losgelöst von der Tradition und aus der Integration des eigenen konkreten Lebens in die Kunst, originäre Kunstwerke zu schaffen sind.

Boulez' Traditionsbezogenheit, seine feste Abgrenzung und Verteidigung eines besonderen Bereiches »Kunst« beinhaltet demgegenüber die Möglichkeit, sich als Künstler auf diesen abgegrenzten Raum zurückzuziehen und so die Vereinnahmungen durch eine nichtkünstlerische Welt zurückzuweisen.

Zurück zur Korrespondenz: Eine weitere Sternstunde auf Cages musikalischem Weg stellt die Entstehung des ersten US-amerikanischen Tonbandstücks, seines *Williams Mix* dar. Im Sommer 1952 beschreibt er detailliert und voller Humor die Ideen, die Organisation und die Mühen bei der Montage seiner in diesem Jahr fertiggestellten *tape-music*. (Das erste Stück für Tonband überhaupt dürfte schon vorher in der Versuchswerkstatt für konkrete Musik bei Pierre Schaeffer in Paris entstanden sein.) Cage wurde ganz unmittelbar vielleicht durch seine vorausgegangene Arbeit an der Musik zu dem Dokumentarfilm über den zeitgenössischen Bildhauer Alexander Calder, die er im Brief Nr. 28 beschreibt, wieder zur Arbeit mit dem noch relativ neuen technischen Medium Tonband angeregt. Doch bereits bei seinem Versuch von 1937, in Los Angeles ein Studio zu gründen, sprach er für die künstlerische Arbeit mit damals modernster Technik: »Zentren für experimentelle Musik müssen eingerichtet werden. Hier müssen die neuen Maschinen – Oszillatoren, Plattenspieler, Generatoren, Verstärker für leise Töne, Tonbandgeräte usw. – zur Verfügung stehen. Zeitgenössische Komponisten verwenden die Mittel des 20. Jahrhunderts, um Musik des 20. Jahrhunderts zu machen. Organisation von Klängen auch für andere als rein musikalische Zwecke.« (»The future of music: Credo«, in *Silence*, Middletown/Conn.: Wesleyan Univ. Press 1961) Die Studioarbeit interessierte Cage also schon seit langem, und er erkundigt sich in einigen seiner Briefe auch eingehend bei Boulez nach Schaeffers *musique concrète*-Experimenten und dessen Studio bei der RTF. Dank einer Spende von Paul Williams erhielt er dann 1952 die Möglichkeit, in ein Tonstudio zu gehen. Es soll dabei nicht unerwähnt bleiben, daß Cage in den fünfziger Jahren sich finanziell mehr oder weniger immer nur »durchschlug«, was in unzähligen Anekdoten ausgiebig bekannt wurde und seine Kunst zwar nicht verhindert hat, ihm die Arbeit aber auch nicht unbedingt erleichterte. So schildert er in seinem Brief Nr. 28 *en passant* auch das abenteuerliche Finanzmanagement seines Projekts oder die improvisierfreudigen Techniker Louis und B.B. Barron, in deren Studio Cage und seine Freunde und »ein Student aus Illinois« an dem *Mix* schneiden und montieren. Vor allem aber seine Materialauswahl und die Methode der Komposition mit zum Teil technisch bearbeiteten Tönen, Klängen und Geräuschen werden zum Gegenstand seiner Erläuterungen. Er thematisiert dann im weiteren die Montagearten und schließlich die etwas spezielle »Partitur«, die er wie ein 1:1-»Schnittmuster« für acht Tonbänder anlegt. Was ihn zu einer sonst bei ihm nicht vorkommenden Äußerungsweise treibt: der Klage. Die Montagearbeit dauert endlos lange, da sehr kurze Abschnitte geschnitten und zusammengeklebt werden. Das Schnittmuster umfaßt am Ende 192 großformatige Seiten, während das ganze *Williams Mix*, das aus acht verschiedenen Tonbändern auf acht Lautsprechern gespielt wird, nur etwa 4 1/2 Minuten dauert.

Zu diesem heute noch faszinierend klingenden Stück (sofern es tatsächlich von acht Einzelbändern über acht Lautsprecher zu hören ist) lernt man hier also die Herstellungsverfahren und -nöte »live« kennen. Und in einem etwas späteren Brief erzählt Cage dann von der ersten Aufführung des *Williams Mix* in großem Saal mit mehreren hundert Zuhörern und davon, welche Hörerfahrung er selbst dort machte.

Kleine Koinzidenz am Rande dieses frühen Tonbandstücks: Der Förderer Paul *Williams*, dem das *Mix* gewidmet ist, »verjubelte« den Rest seiner Erbschaft damit, daß er 1953/54 eine Kooperative an der Gate Hill Road in Stony Point nördlich von New York gründete, wohin neben anderen New Yorker Künstlern auch John Cage 1954 aus seiner Monroe/Ecke Grand Street-Atelierwohnung übersiedelte und bis in die sechziger Jahre lebte – zusammen mit David Tudor, der bis Anfang der neunziger Jahre dort seinen Wohnsitz behielt.

In Paris ergibt sich ebenfalls 1952 für Pierre Boulez die Gelegenheit zu Untersuchungen und Experimenten – im elektroakustischen Tonstudio von Pierre Schaeffer, dessen frühe Rundfunkaktivitäten dem antifaschistischen Widerstand galten und der seit Kriegsende bei der RTF ein Versuchsstudio aufgebaut hatte, wo er seine experimentelle »konkrete Musik« entwickelte. Dieses Studio war das erste seiner Art, und die *musique concrète* hatte in den fünfziger Jahren als avantgardistische Richtung Bedeutung erlangt. Hier also betrieb Boulez seine ersten Experimente, und er erläutert seine Untersuchungen im Rahmen der aus jungen Komponisten und Musikern bestehenden Studio-Versuchsgruppe, die unter anderem zu zwei Stücken, seiner *Etude sérielle sur un son* und der *Etude sérielle sur un accord de sept sons* führten, in einem der Briefe sehr ausführlich. Diese ersten Versuche markieren Boulez' folgenreichen Einstieg in die Arbeit mit dem Tonstudio, die er hier zunächst im Bereich der Elektroakustik vornahm (auf Tonband oder Schallplatte aufgenommener Klang, der elektronisch bearbeitet werden konnte).

Sehr bald werde er auch mit elektronisch erzeugtem Klang arbeiten – wie er 1953 an Cage schreibt. Er hatte inzwischen Karlheinz Stockhausen und das von Herbert Eimert geleitete elektronische Studio beim NWDR in Köln kennengelernt und wollte dort an neuen Projekten arbeiten. In den letzten Briefen, besonders Nr. 45, ist von Stockhausen einige Male die Rede. Während er sich zu den acht Bändern des *Williams Mix*, die er 1953 von Cage geschickt bekommen hatte, nicht äußerte, zeigt er sich hier voller Anerkennung für Stockhausens erste elektronische Tonbandstücke, wahrscheinlich die *Etüde* von 1952 oder auch *Elektronische Studien* (1954), deren erste von 1953 unveröffentlicht blieb: »Stockhausen wird immer interessanter! Er ist in Europa der Beste von allen! Intelligent und begabt! Ich finde großes Vergnügen an den Diskussionen mit ihm ...« Die Ankündigung der beabsichtigten Zusammenarbeit markiert den Beginn der Zeit gegenseitiger Anregung, die Boulez immer öfter nach Deutschland und Stockhausen bald für eine Weile nach Paris und zu Messiaen führen sollte. Vor allem aber begann damit eine Freundschaft, die den schnell wachsenden gemeinsamen Einfluß der »Trias Boulez, Stockhausen, Nono« mitbegründete.

Obwohl Boulez mit seinen Äußerungen über Deutschland – wo Stücke von ihm schon seit 1951 fast jedes Jahr in Donaueschingen oder Darmstadt ebenso wie in Berlin und Köln aufgeführt werden – und über Stockhausen deutlich zu erkennen gibt, daß er sich immer weiter von Cage entfernt, schreibt er ihm noch erfreut davon, daß Eimert in Köln an *Williams Mix* interessiert sei und er ihm Cages Anschrift gegeben habe. Dieses Interesse war nicht völlig neu, denn in seiner Spätabendsendung für neue Musik im NWDR hatte Eimert 1951 bereits Cages *(First) Construction in Metal* gebracht und beobachtete die Entwicklungen in der US-amerikanischen neuen Musik. Auch dies sollte Folgen haben, sowohl für das Bekanntwerden Cages in Deutschland als auch – für Stockhausen. Denn anders als Boulez empfand letzterer offenbar die Gegensätze zwischen festgelegtem Freien, Durchstrukturierten einerseits und andererseits mit Hilfe des Zufalls Ermittelten als weit weniger dramatisch, so daß er auch in der New Yorker »Szene« durchaus Anregendes finden konnte. Und er war von David Tudors Klavierspiel, nachdem er ihn das erste Mal in Deutschland gehört hatte, so begeistert, daß er ihm seine *Klavierstücke V* bis *VIII* widmete. Bald sollte er sich auch mit Cage und Tudor persönlich befreunden und austauschen. Von seinem *Klavierstück XI,* in dem er auf seine Weise Organisation und Nichtfestlegung zusammenbringt, heißt es, es sei auch als Antwort auf erste Begegnungen mit Cages Musik entstanden. So verwundert es kaum, wenn kolportiert wird, daß es Stockhausen war, der während der zweiten Europatournee von Cage und Tudor (1958) einen Vermittlungsversuch zwischen Boulez und Cage unternahm, als dieser mit dem Erscheinen von Boulez' heftigem Artikel »Aléa« auch die letzten Reste ihrer früheren Freundschaft abgeschafft sah.

Mindestens Verwunderung bewirkte allerdings John Cages Aktion während dieses Darmstadt-Aufenthaltes, mit der er auf Boulez' kategorische Verdammung des Sünden(zu)falls auf seine zen-buddhistische Weise antwortete: Der Komponist J. C. saß während Pausen und Veranstaltungen vor der Türe, an einem Holztisch, und setzte Töne auf seine Weise – völlig geheimnislos, mit Hilfe von Münzwürfen und *I Ging*-Tabellen. Drinnen sprachen die Serialisten und stellten neue Kompositionen vor. Als der Zufallsmethodiker dann befand, es sei genug mit Münzwürfen und *I Ging*-Orakel, ging auch er daran, eines seiner auf diese Weise komponierten Stücke vorzustellen – mit dem Lächeln der Edamerkatze aus Alices Wunderland im Gesicht (das auch Boulez ihm 1962 im letzten erhaltenen Brief attestierte). Und die junge europäische Avantgarde hörte. Und hörte. Und traute ihren Ohren nicht. Aber am Ende war es nicht abzustreiten: Die außermusikalische Zufallskomposition ähnelte in verblüffender Weise manchem differenziert und komplex strukturierten seriellen Werk der jungen europäischen Avantgarde.

Der Briefwechsel

Nr. 1 – Pierre Boulez, Einführung zu den »Sonatas and Interludes« für präpariertes Klavier von John Cage
Salon von Suzanne Tézenas, Paris
[vor dem 24. Juni 1949][1]

Meine Damen und Herren,
wenn man zum erstenmal vom präparierten Klavier John Cages hört, mag zunächst eine gewisse Neugier, gepaart mit amüsierter Skepsis, aufkommen. Vielleicht stellt man sich irgendeinen verschrobenen Erfinder vor, der seinen Ehrgeiz daransetzt, Klaviere zu ver-stimmen, und der dazu die Saiten mit einer Art metallischem Wildwuchs bepflanzt. Nimmt man ihn aber ernst, mag man an einen subtilen und ingeniösen Geräuschemacher denken, der mit dem Schlagzeug-Klavier neue Möglichkeiten eröffnet. Tatsächlich geht es beim präparierten Klavier aber um ein Infragestellen der akustischen Begriffe, die sich im Lauf der abendländischen musikalischen Entwicklung stabilisiert haben. Diesen Begriffen entsprechen Auffassungen, die sogar noch den radikalsten und entschiedensten Werken neuer Musik zugrunde liegen. John Cages präpariertes Klavier hingegen bietet anstelle dessen, was wir reine Töne nennen könnten, Frequenzkomplexe[2]. Wir können übrigens für die Verwendung komplexer Töne bei Instrumenten, die in Zentralafrika gespielt werden, Entsprechungen finden – etwa bei den Sanzas. Damit stellt sich vor allem die Frage: Ist es möglich, daß die traditionelle Bildung, die wir erhalten – oder erlitten – haben, uns einer verfeinerten akustischen Wahrnehmung beraubt hat?
Die Logik von Cages Vorgehen liegt in seiner Weigerung, das musikalische System als verbindlich anzunehmen, mit dem er sich konfrontiert sah, als sich ihm das Problem musikalischen Schaffens stellte.
John Cage war anfänglich Autodidakt, und während dieser anarchistischen Periode hatte er die Idee, den Begriff der Oktave zu zerstören und in zwei- und dreistimmigen Kontrapunktkompositionen mit Tonleitern von 25 chromatischen Tönen die sukzessiven Wiederholungen ein- und desselben Tons zu vermeiden[3]. Diese Versuche unternahm er gleichzeitig mit Exkursionen in das Gebiet der abstrakten Malerei.
Als er aber bald die Malerei wieder aufgab, widmete er sich ganz und gar der Musik. Seine Überlegungen zum Wert eines Tons an und für sich – aufgrund seiner Ablehnung der Oktave und der Wiederholung – führ-

ten ihn dazu, drei Jahre unter Arnold Schönbergs Anleitung zu arbeiten[4]. Allerdings, Cage studierte nicht die Reihentechnik bei ihm. Denn um eine Analyse seiner Werke gebeten, antwortete Schönberg seinem Schüler: ›Das ist nicht Ihr Problem, sondern meines!‹ Trotz dieser abweisenden Antwort erlernte Cage die Zwölftontechnik. Zwischen 1934 und 1937 schrieb er mehrere zwölftönige Stücke: fünf Sätze für Klavier mit dem Titel »Metamorphosis«, drei Sätze für Blasinstrumente, vier Sätze für Klavier und zwei Stücke für zwei Flöten[5].
Ich möchte hier auf eine Besonderheit von John Cages Verwendung der Reihe hinweisen: Sie wird am Anfang in statische Motive zerteilt, die rhythmisch definiert sind[6]. Vielleicht können wir darin die Unterteilungen der Reihe wiedererkennen, auf die es Anton Webern ankam.
Mit dem Schreiben dieser Zwölftonstücke kam Cage zu der Auffassung, daß die vorhandenen Musikinstrumente [mit ihrer Stimmung und Spielweise], selbst wenn man mit allen Mitteln versucht, die Klischees der alten tonalen Sprache zu vermeiden, doch immer wieder geradewegs auf diese Klischees zurückführen, da die Instrumente für die Bedürfnisse einer tonalen Sprache geschaffen wurden. Also wandte er sich den Schlaginstrumenten zu, einem Instrumentarium, das noch lange nicht ausgeschöpft war und im allgemeinen nur sehr reduziert eingesetzt wurde, abgesehen von bestimmten kurzlebigen Versuchen. Wollte man aber wie Cage eine Welt von Klängen mit nicht definierter Tonhöhe organisieren, konnte man nicht mehr auf die Reihe zählen: Allein der Rhythmus stellte ein architektonisches Element dar, stark genug, eine gültige und nicht improvisierte Konstruktion zu gestatten. Außerdem war er hinsichtlich der praktischen Umsetzung aufgrund des Mangels einer Instrumentenvielfalt [für seine Zwecke] deutlich eingeschränkt, da nur die herkömmlich in unseren Orchestern verwendeten Schlagzeuge zur Verfügung standen.
Cages Untersuchungen fanden daher auf zwei Ebenen statt: zum einen in der Satztechnik von gewissermaßen abstrakten, da für ein noch nicht bestimmtes Instrumentarium geschriebenen Stücken, und zum zweiten in experimentellen Versuchen in allen Bereichen des perkussiven Klangs. Die instrumentale Besetzung seiner abstrakten Stücke nahm er dann ausgehend von seinen experimentellen Entdeckungen vor[7]. Aus dieser Phase rührt eine Sammlung verschiedenster Gegenstände her (interessant als Schlagzeuge), die auf vielen Streifzügen gefunden wurden. Cage gründete mit einigen Freunden, die überwiegend Amateur-

musiker waren, eine Gruppe und gab Schlagzeugkonzerte mit eigenen Werken sowie mit Stücken von Komponisten, die seinem Aufruf [Musik für Schlagzeugensembles zu schreiben] gefolgt waren, darunter: Edgard Varèse, William Russell[8], Lou Harrison, Johanna Beyer, Gerald Strang, Henry Cowell, José Ardevol, Amadeo Roldan und Ray Green. So fanden zwischen 1938 und 1943 etwa 15 Konzerte in den wichtigsten Städten der USA statt. An dieser Stelle möchte ich auch auf zwei weitere, hochinteressante Initiativen von John Cage hinweisen: in Los Angeles versuchte er ein Studio für experimentelle Musik zu gründen, wo Techniker und Musiker zusammen an akustischen Untersuchungen in allen Bereichen hätten arbeiten sollen, eingeschlossen die Elektronik; außerdem unterrichtete Cage am Bauhaus, das vor dem Naziregime nach Chicago geflohen war, eine Klasse zu dem Thema: Experimente mit dem Klang.

Hier die Werke, die in dieser Zeit entstanden sind: zunächst die abstrakten Stücke, die ich eben erwähnt habe: ein »Quartett« in vier Sätzen und ein »Trio« in neun Sätzen[9]. Es folgten drei »Konstruktionen« (Constructions): die erste für Metallinstrumente, die zweite für verschiedene Instrumente und die dritte für nicht nachklingende Schlaginstrumente[10]; des weiteren drei imaginäre Landschaften (Imaginary Landscapes) für Schlaginstrumente und Elektronik[11], die wegen der erforderlichen Mischung nur als Tonbandaufnahmen gehört werden können. Diese Werkreihe wird mit dem einzigen mir bekannten Versuch einer Gemeinschaftskomposition abgeschlossen, der »Double Music«, die in Zusammenarbeit mit Lou Harrison[12] entstand. Die beiden Komponisten, die die Anonymität mittelalterlicher Bildhauer neu aufleben lassen wollten, legten gemeinsam den allgemeinen Rahmen und die Strukturmerkmale des zu schreibenden Stückes fest, teilten die einzelnen Aufgaben untereinander mit genauen Anweisungen auf und gingen auseinander, um dann unabhängig, zumal sie nicht in derselben Stadt wohnten, an die Arbeit zu gehen. John Cage hat mir versichert, sie hätten beim Zusammenstellen der Partitur am Resultat absolut nichts verändern müssen.

Dieses bemerkenswerte Vorgehen erinnert auch an Initiativen bestimmter französischer Dichter – aus einem ganz anderen Geist allerdings – während der explosiven Phase des Surrealismus[13].

Ab 1940 setzt bei John Cage ein gewisses Mißtrauen gegenüber den äußeren Wirkungen lauter Geräusche ein, er sah die Notwendigkeit einer eher nach innen wirkenden Musik[14]. Das laute Geräusch hat unmittelbar eine sehr starke physische Wirkung, doch ist sein Einsatz nicht ohne Risiko: Die Neuheit nutzt sich sehr schnell ab, und das Ohr, erst einmal daran gewöhnt, stellt schwieriger zu befriedigende, da weniger unmittelbare Anforderungen. Eine sehr avancierte Dialektik von Klang und Stille mußte also dem Schreiben von Musik zugrunde gelegt werden. An diesem Punkt seiner Entwicklung wendet sich Cage – halb zufällig, halb aus Notwendigkeit[15] – dem Klavier zu, das er bereits seit 1938 ansatzweise einbezogen hatte. 1942 und 1943 vertiefte er seine Untersuchungen und kam zum präparierten Klavier, wie Sie es heute hören werden. Nach ersten Versuchen[16] suchte Cage solche Gegenstände, die stabil zwischen die Klaviersaiten geklemmt werden können[17], probierte aus, welche Materialien einzusetzen waren und auf welche Weise sie plaziert werden sollten; davon leitete er die Notwendigkeit ab, Dauer, Lautstärke, Tonhöhe und Klangfarbe zu verändern – also die vier Charakteristika eines Tons. Der Einfachheit halber verwendete er Gebrauchsgegenstände wie Schrauben, Nägel, Muttern, Filzdämpfer, Radiergummis und Münzen, die vertikal zwischen die Saiten geklemmt werden oder horizontal zwischen die drei Saiten einer Taste gefädelt werden.

Der Einsatz des una-corda-Pedals kann auf diese Weise auch die Tonhöhen verändern, da der Hammer in der seitlichen Versetzung nur zwei von drei Saiten anschlägt.

Sind die vier Charakteristika eines Tons dergestalt verändert worden, so ist man mit einer neuen Individualität jedes Tons oder eher jedes Klangs konfrontiert. Es liegt auf der Hand, daß man nun seinen Einfallsreichtum spielen lassen kann, um dieses neue, noch weitgehend unerkundete Gebiet zu beleben. John Cage selbst variiert die Präparierung des Klaviers oder der Klaviere für jedes neue Werk, das er schafft.

Schon 1938, als er Stücke für Schlagzeug schrieb, begann er, auch für präpariertes Klavier zu komponieren – zunächst jedoch nur Musik für Ballett. Die Kammermusikstücke, die ich im folgenden zitiere, datieren von 1943: »A Book of Music« für zwei Klaviere[18], das für die amerikanischen Pianisten Robert Fizdale und Arthur Gold geschrieben wurde; »Three Dances« ebenfalls für zwei Klaviere[19], die mit Maro Ajemian und William Masselos aufgenommen wurden, und schließlich die Sammlung von 16 »Sonatas« und 4 »Interludes«[20], die Sie heute abend hören werden. John Cage unterbrach die Komposition dieser Sonaten einige

Male, um ein Ballett für herkömmliches Orchester zu schreiben[21]. Dabei übertrug er das Prinzip des präparierten Klaviers auf das Orchester – allerdings nicht, wie manche nun vielleicht scherzhaft annehmen mögen, indem er etwa jedes Orchesterinstrument präparierte. Anstatt reiner Töne bedient er sich ganzer Frequenzkomplexe. Genauer gesagt: John Cage schreibt anstelle einer Note einen Akkord, und dieser Akkord hat keinerlei harmonische Funktion, sondern ist seinem Wesen nach ein Resonanz-Amalgam aus übereinandergeschichteten Frequenzen: eine recht ungewöhnliche Weise, das Orchester anzugehen, die aber aus den vorangegangenen Experimenten logisch folgt.
Ich habe bis jetzt nur von Cages Untersuchungen im Bereich des Klangmaterials gesprochen. Ich möchte hier aber auch sein kompositorisches Vorgehen nachzeichnen. Wie wir gesehen haben, stand am Anfang die Negation des traditionellen harmonischen Systems, das auf Wiederholungen der verschiedenen Tonleitern im Abstand einer Oktave beruhte. Dann war da der Wille, jedem Ton eine ausgeprägte Individualität zu geben[22] – vor dem Hintergrund, daß in jeder klassischen Konstruktion die harmonische Struktur das grundlegende Prinzip ist, das seit Wagner und Debussy aufgegeben werden mußte.
Als Cage sich der Zwölftonreihe entledigt hat, wird ihm eine ausgearbeitete rhythmische Struktur als Gerüst für die musikalische Gestaltbildung unverzichtbar. John Cage geht bei der Konstruktion dieser Struktur von einer reinen, völlig unpersönlichen Formidee aus, die sich in Zahlenverhältnissen ausdrückt. Nehmen wir ein einfaches Beispiel: Einem Grundmuster von zehn Takten entspräche eine Durchführung von zehn mal zehn Takten, Grundmuster und Durchführung könnten dabei ungleichmäßig unterteilt werden. Außerdem würden sich die Unterteilungen des Grundmusters in den Unterteilungen der Durchführung vervielfacht wiederfinden, oder anders gesagt, eine gegebene Anzahl an eintaktigen Einheiten des Grundmusters bringt eine gleiche Anzahl an Abschnitten der Durchführung hervor. Dabei beziehen sich diese Strukturen auf die reale Zeit, und dies so genau wie möglich: das heißt, man ordnet zwei Takten in einem langsamen Tempo zum Beispiel vier oder fünf Takte in einem schnellen Tempo zu. Auf diese Weise gelangt man zu einer a priori numerischen Struktur, die von John Cage als prismatisch bezeichnet wird, die ich aber kristallin nennen würde. In den ersten Stücken, mit denen diese Probleme zutage treten, hat sich John Cage ganzer Zahlen bedient.

In den »Sonatas and Interludes« verwendet er Teilzahlen. Außerdem versucht er hier, die apriorische Struktur seiner vorausgegangenen Werke zu kombinieren mit der einfachsten klassischen Struktur: zwei wiederholte Teile, wie Scarlatti sie vorsah. Um jeglichen Akademismus zu vermeiden, hat er die Architektur der vorklassischen Sonate nicht unverändert wiederaufgenommen, sondern stellt die beiden Teile – vor allem durch Kontrastierung – einander gegenüber, was als Gestaltung wiederum die zwei Themen einer Beethovenschen Exposition in Erinnerung ruft. Da wir hier eine vorklassische Architektur haben, in der nicht mehr die tonale Logik (Tonika-Dominante-Dominante-Tonika) den Ton angibt, sondern eine apriorische rhythmische Struktur, haben wir es mit einer Bastardisierung zu tun. Schließlich hat John Cage, um offensichtliche Wiederholungen auszuschließen, in Anlehnung an die entwickelnde zwölftönige Variation die Idee einer entwickelnden Invention verwirklicht, die die Idee der klassischen Durchführung aufhebt, da auf diese Weise alles zur Durchführung wird, oder, wenn man so will, alles Thema ist. Diese Freiheit der Invention kontrastiert also deutlich mit den unveränderlichen Faktoren der rhythmischen Struktur und der Skala der präparierten Klänge.

Ich möchte keine Schlüsse aus diesem Stück ziehen, bevor Sie es gehört haben, das wäre albern. Dennoch erlaube ich mir, auf zwei nicht ganz unbedeutende Fakten aufmerksam zu machen. Der erste, und der Komponist sieht dies selbst, besteht darin, daß die Struktur dieser Sonaten eine vorklassische Struktur mit einer rhythmischen Struktur zusammenbringt, die zu zwei völlig unterschiedlichen Welten gehören; um dieses Zusammenkommen als möglich zu denken, muß man auf eine außermusikalische Dialektik zurückgreifen – ein Bereich gefährlicher Uneindeutigkeiten.

Und der zweite Punkt, zu dem ich etwas sagen möchte, ist die Problematik, die darin liegt, daß *von vornherein* jedem Klang eine Individualität gegeben wird. Bei einem Stück von langer Dauer gelangt man, da diese Individualität konstant bleibt, aufgrund der mit der Zeit stattfindenden Wiederholungen zu einer umfassenden hierarchisch geordneten Neutralität innerhalb einer Frequenzskala, das heißt: zu einem Modus von Frequenzkomplexen, der den gesamten Tonhöhenbereich umfaßt. So geht man vielleicht gerade in jene Falle, die man um jeden Preis vermeiden wollte. Ich möchte aber auch darauf hinweisen, daß bei zwei unterschiedlich präparierten Klavieren die Polarisation schon

reichhaltiger ist, und zwar aufgrund des Überkreuzungsnetzes, das sich zwischen ihnen [durch unterschiedliche Präparierungen] ergeben wird. Wenn man im Gegensatz dazu von vornherein jeden Ton als neutral behandelt – wie zum Beispiel Webern –, so bringt der Kontext bei jedem Wiedererscheinen desselben Tons eine andere Individualisierung dieses Tons hervor[23].
Diese Umkehrbarkeit von Ursache und Wirkung könnte als Ausgangspunkt zu einer vielleicht riskanten Diskussion dienen über die Opportunität, die Effizienz, und ich würde sogar sagen über die Notwendigkeit einer weitreichenden Erneuerung, wie sie mit den heute abend gespielten Sonaten betrieben wird[24].
Zum Abschluß möchte ich noch darauf aufmerksam machen, daß eine Aufführung des ersten der »Three Dances« von John Cage bei dem Konzertabend mit Arthur Gold und Robert Fizdale am 24. Juni um 21 Uhr 33 in der Salle Gaveau stattfindet[25].

Nr. 2 – Brief von Pierre Boulez an John Cage
[zwischen 20. und 24. Mai 1949]

Lieber Freund,
ich schreibe Ihnen in Eile. Denn Ort und Zeit, um Ihre Musikaufnahmen[1] anzuhören, haben sich geändert.
Es wird nicht am Donnerstagabend sein – ich hatte vergessen, daß wir Himmelfahrt haben und die Freunde an diesem Tag nicht frei sind. Wir werden uns also am Freitagnachmittag um 15 Uhr bei einem Freund von mir treffen. Seine Anschrift lautet: Maurice Jarre, 16, rue Henri-Tariel, Issy-les-Moulineaux (Métro: Mairie d'Issy, auf der Nord-Süd-Linie). Weil es ziemlich schwer zu finden ist, werde ich Sie nachmittags gegen 2 1/4 Uhr in Ihrem Hotel abholen.

Herzliche Grüße, Ihr
PB

Nr. 3 – Brief von Pierre Boulez an John Cage
[November 1949][1]

Wahrscheinlich wirst Du Besuch von Nicole Henriot bekommen, die eine sehr gute junge Pianistin und gute Freundin von Souvchinsky und mir ist. Ich habe ihr Deine Adresse und Telefonnummer gegeben. Sie ist sehr nett (was immer Freude macht).

Mein lieber John,
was gibt es Neues seit Deiner Heimreise? Gatti, Joffroy, Souvchinsky und und und, wir wären alle sehr froh zu erfahren, wie es Dir seit Deiner Rückkehr in die Vereinigten Staaten geht. Ich hoffe, Du bist gut angekommen und arbeitest vielleicht jetzt sehr viel! Das ist wohl auch der Grund für Dein Schweigen (entschuldige bitte mein schlechtes Englisch!).
Hier: Nichts! Oder nur wenig. Aber ich habe »Pierrot Lunaire« gehört, in einer wundervollen Aufführung mit Marya Freund, und italienischen Musikern unter Pietro Scarpini. Ich erinnere mich, es waren dieselben, die in Palermo spielten. Ich habe einen großen Aufsatz über Ravel, Strawinskij und Schönberg für die Zeitschrift »Contrepoints«[2] geschrieben und dann noch einen kleinen Text, um viel Gutes über Marya Freund (im Gegensatz zu Leibowitz!) und Scarpini zu sagen. Außerdem wurde hier die »Erwartung« von Schönberg aus Anlaß seines »75. Geburtstags« gespielt (immerzu diese Geburtstage in der Wiener Schule!). Doch ich habe es nicht gehört, weil ich zu dieser Zeit gerade im [Theater von] Marigny war (zum Geldverdienen!)[3]. In den nächsten Tagen (Mitte Dezember) werden wir »Wozzeck« hier haben, das ganze Stück (nicht als Inszenierung, sondern nur gesungen). Von Webern im Augenblick nichts.
Erinnerst Du Dich an Scelsi, den italienischen Musiker, mit dem wir an einem Abend im Juli essen waren, bevor wir Marina Scriabine (!!) und Boris de Schloezer besuchten? Und dessen Streichquartett wir zusammen mit Souvchinsky gehört haben? Désormière spielt jetzt eine Cantate vom ihm, der Titel lautet »Naissance du verbe« (Geburt des Wortes). Aber Du darfst das »Wort« nicht als Logos (wie in der Apokalypse!) verstehen, sondern nur als Geburt der Worte! Der erste Satz bezieht sich auf die unartikulierten Geräusche und Vokale, der zweite auf die

Konsonanten, und der dritte geht über das alles zusammen bzw. über diese verschiedenen Elemente. Wie Du sehen kannst, ist dieses Stück sehr lustig! Aber nicht witzig! Und siehst Du, schon gebe ich eine ganze Kritik ab, noch bevor ich es gehört habe! Erst morgen gehe ich zu einer Probe.

Was meine Veröffentlichung[4] betrifft, die ist inzwischen »auf der Straße« (oder sagt man »im Weg«?). Ich bin zu Heugel in die rue Vivienne gegangen und habe mit dem Drucker gesprochen. Er hatte einige Schwierigkeiten mit der genauen Anzahl von Achtel- und Viertelnoten (ich weiß es nicht mehr genau).

Aber das ist für mich im Augenblick nicht sehr interessant. Für mein nächstes Stück – für (verschiedene) Stimmen und (verschiedene) Orchester! – nehme ich nun doch nicht das Gedicht von Michaux[5]. Ich bin zu meiner ersten Liebe zurückgekehrt, und das ist das »Poème pulverisé« von René Char, an das ich seit einem Jahr immer wieder gedacht habe. Es wird ein »großes Werk« werden (eine Feuerwerks- oder Wassermusik)!![6]. Doch bei dem vielen Hin und Her habe ich noch nicht ein einziges verdammtes kleines Stück geschrieben. Ich habe arrangiert, richtiger gesagt, bin dabei, die vor drei Jahren von mir vertonten Char-Gedichte mit dem Titel »Le Visage Nuptial« jetzt für großes Orchester und Stimme[7] umzuschreiben. Ich instrumentiere neu. Das ist interessant, aber harte Arbeit! Ich würde lieber komponieren. Aber ich *muß* das tun ... und dann noch meine Symphonie![8]

Vielleicht – aber das ist nicht sicher – werde ich für drei Monate (Mai, Juni, Juli 1950) mit [der Theatertruppe] Jean-Louis Barrault nach Südamerika reisen. Ich träume davon und muß oft daran denken. Eine große Reise würde mir sehr gefallen. (15 Tage auf einem Schiff für die Hinfahrt und genauso viele für die Rückfahrt. Das hieße »ein Monat auf See« – passender Titel für einen Schlager von Frank Sinatra!). Wir werden wahrscheinlich in die größten Städte Brasiliens, Argentiniens, Chiles und andere fahren – mit »Hamlet«[9], »Der Prozeß«[10] und so weiter. Wie findest Du das? Ist es nicht phantastisch? Ich bin vielleicht nicht gerade ein »Fliegender Holländer«, aber für diesmal, warum nicht?

Zu etwas anderem: Der CCC (Cercle Culturel du Conservatoire), eine Organisation für junge Komponisten und für junge Leute, die am Conservatoire sind, hat mich gebeten, Aufnahmen von Deinen Kompositionen für Schlagzeug vorzuführen und Deine Constructions zu analysieren. Dazu möchte ich Dich bitten, mir eine Liste aller Instrumente

zu schicken, die Du verwendest, und aufzuschreiben, wie sie gespielt werden. Ich will im großen und ganzen über Dich das sagen, was ich auch in meiner Einführung gesagt habe, als Du bei Lady Tézenassssss gespielt hast[11]. Lieber wäre es mir allerdings, ich könnte mehr und Genaueres über Dich sagen. Der CCC hat mich auch gebeten, meine eigenen Experimente parallel zu Deinen vorzustellen. Ich glaube, ich werde diesen Vortrag im Januar oder Februar machen. Schicke mir bitte alle Sachen, die dafür notwendig sind.
Hast Du Olivier Messiaen in New York getroffen? Ich glaube, er ist gerade in Boston wegen der Premiere von Turangalila (von einem Komponisten und Rhythmiker!), eine Symphonie in mehreren Sätzen, die mit den Jahren immer noch anwächst (und die Leute am Ende ganz verrückt macht)[12]. Hast Du das famose (??!) Concerto pour ondes Martenot von Jolivet gehört[13]? Es ist absolut null.
Gatti, Saby, Joffroy, Souvchinsky senden Dir ihre herzlichen Grüße und sind dabei, Deiner sehr pariserischen Erscheinung sweeping (oder tearing? Ich will sagen: nachzuweinen). Und dann mußt Du umgekehrt bitte ein »Bonjour« (ein Französismus!) an alle die Freunde (ein Freundizismus!) weitergeben, die wir durch Dich kennengelernt haben: Merce Cunningham, Maro Ajemian, Gold, Fizdale, Heliker, Brown und und und. Ich hoffe, Du wirst uns nicht vergessen! Wie auch wir Dich nicht vergessen werden! Mit diesem Wort, das wie ein heiliges Wort aus einem heiligen Buch klingt, denke ich mit meinen besten Grüßen an Dich. Und Du kannst mir glauben, sogar mein sehr schlechtes Englisch war harte Arbeit! Du mußt mir jetzt bitte wie bei »Assimil« [der französischen Sprachlehrmethode] meine Briefe wieder zurückschicken – alle Fehler rot angestrichen!!! Und ich werde mir eine Grammatik und ein Wörterbuch kaufen.

Von jetzt an Dein alter Freund
PB

Nr. 4 – Brief von John Cage an Pierre Boulez
4. Dezember [1949]

Mein lieber Freund,
vor einigen Tagen habe ich einen Parisien vom Verlagshaus Salabert (Ronart Lemolle?) getroffen, und nachdem wir ein paar Worte gewechselt hatten, sagte er, er möchte sich gerne Deine Sonate für zwei Klaviere anschauen[1]. Wenn man sie aber nicht in Paris herausgeben will, können wir sie hier veröffentlichen.
Noch mehr gute Nachrichten: Die »League of Composers« möchte gerne Deine Musik in einer amerikanischen Premiere vorstellen. Ich glaube, die Wahl fiel auf die Zweite Klaviersonate[2], und William Masselos hat zugesagt, sie einzustudieren.
Ich bin in eine ziemlich demolierte Wohnung zurückgekommen (aber zum Glück, denn jetzt ist sie renoviert). Der Mann, der während meiner Abwesenheit hier wohnte, hatte beschlossen, Klavier spielen zu lernen. Um sich die Arbeit zu erleichtern, hat er die Namen der Noten auf die Elfenbeintasten geschrieben und »crayons« dazu benutzt – auf Englisch nennt man Kindermalstifte so. Sie sind am haltbarsten, bleichen nicht aus, kurz: dauerhaft (Pompeji). Und so weiter. Also, Du siehst, was das Wort »demoliert« bedeutet.
Im Augenblick schreibe ich Musik für einen Film (die Mobiles von Alexander Calder)[3]. Und ich denke immer an meine Freunde in Paris, an Dich und Deine Musik, an Gatti, Frau, Kind und Poesie, Saby und Souvchinsky. Gib bitte an alle meine Grüße weiter, aber vor allem sei Du gegrüßt

John

Ich möchte gerne etwas von Dir über den »Klang-Raum« hören[4].

Nr. 5 – John Cage: Vorreiter der Modernen Musik

Ende 1949[1]

Der Zweck der Musik

Musik ist erbaulich, denn von Zeit zu Zeit gibt sie der Seele Schwung. Die Seele ist die Sammlerin der verschiedenartigen Elemente (Meister Eckehart), und ihre Arbeit erfüllt den Menschen mit Frieden und Liebe.

Definitionen

Struktur in der Musik ist ihre Unterteilbarkeit in aufeinanderfolgende Teile, von Phrasen bis zu großen Abschnitten. *Form* ist Inhalt, ist der Verlauf. *Methode* ist das Mittel zur Gestaltung (control) des Fortgangs von einer Note zur nächsten. Das *Material* der Musik sind Klang und Stille. Diese in Beziehung zu setzen heißt *komponieren.*

Strategie

Die *Struktur* gehört zum Bereich des Verstandes. Beide glänzen durch Genauigkeit, Klarheit und durch Beachtung von Regeln. Demgegenüber verlangt die *Form* nur die Freiheit, dazusein. Sie gehört zum Herzen, und das Gesetz, das sie befolgt – wenn sie denn eins befolgte – ist noch nicht formuliert worden und wird es nie werden[2]. Die *Methode* kann überlegt oder improvisiert sein (es macht keinen Unterschied: im ersten Fall liegt die Betonung eher auf dem Denken, im zweiten auf dem Empfinden; ein Stück für Radios als Instrumente würde die Frage der Methode an den Zufall übergeben). Das *Material* kann beliebig bearbeitet (controlled) werden oder nicht, je nachdem, wofür man sich entscheidet. Normalerweise wird die Auswahl von Klängen danach getroffen, was dem Ohr angenehm und interessant klingt. Demgegenüber etwa ein Vergnügen daran zu finden, daß man Schmerzhaftes darbietet oder entgegennimmt, wäre ein Anzeichen von Krankheit.

Refrain

Eine Handlungsweise, die die vielen Prozesse zu einem einzigen verbindet, indem sie diese, auch wenn einige darunter gegensätzlich erscheinen, in Richtung Einheit wendet, trägt zu einer guten Lebensweise bei.

Die Handlung wird kompliziert

Auf die Frage, warum es das Böse in der Welt gäbe, wenn Gott gut sei, antwortete Sri Ramakrishna: Um die Handlung komplizierter zu machen.

Derjenige Aspekt des Komponierens, der zu Recht mit dem Ziel allgemeiner Übereinkunft diskutiert werden kann, ist die Struktur, denn sie kennt kein Geheimnis. Die Analyse ist hier zu Hause.

Die Hochschulen lehren das Erzeugen von Strukturen mit den Mitteln der klassischen Harmonik. Ein ganz anderes, aber richtiges strukturbildendes Mittel[3] (siehe Satie, Webern) ist außerhalb der Schulen wieder aufgetaucht: Es gründet in musikalischen Zeitdauern[4+5].

Weder in der östlichen Musiktradition noch in der unseren – bis zur Renaissance – ist die Harmonik als Strukturprinzip bekannt. Harmonische Struktur ist eine neuere westliche Erscheinung, die sich seit einem Jahrhundert in einem Auflösungsprozeß befindet[6].

Die Atonalität hat stattgefunden[7]

Die Auflösung der harmonischen Struktur ist generell bekannt als Atonalität. Damit ist nur soviel gemeint, als daß zwei in der harmonischen Struktur notwendige Elemente – die Kadenz und die Mittel zur Modulation – ihre Wirksamkeit verloren haben. Sie sind zunehmend uneindeutig geworden, während ihre Existenz als Strukturelemente Klarheit (Eindeutigkeit des Bezugs) verlangt. Atonalität ist einfach die Aufrechterhaltung eines mehrdeutigen tonalen Zustands. Sie ist die Negation der Harmonik als strukturelles Mittel. Das Problem eines Komponisten in einer musikalischen Welt, die sich in diesem Zustand befindet, besteht darin, ein anderes strukturelles Mittel finden zu müssen[8] – so wie in einer zerbombten Stadt sich die Gelegenheit ergibt, neu zu bauen[9]. Von daher stellen sich auch der Mut dazu und das Gefühl der Notwendigkeit ein.

Zwischenspiel (Meister Eckehart)

»Doch man muß auf dem Wege der Verwandlung von Wissen zu dieser Unwissenheit gelangen. Dieses Unwissen entspringt nicht aus Wissensmangel, sondern allein aus dem Wissen. Dann werden wir durch die göttliche Unwissenheit erleuchtet werden, und in dieser Erleuchtung wird unsere Unwissenheit mit übernatürlichem Wissen geadelt und erhöht werden. Deshalb werden wir vielmehr durch das verbessert, was uns widerfährt, als durch das, was wir tun.«[10]

Gedankensplitter

– Musik als ein Gegenstand ist bedeutungslos.

– Ein abgeschlossenes Werk ist ein Gegenstand und verlangt Wiederauferstehung (resurrection).

– Die Verantwortung des Künstlers besteht darin, sein Werk so zu vervollkommnen, daß es auf anziehende Weise absichtslos wird.

– Es ist besser, ein Stück Musik zu machen, als eines aufzuführen; es ist besser, eines aufzuführen, als es anzuhören, besser, ein Stück anzuhören, als es zur Zerstreuung, Unterhaltung oder weil man sich »Kultur« aneignen will zu mißbrauchen.

– Setze alles daran, kein Genie zu sein; suche mit allen Mitteln, eines zu werden.

– Ist Kontrapunkt gut? »Die Seele selbst ist so einfach, daß sie von nichts mehr als eine Vorstellung auf einmal haben kann … Ein Mensch kann nicht mehr als einfach in seiner Aufmerksamkeit sein.« (Eckehart)

– Von der Verantwortung für die Struktur befreit, wird die Harmonie zu einem Element der Form (dient der Expression).

– Wenn nachgeahmt wird, gleichgültig, ob Eigenes oder Fremdes, sollte darauf geachtet werden, immer nur Struktur zu imitieren, nicht Form (auch strukturelle Materialien und Methoden, aber nicht formale Materialien und Methoden); Arbeitsweisen ja, aber nicht Träume. So bleibt man »unschuldig und frei, in jedem Augenblick von neuem eine himmlische Gabe (Eingebung) zu empfangen«. (Eckehart)

– Wenn der Geist diszipliniert ist, wendet sich das Herz schnell von der Furcht der Liebe zu.

Vor der Erzeugung von Struktur durch Rhythmus muß man bestimmen, was Rhythmus ist
Dies könnte eine schwierige Bestimmung sein, wenn es sich um eine Angelegenheit der Form (expressiv) oder der *Methode* (des Vorgehens von Ton zu Ton) handeln würde. Doch da es um *Struktur* geht (die Einteilbarkeit einer Komposition in große und kleine Teile), ist die Bestimmung leicht vorzunehmen: In struktureller Hinsicht bezeichnet Rhythmus das Verhältnis von Zeitstrecken[11].
So betreffen Dinge wie Akzente auf schwerer oder leichter Zeit, regelmäßig wiederholt oder nicht, Pulsieren mit oder ohne Akzent, stetig oder unstetig, motivisch bestimmte Dauern, entweder gleichbleibend oder im Fortgang variiert, den formalen (expressiven) Gebrauch oder sind, falls sie nur durchdacht werden, als Material (in Hinsicht auf die »Textur«) oder als arbeitende Methode zu betrachten. Nimmt man zum Beispiel ein Jahr, so besteht die rhythmische Struktur aus den Jahreszeiten, den Monaten, Wochen und Tagen. Andere Zeitdauern, wie etwa die eines Brandes oder wie die des Spielens eines Musikstückes, tauchen darin zufällig oder frei auf – ohne ausdrückliche Beziehung zu einer umfassenden Ordnung, aber dennoch notwendig innerhalb derselben. Die Koinzidenzen von freien Ereignissen und strukturellen Zeit-Punkten scheinen besonders stark auf: Denn in solchen Momenten wird der paradoxe Charakter von Wahrheit offenbar. Zäsuren drücken demgegenüber die Unabhängigkeit (zufällig oder beabsichtigt) der Freiheit von der Gesetzmäßigkeit aus, ebenso wie die der Gesetzmäßigkeit von der Freiheit.

Feststellung
In einer rhythmischen Struktur, die gleichermaßen Klänge wie Stillemomente umfaßt, sind alle Klänge mit jedweder Eigenschaft, Höhe und Klangfarbe (bekannte oder unbekannte, festgelegte oder unbestimmte) in allen möglichen Kombinationen (einfach oder komplex) natürlich und denkbar. Diese Feststellung ähnelt in auffälliger Weise den technischen Daten von Patent-Ausweisen für und den Aufsätzen über technische musikalische Mittel (siehe frühe Nummern von *Modern Music* und dem *Journal of the Acoustical Society of America*). Ausgehend von verschiedenen Punkten, und vielleicht verschiedenen Zielen zustrebend, treffen sich hier (anscheinend zufällig) Techniker und Künstler aufgrund von Überschneidung, entdecken das auf andere Weise nicht

Entdeckbare (die Verbindung des Innen und Außen) und imaginieren in leuchtenden Farben ein gemeinsames Ziel in der Welt und in der Stille eines jeden menschlichen Wesens.

Zum Beispiel
Genauso wie in der bildenden Kunst die Parteinahme für Sand-Zeichnung (Kunst für den Augenblick[12], nicht für die Museumskultur der Nachwelt) zu einer Position geworden ist, finden abenteuerlustige Leute im Bereich der synthetischen Musik (z.B. Norman McLaren) aus praktischen und ökonomischen Gründen die Arbeit mit Magnettonbändern besser als die mit Film[13] (die auf Tonband aufgenommene Musik kann leicht und schnell gelöscht, wegradiert werden).
Der Einsatz technischer Mittel[14] erfordert die enge anonyme Zusammenarbeit einer gewissen Anzahl von Arbeitern. Wir befinden uns an der Schwelle zu einer bestimmten kulturellen Situation[15], ohne daß wir besondere Anstrengungen unternommen hätten, dorthin zu gelangen (abgesehen von Klagen darüber)[16].
Der Weg der Musik in das Herz führt jetzt zu Selbst-Kenntnis durch Selbst-Vergessen, und ihr Weg-in-der-Welt führt ebenso zu Selbst-Vergessenheit[17]. Die Höhen, die derzeit für bestimmte Augenblicke von einzelnen Individuen erreicht werden, können bald sehr bevölkert sein.

Nr. 6 – Brief von Pierre Boulez an John Cage
[vom 3., 11. und 12. Januar 1950]

Mein lieber John,
ich muß Dir schon wie das letzte Schwein vorkommen, denn weder habe ich Dir für »Finnegan's Wake« gedankt, der mir soviel Freude gemacht hat, noch Neuigkeiten von mir erzählt, noch Dir geantwortet. So könnte es immer weitergehen mit meinen Unterlassungssünden. Aber ich muß dem entgegenhalten, ich hatte Dir einen ersten Brief – von Anfang bis Ende auf Englisch! – geschrieben. Diese verdienstvolle Anstrengung wirst Du sicherlich schätzen – nur: Vor kurzem fand ich ihn zwischen meinen anderen Papieren wieder. Ich war der Meinung, ihn abgeschickt

Pierre Boulez, Anfang der fünfziger Jahre. (Privatfoto)

Pierre Boulez, Baden-Baden 1957.

1°/ – ~~[illegible]~~

Contrepoint à 2 et à 3 voix sur des échelles de 25 sons chromatiques, de façon à ce que chaque son soit individuel, et ainsi détruire la notion d'octave et de faire au moins 9 sons entre les répétitions. Période anarchiste d'autodidacte avant des études plus complètes. En même temps, essais de peinture abstraite.

Après trois ans de ces tentatives, quitte la peinture pour se consacrer définitivement à la musique. Coïncidence avec les idées de Schönberg : ne pas répéter les notes.

Avec Schönberg et avec un élève de Schönberg, Adolf Weiss, 3 ans d'études. N'a pas étudié la technique sérielle, parce que Sch. ne l'enseigne pas. A demandé l'analyse de ses œuvres, Sch. répond : « Ce n'est pas votre problème, c'est le mien. »

Pendant ces études, adoption du système de 12 tons. Écrit les œuvres :

4 à 37
- 5 mts pour piano – 3 mts Métamorphoses pour instruments à vent –
- 4 mts pour piano – 2 pièces pour 2 fl. –

Idée dodécaphonique : prendre une série, diviser en motifs précis en rythmes et les travailler, motifs statiques. La série n'a jamais [illegible] dans les œuvres.

5 motifs : [illegible] pour le 1er mt. Prendre un motif pour le 2d mt en passant les 4 autres [illegible] jusqu'à un mode athématique.

II°/ Éviter les clichés des tonalités, parce que instruments faits pour la tonalité. Emploi de la batterie.

Pour organiser un monde de sons, il faut mettre le rythme à la base de la théorie au lieu de mettre une idée comme la série.

Pas d'instruments, à part les instruments traditionnels.

D'abord écrivain d'œuvres sans composition instrumentale précise, uniquement [illegible]

Amateur musicien = [illegible] des sons sur tous les instruments possibles – Stade expérimental

Handschriftliches Manuskript des Vortrags von Pierre Boulez über die *Sonatas and Interludes* 1949 im Salon von Suzanne Tézenas. (Paul Sacher Stiftung, Basel)

dans tous les domaines du son frappé – Collection d'objets à percussion sentimentale.
Des camarades sont jouer les œuvres : (amateurs).

Recherches sur les œuvres abstraite à partir du stade expérimental. – D'où de l'instrumentation pour les œuvres abstraite – (laboratoire électronique avec son instrument de

Idée de structure rythmique commencent en 1938.

Enseigne et écrit de la musique pour les danseurs à Cornish School (où il y avait une grande collection d'instruments de percussion. – D'où construction d'une collection d'instruments de percussion. Écrit aux compositeurs.

Donner les concerts de ses œuvres et d'autres compositeurs : Varèse, Russell Harrisson, Johanna Beyer, Gerald Strang, Henry Cowell, Jose Ardevol Amadeo Roldan, Ray Green.

De 1938 à 1943. 15 concerts pour instruments de sons. En Etat de Washington San Francisco, Chicago, – New York – Enseigné à Mills College et à la Bauhaus réfugié à Chicago – (Classe : Expériences avec les sons)

A Los Angeles, essayé d'établir un centre de musique expérimentale pour réunir savants et musiciens. Varèse avait essayé.

1°/ A début de la guerre – Société n'écrite pas uniquement dans le bruit. – Méfiance vis des effets extérieurs du bruit. Nécessité d'une musique + intérieure à des événements internationaux et sociaux. – Pense au silence – 1942-1943

Dialectique du son et du silence au départ de la musique.

En travaillant pour le Ballet, un est dans l'esprit même expérimental. – Découverte du piano préparé par hasard, au cours des recherches expérimentales

Un danseur nègre a fait une danse africaine, se rapportant aux rythmes élém

Le théâtre n'ayant pas de fosse d'orchestre, il fallait un piano. – Donc mis d'objets sur le piano sans succès : d'où impossibilité de jouer, la résonance déplaçant le

Stade expérimental sur le piano : essai de tous les objets. – Petits coincés entre les cordes restant stables. D'où des vis. – Grande fortune objets commerciaux à cause de leurs poids diminué

Deux façons de mettre les objets : Horizontalement ou Verticalement

Possibilités infinies de découverte. Chacun découvrant son univers sonore à partir de déformations..

On change : la durée, l'amplitude, la fréquence et le timbre.

Si on change seulement ~~[illegible]~~ une partie de ces possibilités, on ne fait pas manquer le son véritable. Si on change les quatre, on trouve une individualité nouvelle pour chaque son.

En 1938, a découvert sur le piano. Préparé pour la Danse –

En 1943, première œuvre pour musique de chambre : Amores.

2e — : La Nuit périlleuse

3e — : Une chambre.

4e Livre de Danse pour 2 pianos pour Robert Fizdale et Arthur Gold –

5e Trois Danses – Écrite deux fois.

Sonates pour piano. –

Ballet pour orchestre. Jamais écrit pour orchestre. ~~Chaque~~ chaque son ~~devenant~~ un élément son complexe de plusieurs ~~[illegible]~~ notes était utilisé comme une seule note. – Même structure rythmique.

//–

Recherches de la composition – Négation du système harmonique et du statisme des timbres et de l'échelle de fréquences.

Chaque son devant devenir une individualité.

Ceci vient de Debussy : liberté des échelles.

Seul support, après la négation des systèmes harmoniques, ou sonores –

Structure harmonique dans les grandes œuvres classiques.

Structure rythmique devenant indispensable comme support du discours.

Pour faire une structure, idée absolument impersonnelle : idée de relations de [de relations]

4/ nombres purement formelles — sur des nombres carrés. (Livre de Musique : 31 par 31

Après avoir découvert cette idée, on [illegible] la musique [illegible] s'est servie de l'idée de [illegible] à l'idée de carré, mais sans fin. —

Différence entre mentalité occidentale & orientale —

En orient, toutes fondées sur des [illegible] répétées —

Mais, basé les structures rythmiques sur le temps vécu — si l'on change le [tempo] on retrouve les mêmes proportions dans le temps. C'est à dire qu'à 2 [mesures] dans un tempo lent, on fera correspondre 4 ou 5 mesures dans un tempo rapide —

Dans la première œuvre, basée sur des carrés à nombre simple

Dans ces sonates, basée sur des nombres fractionnaires —

Un nombre donné d'unités de mesure : qui donne naissance à son nombre exact d'unités de dvt. — la division du canevas se retrouvant dans la [illegible] de l'œuvre. — structure a priori.

Dans les sonates : essai de combinaison la structure a priori avec la st[ructure] classique la plus simple : 2 parties = Volonté d'éviter la structure académique : la 2e partie est différente de la première, en contraste avec les [illegible] les 2 thèmes beeth. dans l'exposition.

En relation avec la musique atonale, idée d'invention continuelle existe puis le développement classique, car tout devient développement — Quand [illegible] faisait des thèmes, ils n'ont pas de valeur structurelle.

La liberté d'invention intervenant au milieu des facteurs immuables de structure rythmique et de l'invention de l'échelle sonore —

C/ Fonction de la musique : intégration personnelle. —

Plus difficile d'entendre la musique que d'écrire la musique.

Batterie

Œuvres détaillées : Quatuor à 4 inst.

Trio à 9 inst.

3 Constructions : 1re Pour instts de métal.

2e Pour inst. ~~[illegible]~~ mélangés

3e Pour instruments de percussion riches et [illegible].

3 Paysages imaginaires pour instruments de percussion et instts électroniques, uniquement réalisables à l'enregistrement

Marche

1940 Œuvre composée avec Lou Harrison ("Double Music") – Œuvre ~~anonyme~~ collective (sans marque-repère) – Deux œuvres avec structures, écrites séparément – et réunies –

Lou Harrison avait fondé, lui aussi, un orchestre de batterie.

Dernier concert de batterie au Musée d'Art Moderne New-York. –

Élèves Amateurs pour les orchestres.

– New York, musiciens professionnels occupés – D'où piano préparé pour la danse. Devant la difficulté d'organiser des groupes à New-York, musique pour piano préparé – (1943)

Handschriftlicher erster Entwurf von Pierre Boulez zur *Symphonie concertante pour piano et orchestre* (1947). Das Werk ist verloren. (John Cage »Notations« Collection, Northwestern University Music Library, Evanston, Ill.)

zu haben. Ein Datum hatte ich nicht draufgeschrieben, aber er müßte von Ende November sein. Jetzt haben wir schon den 3. Januar, und mir wird klar, daß ich ganz schön spät dran bin.

Ich schicke den Brief trotzdem hier mit, damit Du siehst, daß ich seit Deiner Abreise an Dich gedacht habe und sich der Mangel an Neuigkeiten aus Paris einem zwar ärgerlichen, aber reparablen Vergessen verdankt.

Dieser Brief nun wird nicht auf Englisch sein, denn es ist wirklich sehr anstrengend, und meine Grammatik ist noch zu stockend. Hier also neueste Nachrichten:

Zuerst: Die Veröffentlichung ist immer noch in Arbeit. Ich habe die ersten Fahnen meiner Zweiten Klaviersonate Korrektur gelesen. Ich denke, es wird noch eine zweite Korrektur nötig werden, dann kann es vielleicht gehen. Du wirst der erste sein, der davon erfährt – mit einem Ehrenexemplar!

Die Nummer 6 der »Contrepoints« ist gerade erschienen[1], und Du wirst sie sicherlich demnächst bekommen, falls Du sie nicht schon hast. Ich habe Deinen Artikel dort[2] gelesen, der mir sehr gut gefallen hat. Ich habe darin Deine Ideen über Form und Methode wiedergefunden. Er hat mich außerdem bewogen, Meister Eckehart zu lesen.

Jetzt haben wir schon den 11. Januar, und ich nehme diesen Brief wieder auf.

Soeben habe ich durch Pierre Souvchinsky Neuigkeiten von Dir erfahren, und sie machen mir um so mehr Gewissensbisse, als auch Gatti Dir schon vor einiger Zeit geschrieben hat, so daß ich der einzige bin, der es nicht getan hat. Es ist wirklich unverzeihlich!

Was gibt es wirklich Neues über meine Tätigkeiten zu berichten? Nichts eigentlich Ernsthaftes. Denn ich bin jetzt erst in der Vorbereitungsphase zu meinem neuen Werk, das – wie ich Dir in meinem ersten Brief schrieb – das »Poème Pulverisé« von Char[3] sein wird. Ich will darin aus Deinen Werken abgeleitete Verfahren anwenden und was ich Dir über die komplexen Töne erklärt habe (indem ein Raster von Vierteltönen auf die Reihe gelegt wird): ein Raster, das aus der Grundgestalt der Reihe, ihrer Umkehrung, ihrem Krebs und ihrer Krebsumkehrung besteht, und zwar 1/4 Ton tiefer oder höher als die initiale Reihe (oder sogar noch mehr). Was unbegrenzt viele Kombinationen für die komplexen Töne ergibt. Außerdem werde ich mich einer zunehmend individualisierenden Instrumentierung zuwenden, dergestalt, daß man den Gesamtklang durch

sehr weitgehend aufgeteilte Komponenten [Instrumentengruppen] erhält. Ich habe vor, die Schlaginstrumente eine sehr wichtige Rolle spielen zu lassen, indem sie durch das Phänomen rhythmischer Zellen zur Konstruktion beitragen. Was die Singstimmen angeht, so sind sie ebenfalls äußerst vielfältig, sowohl in ihrer Verwendung als auch in ihrem Bezug zum Text. Das Ganze in einer großen architektonischen Anlage. Bitte halte mich auf dem laufenden über die Experimente, die Du unternimmst, ob beim präparierten Klavier oder im Bereich der Elektronik … Was mich betrifft, so werde ich vielleicht zusammen mit Pierre Schaeffer[4] an einige Experimente gehen.
Außerdem habe ich auch Woronow kennengelernt, den belgischen Musiker, von dem Du mir erzählt hattest. Aber er hatte keine Musik von sich dabei. Und hier der Anlaß unserer Bekanntschaft: In Liège und Brüssel gibt es eine Gruppe von belgischen Musikern – mehr oder weniger Schüler oder Freunde von Souris –, die für ein paar Tage nach Paris gekommen sind. Durch die Vermittlung von Boris de Schloezer und Marina Scriabine baten sie mich um ein Treffen. Ich habe ihnen also mein Quartett gezeigt und habe ihnen Deine Aufnahmen mit den Schlagzeugstücken und mit präpariertem Klavier vorgespielt, die noch keiner von ihnen kannte. Darüber sind sie in helle Begeisterung geraten, und nun soll ich also im kommenden Februar nach Liège fahren und einen Vortrag halten über Deine Untersuchungen und über meine eigenen. Ich will einige Aufnahmen von Dir vorspielen (vor allem Deine Construction in Metal[5] hat sie sehr beeindruckt). Ich möchte zur Vorstellung dieser Schallplattenaufnahmen aber gerne genau sagen können, welche Instrumente Du in diesen Stücken einsetzt, und etwas über den rhythmischen Aufbau. Wenn Du mir die Partitur schicken könntest, wäre das sehr gut. Sollte das nicht gehen, müßte ich eine *genaue Auflistung* aller verwendeten Schlaginstrumente von Dir bekommen und dazu eine Angabe, *wie* sie gespielt werden. (Die ins Wasser getauchten Gongs zum Beispiel oder das Klavier mit den Stahlzylindern für die im Verklingen ansteigenden Glissandi. Und dann möchte ich auch gerne wissen, wie Du diese Art Reibungen erzeugst, wie von einem Stahlbesen oder einer Stahlbürste auf einer Gongoberfläche.) Ich bedaure es sehr, daß wir so eine Aufstellung nicht gemacht haben, als Du noch hier in Paris warst.
Zuerst will ich ausführlich über Deine Untersuchungen im Bereich der Schlaginstrumente sprechen, dann zum präparierten Klavier übergehen, und zusammen mit den Schallplatten und Partituren will ich genau er-

klären, worum es dabei geht. Nachdem dann Deine Schallplatten gespielt worden sind, will ich meine Zweite Sonate vorspielen (jedenfalls zwei Sätze) und darlegen, worin Du und ich einander nahekommen bei der Suche nach einer Organisation eines Stückes durch rhythmische Strukturen. Sagt es Dir so zu? Bitte schick mir Deine Vorschläge dazu und vergiß nicht, mir zu schreiben, was über Dich und Deine Werke oder in bezug auf uns beide noch gesagt werden sollte und was ich vielleicht vergessen habe.

Laß mich Dir sagen, Du bist der einzige, der mir hinsichtlich des Tonmaterials, das ich verwende, eine zusätzliche Anregung gegeben hat. Mit meinem Streichquartett[6] habe ich dank der Begegnung mit Dir eine »klassische« Periode abgeschlossen, die jetzt schon weit weg ist. Es bleibt an uns, das *wahre* Klang-»Delirium« anzugehen und ein Experiment mit Klängen durchzuführen, wie Joyce es mit Worten unternommen hat. Im Grunde genommen – und ich bin froh, das zu entdecken – habe ich noch nichts erforscht, es bleibt noch alles herauszufinden auf diesen so unterschiedlichen Gebieten wie dem Klang, dem Rhythmus, dem Orchester, den Stimmen und der Architektur. Es ist an uns, zu einer klanglichen »Alchimie« zu gelangen (siehe Rimbaud), zu der ich bestenfalls Vorspiele gegeben habe und über die Du mir sehr viel Aufklärung verschafft hast.

Mit Konzerten sind wir hier die ganze Zeit über nicht verwöhnt worden. *Absolut nichts*, das unser Interesse verdiente.

Wenn Du die »Contrepoints« hast, sag mir bitte, was Du über meinen Artikel »Flugbahnen« denkst. Ich werde für die nächste Nummer über Bach und seine aktuellen Auswirkungen einen weiteren Beitrag schreiben[7]. Das wird 1. eine Salve gegen diese verkalkte offizielle Lehre, die angeblich von Bach ausgeht, in Wirklichkeit aber gegen ihn handelt; 2. eine gewaltige Salve gegen jeglichen Neo-Klassizismus und die Rückkehr zur »reinen Musik« mitsamt ihrer vertuschten unverzeihlichen Armut; 3. eine Klarstellung der von Alban Berg hergestellten Parallele zwischen Bach und Schönberg (bezüglich der historischen Situation), und 4. der Versuch einer Analyse dessen, was man heute an Gültigem aus Bachs Werk ziehen kann: eine bestimmte *Einheit schaffende* Technik, die einhergeht mit einer ihrem Wesen nach variablen Form, trotz des äußeren Anscheins.

Doch ich will noch einmal auf Deinen Artikel zurückkommen, denn er hat mich sehr interessiert. Wenn Du noch hiergeblieben wärst, hätte er

Anlaß gegeben zu zahlreichen Diskussionen und Spaziergängen längs der Ile Saint-Louis bis zur rue Beautreillis und wieder zurück! Denn mit dem, was Du über die Reihe sagst, die ein Mittel zur Strukturierung ist (siehe Webern), bin ich überhaupt nicht einverstanden. Und natürlich bin ich auch bezüglich Satie nicht einverstanden. Aber selbst wenn wir ein Jahrhundert lang zusammenblieben, würden wir, glaube ich, diesen Gegensatz nicht auflösen.
Es wird immer wahrscheinlicher, daß ich nun von April bis August nach Südamerika fahre. Was für eine wunderbare Reise!
Wie weit ist Dein Film über Calder[8]? Und wann bekommen wir ihn hier zu sehen?
In Erwartung Deiner Neuigkeiten versichere ich Dich nochmals meiner ganzen Freundschaft und hoffe, Du entschuldigst mein langes Schweigen angesichts dieser fünf voll beschriebenen Seiten.

Grüße bitte auch alle Deine Freunde in New York!
PB

P.S. Ich hätte fast vergessen, Dir noch zu sagen, daß Ernest Ansermet, der Dirigent, mir einen großen Brief zu einer meiner Partituren geschrieben hat. Er gefällt sich da in einem philosophischen Jargon, der ein bißchen kraus klingt: z.B. »die Kadenz, welche die Form unserer inneren Zeit ist ... Kadenzierung, ohne die die Musik ein bloßer Gegenstand der Kontemplation und auf die einfache metrische Aufeinanderfolge reduziert bleibt ...« Ich erspare Dir den Rest und noch Schöneres dieser Art. Er schließt mit der Feststellung, daß das, was ich geschrieben habe, niemals »gespielt« würde, so wie er das Wort »gespielt« versteht. Ich hebe den Brief auf, in ein paar Jahren wird er noch witziger klingen.

Herzliche Grüße
Dein PB

Und nochmals tausend Dank für »Finnegan's Wake«. Du kannst Dir gar nicht vorstellen, welche Freude mir das Buch gemacht hat. Es ist fast so etwas wie ein Totem geworden! Und ich lese es langsamer als langsam, weil man es entschlüsseln muß.
Das Foto von Dir, das Du an Souvchinsky geschickt hast, ist phantastisch! Und das Fenster, das auf den Sternenhimmel hinausgeht und

Dein Kommentar dazu: »was selten vorkommt in New York«, haben mir Spaß gemacht! Du glücklicher sternenumgebener Stadtbewohner!

Donnerstag, 12. Januar, 17.30 Uhr
Eben gerade ist der Baron Mollet[9] hier gewesen, und er brachte auch Sonja Sekula mit. Beide haben mir Vorwürfe gemacht, weil ich Dir noch nicht geschrieben habe. Doch jetzt fühle ich mich nicht mehr schuldig!

Nr. 7 – Brief von John Cage an Pierre Boulez

17. Januar [1950]

Mein lieber Pierre,
Dein Brief ist kürzlich bei mir angekommen. Ich kann Dir gar nicht sagen, wie sehr ich mich darüber gefreut habe. Ohne Nachrichten von Dir bin ich beinahe wie ohne Nachrichten von der Musik, und Du weißt, daß ich die Musik von ganzem Herzen liebe.
Du schreibst englisch bewundernswert. (Danke)
Deine Reise nach Südamerika wird bestimmt sehr schön werden! Jetzt heißt es, sie noch besser machen und auch nach New York heraufkommen! Ich werde versuchen, Konzerte und Vorträge zu arrangieren (ich kann mit Copland wegen Tanglewood sprechen usw.). Du kannst bei mir wohnen und Dich an ein schrauben- und bolzenfreies Klavier setzen[1]. Alle hier reden von Dir (und sprechen das z am Ende Deines Namens aus), aber noch keiner hat Deine Musik gehört (mit Ausnahme von Copland und Thomson). Das musikalische Klima hier ist bereit, alle haben große Lust [Dich kennenzulernen]. Wir können die lebendigen Impulse, die Du geben kannst, sogar sehr gebrauchen. Denn unser Musikleben hier ist zur Zeit alles andere als lebendig. Wir haben Schönberg (Serenade, dirigiert von Mitropoulos usw.), und es gibt die »Jungen«, die die Frage Strawinskij wieder aufnehmen (Mavra usw.). Aber ich denke, wir befinden uns im Jahr 1950, also … Der Jolivet wurde gespielt, aber ohne mich (ich hatte in Paris eine Aufnahme gehört, und das Werk interessiert mich nicht). Messiaen war hier. Ich mag ihn für seine rhythmischen Ideen. Fast alle waren gegen ihn wegen seiner halb reli-

giösen, halb hollywoodesken Art. Ich habe ihn zu mir eingeladen (großer Empfang, Diner und Musik), und er hat einigen Komponisten die Partitur von Turangalila erklärt.
Seit ich Dich kenne, erscheint mir unsere Musik schwach. Es ist wirklich so, Du interessierst mich am meisten. Ich habe die Sonate (Geige und Klavier) von Stefan Wolpe und einige Werke von Ben Weber gehört. Das ist alles. Und beide liegen auf der Linie von Berg anstatt Webern. Erstaunlicherweise haben wir hier auch zwei Komponisten, die pentatonische Musik schreiben! Der arme Merton Brown sucht jetzt psychoanalytische Ärzte auf. Ein gewisser Kirchner (Léon) ist zur Zeit in aller Munde. Demnächst werde ich Musik von Milton Babbitt hören, der am meisten in der Richtung Weberns arbeitet. Er hat mir von rhythmischen Umkehrungen erzählt. Er nimmt eine Dauer und kehrt deren Teilwerte um (entsprechend der Oktave und der Umkehrung der Intervalle). Aber er sieht aus wie ein Musikwissenschaftler.
William Masselos wird also Deine Sonate (die Zweite für Klavier) spielen, doch hat er sich ein Jahr Zeit für die Arbeit gewünscht. Er ist sehr ausgelastet. Und nun wollen zwei Quartette Dein Streichquartett[2] spielen. Ich habe zu ihnen gesagt, das bedeutete zwei Jahre Arbeit (um ihnen gerade die Angst zu machen, die gut ist für die Gesundheit).
Die Aufnahme meiner Filmmusik ist gerade beendet[3]. Ich hatte dieses Stück wie im Traum begonnen: Ich wollte ohne musikalische Ideen schreiben (Klänge ohne Zusammenhang) und das Ergebnis viermal aufnehmen, wobei ich jedesmal die Bolzen und Schrauben anderswo anbringe. Auf diese Weise wollte ich subtile Veränderungen herausbekommen: bei der Frequenz (Beweglichkeit), bei der Klangfarbe, der Dauer (indem die notierten Töne zu schwierig sind, um genau gespielt zu werden) und bei der Lautstärke (jedesmal elektronisch verändert). Aber in einem fort habe ich dann immer nur musikalische Ideen gefunden, und als Ergebnis wären höchstens simple oder vielleicht japanische Kanons herausgekommen. Ich habe den Traum also aufgegeben und Musik geschrieben. Außerdem ist dieses Abenteuer von den Maschinen beendet worden, die zu perfekt sind heutzutage. Sie sind dumm. Trotzdem hatte ich Spaß beim zweiten Teil, als ich Geräusche synthetisch (ohne Ausführende) aufnahm. Hier trat der Zufall hinzu und schenkte uns das Unbekannte. Es sieht so aus, als würde der Film in Paris gezeigt werden (sobald ich das Datum weiß, sage ich Dir Bescheid).

Cunningham hat sein Ballett am 15. Januar gegeben. Es war ein großer Erfolg. Ich schicke Dir das Programm.
Ich werde mich mit Nicole Henriot am 28. zum Mittagessen treffen. Wir werden von Dir sprechen, und das wird mir ein Vergnügen sein.
(Wenn Du nach Brasilien fährst, nimm Watte für die Ohren mit, damit Du Dich nicht Milhaudierst!)[4]
Morgen muß ich die Sonatas and Interludes für die Schüler von Henry Cowell spielen. Die Klasse kommt zu mir nach Hause. Ich würde lieber allein sein und Ruhe haben, um an meinem Streichquartett[5] zu arbeiten, das ich in Paris begonnen habe und das ich Dir nicht zu zeigen wagte.
Virgil Thomson hat Dein Artikel »Vorschläge« in »Polyphonie« gut gefallen. Er hat mir gesagt, er wird einen Artikel über Deine rhythmischen Ideen schreiben[6].
Nun etwas über die Construction in Metal[7]:
Die rhythmische Struktur ist 4, 3, 2, 3, 4 (16 mal 16). Du siehst, daß die erste Zahl (4) der Anzahl von Zahlen entspricht, die auf sie folgen. Diese erste Zahl ist unterteilt in 1, 1, 1, 1, und zuerst stelle ich die Ideen vor, die sich in der 3 entwickeln, dann die in der 2, usw. Was die Methode angeht: Es gibt 16 rhythmische Motive, unterteilt in 4, 4, 4, 4, gedacht als Reihen im Kreis:

	1				1		
4	①	2		4	②	2	etc.
	3				3		

Wenn man bei 1 ist, kann man 1 2 3 4 1 in dieser Folge verwenden oder rückwärts. Man kann wiederholen (z.B. 1122344322 usw.). Aber die Schritte 2↔4 oder 1↔3 sind nicht erlaubt. Wenn man bei 2 ist, kann man sich derselben Idee bedienen und auch wieder bei 1 anfangen, indem man die »Türen« 1 oder 4 benutzt (sehr simple Spiele). Es gibt 16 Instrumente für jeden Schlagzeuger (Fixierung auf die Zahl 16). Aber, das klingt vielleicht witzig, es gibt nur 6 Spieler! Den Grund dafür weiß ich nicht mehr (vielleicht hatte ich damals nur 6 Musiker). Die Verhältnisse der Instrumente zueinander entsprechen methodisch den Verhältnissen der Rhythmen (Kreis-Reihen), denen gemäß dieses Stück in 4/4 geschrieben ist (4 Takte, 3 Takte, 2 Takte, 3 Takte, 4 Takte – das Ganze 16mal). Die Partitur habe ich nicht bei mir, aber ich will versuchen, Dir im folgenden alle Instrumente aufzulisten:

1. Spieler: Donnerblech, Röhrenglocken
2. Spieler: Klavier (Der Pianist hat einen Assistenten, der Stahlzylinder auf den Saiten bewegt. Der Spieler produziert Triller, und der Assistent verwandelt sie in Glissandi).
3. Spieler: 12 aufeinander abgestimmte Schlittenschellen (oder oxen bells), hängende Schlittenschellen, Donnerblech.
4. Spieler: 4 Bremstrommeln (aus Autorädern), 8 Kuhglocken, 3 japanische Tempelgongs, Donnerblech.
5. Spieler: Donnerblech, 4 türkische Becken, 8 Ambosse oder Rohrstücke, 4 chinesische Becken.
6. Spieler: Donnerblech, 4 gedämpfte Gongs, 1 hängender Gong, Wassergong, Tamtam.

Die Anzahl von 16 Instrumenten wird in einigen Fällen dadurch erreicht, daß die Anschlagsart sich ändert (unterschiedliche Klänge).
Mit der Exposition und Durchführung (ohne Reprise) und mit der Form (Höhepunkt, Apotheose (?) usw.) ist diese Construction eigentlich noch 19. Jahrhundert, weißt Du. Deine Überlegungen für die Vorträge sind sehr gut. Ich habe nichts hinzuzufügen. Hier sind gerade Werke von Suzuki[8] über den Zen-Buddhismus erschienen. Ich bin ein bißchen leer im Augenblick. Ich komme von der Arbeit an der Filmmusik und von Cunninghams Aufführung, und morgen vormittag sind die Sonatas dran, und dabei bin ich immer noch nicht richtig in das Königreich des Quartetts hineingekommen. Und ich bin müde.

(Englischer Teil:)
Gattis Brief war wundervoll, jetzt gibt es wohl einen neuen Gatti. Meine herzlichen Grüße an alle, und sag ihm, ich schreibe ihm morgen. Ich denke fast jeden Tag einmal an Euch alle, Ihr fehlt mir sehr. Sag bitte Saby, daß ich die Zeichnung, die er mir mitgegeben hat, sehr gerne mag. Das große Problem in unserem Leben hier ist das Fehlen eines geistigen Lebens. Niemand hat eine Idee. Und sollte zufällig jemand eine Idee haben, hätte niemand die Zeit, sie wirklich zu beachten. Das gilt [zum Beispiel] für die pentatonische Musik.
Ich bin sicher, daß es Dir in Südamerika gefallen wird; es muß sehr schön sein. Ich bin noch nie dort gewesen. Bitte halte mich auf dem laufenden über die Reiseroute, so daß ich Dich immer erreichen kann, falls die Tanglewood-Idee Wirklichkeit wird.

Ich hätte beinahe vergessen, Dir zu sagen, daß die New Music Edition dabei ist, eines der Werke von Woronow (das Sonnet für Dallapiccola) herauszubringen. Ich muß ihm noch schreiben und die Nachricht weitergeben.
Ich habe gerade eine Gesellschaft gegründet, die sich »Capitalist Inc.« nennt (damit können wir nicht als Kommunisten angeklagt werden)[9]. Jeder, der ihr beitreten will, muß beweisen, daß er mindestens 100 Schallplatten mit Musikaufnahmen zerstört hat oder ein Aufnahmegerät. Außerdem wird jeder, der beitritt, automatisch Präsident. Wir haben Kontakte zu zwei anderen Organisationen: eine zur »Verbreitung des Nonsens« (wer immer etwas Absurdes tun möchte, bekommt die Ausführung finanziert), die andere »Gegen den Fortschritt«. Wenn der amerikanische Einfluß in Frankreich zu groß wird, wirst Du sicherlich eintreten wollen.

Sehr herzlich
Dein Freund John

Nr. 8 – Brief von Pierre Boulez an John Cage
[April 1950]

Mein lieber John,
mit großer Verspätung antworte ich heute auf Deinen langen Brief vom Januar, der mir sehr gut gefallen hat, besonders der Humor im englischen Teil (und Eure »Society of Capitalists!«).
Selbstverständlich will ich der Organisation zur Verbreitung des Nonsens beitreten.
Aber jetzt muß ich Dir etwas ernsthafter schreiben, denn ich habe Dir eine großartige Geburt anzukündigen: Gatti hat jetzt einen Sohn! Vor drei Wochen wurde er geboren. Wir können ihn nicht Annalivia, sondern nur Stephen nennen (ohne Dedalus allerdings)[1]. Sein richtiger Name ist eigentlich »guerre civile« [Bürgerkrieg][2]. Nur wollte der Beamte diesen seltsamen Vornamen nicht eintragen. Gatti hatte Dir selbst von der Geburt seines Sohnes schreiben wollen, doch er hat es vergessen –

über seinen neuen, im Entstehen begriffenen Werken und wegen des Babys selbst!
Ich werde also nach Südamerika reisen. Der Vertrag ist unterschrieben und in der Tasche. Wir fahren am 28. April hier ab, nach Buenos Aires, Rio de Janeiro, Montevideo und wahrscheinlich Santiago und Valparaiso. Ich werde Dir alle Länder, in denen wir uns aufhalten, mitteilen. Und ich muß mir einen von diesen großen Hüten (einen Sombrero) kaufen, damit ich auch südamerikanisch aussehe. (Ich will versuchen, nicht Milhaudiert zurückzukehren!)
Und wenn es möglich ist, würde ich mich sehr freuen, nach New York zu kommen, sobald die Tournee zu Ende ist. Der letzte Tag in Südamerika ist der 28. Juli, danach bin ich frei.
Übrigens, ich habe gestern die Klaviervariationen[3] von Copland bekommen, »mit besten Empfehlungen des Komponisten«. Es ist das beste, was ich von ihm kenne. Natürlich ist es von Strawinskij beeinflußt, aber von einem guten Strawinskij, d.h. es ist positiv beeinflußt. Und es gibt da eine »Gewalt«, die mir sehr gut scheint (schon wieder »gut«!). Was denkst Du über diese Variationen?
Vielen Dank für Deinen Brief über Deine Construction. Ich bin nun doch nicht nach Belgien gefahren, habe aber statt dessen, was noch wichtiger ist, Deine Schallplatten (die Construction in Metal und die erste Fassung der Three Dances for two pianos[4], die sehr schön gespielt und aufgenommen sind) an den staatlichen Rundfunk gegeben. Die Sendung hatte den Titel: »Was sie waren – was sie wurden. Geschichte der Musikinstrumente« von Yvette Grimaud. Deine Construction hat einiges Aufsehen bei den Kennern erregt. Ich glaube, wir müssen sie nochmals senden. Ich bin sehr froh darüber. Gewiß, ich konnte nicht sämtliche Angaben, die Du mir geschickt hattest, da weitergeben, weil die Sendung für ein breites Publikum war (bei der wichtigsten französischen Rundfunkgesellschaft). Aber es kam ja vor allem darauf an, daß diese Aufnahmen gesendet wurden.
Ich selbst habe drei »Versuche« für Fell-Holz-Metall-Schlagzeuge[5] geschrieben. Aber ich habe nur *drei* Instrumentalisten! Das ist sehr wenig. Und nur *eine* Probe von drei *Jahren* (ich meine *Stunden*, entschuldige diesen Joyce'schen Versprecher!!!)[6], um zu proben und aufzunehmen. Das ist wirklich zu wenig. Folglich sind die Aufnahmen sehr schlecht. Und ich will sie nicht aufbewahren. Neben Deinen wirken sie sehr armselig.

Hast Du die Nr. 6 von »Contrepoints« gefunden? Wenn Du sie hast, sag mir, was Du von meinem Artikel hältst. A propos, Goldbeck hat eine Notiz über mich im »Musical Quarterly«[7] geschrieben. Du wirst da »*vielleicht* einen Sinn für Humor« bemerken, worüber ich mich gefreut habe. Ich habe nicht alles verstanden, was er sagte, und das liegt wohl an meinem mangelhaften Englisch.
Ich will Deine Erläuterungen zum Rhythmus für einen Artikel über Dich und Deine Ideen zu Klang verwenden[8]. Und bitte denke daran, mir Bescheid zu geben, wenn Du weißt, wann der Calder-Film in Paris gezeigt wird.
Und Dein Quartet, kommt es? Ich hoffe, daß Du es mir zeigen wirst, wenn ich in New York bin.
Sage bitte William Masselos, ich schicke ihm die Noten meiner Zweiten Klaviersonate, sobald ich sie habe, d.h. in einigen Wochen. Aber zuerst wirst Du sie bekommen.
Es freut mich sehr, daß Du Dich mit Nicole Henriot getroffen hast. Sie ist eine sehr gute Pianistin und sehr gute Freundin. Und ich fand Euren Brief zu dritt einfach herrlich.
Ich habe einige Werke von Dallapiccola gehört. Zwölftönig oder nicht – schlecht waren sie in jedem Fall! Dieser italienische Lyrismus!
Wann, denkst Du, wirst Du mir eine Zusage im Hinblick auf meine eventuelle Reise nach New York geben können? Bitte denke in Deinem nächsten Brief daran. Ich würde mich sehr freuen, Dich und die Freunde wiederzusehen! Aber natürlich vor allem Dich. Es gäbe so vieles, das wir uns zu sagen und zu klären hätten seit unseren Diskussionen in der rue Beautreillis!
Und vielen Dank für das Ballett-Konzertprogramm von Merce Cunningham. Sag ihm bitte meine guten Wünsche. (Leider kenne ich nicht die richtigen englischen Höflichkeitsformen, die man im Brief verwendet. Entschuldige meine Unkenntnis.) Es freut mich sehr, daß dieses Konzert großen Erfolg hatte, und ich bin sicher, es war phantastisch.
Von mir sind zwei Konzerte in Vorbereitung. Eines wird von Heugel organisiert mit meiner Zweiten Klaviersonate im Programm, die von Yvette Grimaud (am 24. oder 29. April) gespielt werden wird[9]. Das andere, das Souvchinsky und Désormière planen, bringt Le Soleil des Eaux[10], zwei Gedichte von René Char, und wird von Irène Joachim gesungen und vom staatlichen Rundfunkorchester aufgeführt. (Es wird am 18. Juli stattfinden, wenn ich nicht in Paris bin)[11].

Ich habe noch vergessen zu sagen, daß ich eine Aufnahme mit Joyces Stimme, der einige Seiten aus »Finnegan's Wake« liest, gehört habe. Du kennst sie sicherlich. Ein Freund von Gatti hat sie. Um mich zu revanchieren, gab ich ihm Aufnahmen von Deiner Musik zu hören. Sie haben ihn sehr beeindruckt.

Saby zeichnet nach wie vor. Chi va piano, va sano [Wer langsam geht, »bewegt sich gesund«] vor allem letzteres!

Vor kurzem hatten wir hier die sechs Streichquartette von Bartók, in einer sehr guten Aufführung durch das Végh-Quartett. Aber die Musik selbst ist sehr enttäuschend. Und wenn man sagt, wie arm diese Musik ist – mit Ausnahme des vierten Quartetts! –, aber die gesamte Pariser Musikwelt findet großen Gefallen daran, dann heißt es, das sei der pure Widerspruchsgeist!

In einer Woche werden die Kammersymphonie und die Suite opus 29 von Schönberg, dirigiert von dem Schönberg-Schüler Max Deutsch, hier aufgeführt. In demselben Konzert gibt es auch das Gedicht »Die hängenden Gärten« von Stefan George, die Musik natürlich von Schönberg.

Schreibe mir einen großen Brief mit Neuigkeiten von Dir! (Send me a great letter to give me de tes nouvelles!) Grüße an alle unsere New Yorker Freunde (einschließlich der psychoanalytischen Ärzte, die Merton Brown aufsucht!) – Alle Deine Pariser Freunde schicken Dir ihre herzlichen Grüße. Und natürlich allen voran ich selbst!

Entschuldige das halb englische (?), halb französische Sprachmischmasch dieses Briefs, aber was wir hier tun, erfordert und beweist gleichzeitig eine wirkliche Anstrengung von beiden Seiten!

P.B.

Nr. 9 – Brief von John Cage an Pierre Boulez
[zwischen Januar und 6. März 1950]

Mein lieber Pierre,
ich habe mit Copland telefoniert und erfuhr, daß die Referenten für den Sommer in Tanglewood schon feststehen. Du kannst mir vorwerfen, daß ich zu spät gekommen bin. Copland sagte noch, er könne einen Vortrag organisieren, wenn Du in den USA bist, aber das bringt nicht genug Geld für die Kosten der Reise. Ich glaube, es wäre am besten, langsamer vorzugehen und für nächstes Jahr zu planen. Ich sage das allerdings mit Bedauern.
Dein Brief ist voller guter Nachrichten. Ich habe mich wirklich sehr über die Geburt von Gattis Sohn gefreut und freue mich zu hören, daß zwei Konzerte von Dir stattfinden werden. Ich würde Stephane gerne ein Geschenk schicken (was, meinst Du, wird ihm wohl gefallen?). An Gatti habe ich noch nicht geschrieben, und jeden Tag peinigt es mich ein bißchen mehr. Aber das Leben hier ist voll von folgenlosen Verzettelungen.
Fizdale und Gold werden wieder ein Konzert in Paris geben (im November), das in New York wiederholt wird. Sie spielen Deine Sonate[1]. Das erinnert mich an zwei Dinge, die ich Dir sagen wollte:
a. Virgil Thomson meint, daß Dein Aufenthalt hier dadurch vorbereitet werden sollte, daß man Deine Musik hört. Und in der kommenden Saison wird, wie ich hoffe, nicht nur Deine Sonate für zwei Klaviere gespielt, sondern die Zweite Klaviersonate (Masselos) *und* das Streichquartett. Virgil T. hat zwei Artikel[2] über Deinen Beitrag in »Polyphonie«[3] geschrieben (Rhythmus als das zeitgenössische Zwölfton-Problem). (Ich schicke sie Dir demnächst; Du wirst vielleicht nicht damit einverstanden sein, aber sie bringen die Leute zum Reden und Denken.)
b. Ich versuche, Salabert für die Veröffentlichung Deiner Sonate für zwei Klaviere zu gewinnen. Sie werden wohl Kontakt mit Dir aufnehmen. Ansonsten ist hier die New Music Edition daran interessiert. Wir verlegen hier demnächst Woronows Sonnet.
Ich habe mein Quartet beendet. 4 Teile: quietly flowing along [still fließend], gently rocking [sanft schwingend], nearly stationary [beinahe unbewegt] und Quodlibet. Das Stück verwendet von Anfang bis Ende

eine Skala geordneter Klänge, einzelne Töne und Akkorde, die immer auf denselben Saiten derselben Instrumente gespielt werden. Es gibt keinen Kontrapunkt und keine Harmonik, nur einen Verlauf im rhythmischen Raum (2 1/2 · 1 1/2 2 · 3 6 · 5 1/2 · 1 1/2). Das Ganze dauert 17 1/2 Minuten und ist durchweg in einem Tempo! Der dritte Teil (der lang ist: 8 3/4 Minuten) ist ein Kanon (im Krebs und in der Umkehrung), der durch die Variationen sehr interessant ist, die sich aus der rhythmischen Struktur und der Asymmetrie der Skala ergeben. Ich habe große Angst, Dir das Werk zu zeigen. Trotzdem liebe ich es. Nun fange ich mit der Arbeit an einem Konzert für präpariertes Klavier, Schlagzeugorchester und Streicher plus vielleicht einige andere Instrumente an[4]. Nach dem Streichquartett habe ich gleich ein paar schlechte Stücke für Geige und Klavier angefangen, die ich aber weglege, zumindest im Augenblick.
Maro[5] wird meine Sonatas am 7. März wieder spielen, und danach gehe ich für ein paar Tage nach Virginia, um Cunningham zu begleiten, der dort tanzt. Wenn ich zurückkomme, fange ich mit dem Concerto an. Was die Variations von Copland angeht, bin ich natürlich mit Dir einer Meinung; sie sind zweifellos sein bestes Werk.
Ich würde sehr gerne Deine Versuche für Schlaginstrumente sehen.
Dein Artikel in »Contrepoints«[6] ist hervorragend. Ich werde ihn noch mehrmals lesen.
Für mich war die Symphonie Op. 21 von Webern die herausragende Musik dieser Saison. Ich war tief bewegt. Ich habe sie abgeschrieben, weil es nirgendwo eine Partitur zu kaufen gab.
Es tut mir leid, daß ich im Fall Tanglewood keinen Erfolg hatte, doch vielleicht ergibt sich im letzten Moment noch etwas.
Etwas anderes, worauf ich hoffe (da ich als Präsident der »Capitalist Inc.« die Organisation unterminieren muß), ist eine im Handel erhältliche Aufnahme von Deiner Musik. Vielleicht könnten Heugel oder sonst jemand hier Aufnahmen von den Char-Liedern und von der Klaviersonate mit Grimaud machen.
Bitte entschuldige diesen hastigen und überwiegend auf Englisch verfaßten Brief, ich werde bald wieder schreiben.

Herzlichst
John

Nr. 10 – Brief von John Cage an Pierre Boulez
[vor April 1950]

Mein lieber Pierre,
ich habe soeben Deine Sonate (die Zweite) erhalten und mich enorm darüber gefreut. Aber stell Dir vor, ich konnte sehr zu meinem Leidwesen das letzte Wort, das Du auf das Frontispiz (die Titelseite) geschrieben hast, nicht lesen.
Vor einer Woche hatte ich Philippe Heugel zu mir eingeladen, und er hatte mir ein Exemplar mitgebracht, aber das habe ich an Virgil Thomson weitergegeben, weil ich wußte, daß ich die Noten von Dir direkt bekommen würde.
Jede Note spricht vom Blatt zu mir, und ich gerate in einen Zustand der Ergriffenheit und des Aufgewühltseins – beides durcheinander. Masselos hat schon ein Exemplar. Und ein Monsieur (Ross Russell) wird sie vielleicht aufnehmen. Wenn Dir die Interpretation von Grimaud gefällt, kann sie in Paris aufgenommen werden. Aber Heugel fand, ein Mann wäre besser (Masselos). Ich bin immer noch damit zugange, Dich hierher nach New York zu holen, wenn Südamerika vorbei ist. Und nun ist Virgil Thomson mit dem Plan einverstanden. Er spricht jetzt mit Musikdozenten an Universitäten (colleges). Wir werden sehen. Man darf nur nicht zu sehr daran interessiert sein, denn vielleicht wird nichts daraus. Aber gib mir bitte immer Deine Adressen, damit ich Dir schreiben kann – falls etwas klappt. Mon Dieu, was wäre das für ein Vergnügen, Dich wiederzusehen!
Ein junger Zwölftonmusiker ist gerade hier, er heißt Monod. Er hat mir Noten von sich gezeigt. Ich finde sie unbedeutend und fleißig gearbeitet. Was hältst Du von ihm? Er wollte den Musikern hier vorgestellt werden, und ich habe ihn mit Harrison und Weber bekanntgemacht. Sie mochten ihn nicht. Aber sie haben auch seine Musik nicht gesehen. Er (Monod) will, daß man Konzerte mit seiner Musik und der seiner Freunde – Casanova, Duhamel (?) u.a. – organisiert. Deine Musik kennt er noch nicht. Aber das wird er! Seine ganze Art erscheint mir pubertär (kindisch).
Nächsten Sonntag gibt Maro Ajemian ein Konzert, und heute abend spielt sie das Programm hier für ein paar Freunde. Monod war außer sich über Deinen Artikel in »Contrepoints«. Im vorhinein, denn er hat-

te ihn noch gar nicht gelesen! Ich habe ihm mein Quartet gezeigt, und wieder war er außer sich (nonplussed). Er fragte mich, worauf ich damit hinauswollte. Ich antwortete: auf nichts. Er hat nichts verstanden. An dem Tag, an dem ich Dir meine neuen Arbeiten zeige, werde ich Angst haben. Vielleicht ist es besser, sie vor Dir zu verstecken.
Ich habe einen phantastischen Schüler. Er ist 16 Jahre alt, und sein Lieblingskomponist ist Webern. Er ist sehr sensibel und intelligent. Und er ist in Frankreich geboren. Er heißt Christian Wolff.
Zur Zeit habe ich noch das Problem, eine Studie für ein Buch über Virgil Thomsons Werke[1] schreiben zu sollen. Ich möchte ein Geschenk an Stephane schicken. Was ist da sinnvoll? Ich kenne mich in solchen Kinderdingen überhaupt nicht aus. Hat Dich Salabert und Co. kontaktiert? (wegen des Drucks der Sonate für zwei Klaviere). Falls nicht, können wir sie hier verlegen (New Music). Sag auch Yvette, sie soll mir Musik von sich schicken. Wir können sie hier drucken.

In Freundschaft (die jeden Tag wächst)
und mit meinen Grüßen an Souvchinsky, Gatti, Saby, Joffroy
und alle,

John

P.S. Ich habe soeben den vierten Teil einer Suite für Geige und Klavier (sechs Teile) beendet[2].
P.S. Ich schicke Dir hier die Artikel, in denen Virgil Thomson über Dich spricht[3]. Bitte übersieh meine Randbemerkungen (mit Bleistift). Du weißt ja, daß ich nicht ganz einverstanden bin mit Virgil Thomson. Aber durch meine Analyse seiner Werke verstehe ich ihn besser. Viele seiner Aussagen über die Musik anderer sind eigentlich seine Gedanken zu seiner eigenen.
Unendlichen Dank für die Sonate, und ich hoffe, daß wir uns bald wiedersehen

und GUTE REISE!

Nr. 11 – Brief von Pierre Boulez an John Cage
[Mai 1950]

Mein lieber John,
jetzt Saudadisiere[1] ich bereits in Brasilien. Du wirst Dich vielleicht schon fragen, wie es mir gelingt, Deine Briefe so lange unbeantwortet zu lassen. Und ich mache mir deswegen jeden Tag größere Vorwürfe. Die Gewissensbisse türmen sich allmählich, und trotzdem schreibe ich nicht. Aber ich muß einen wichtigen mildernden Umstand anführen, und das ist die Reise mit ihren Vorbereitungen, ihren Nachbereitungen und so weiter und so fort! Während der Reise lebt man so dahin und verspürt keinerlei Bedürfnis zu schreiben. Nach der Reise hat man kein Bedürfnis mehr zu schildern, was man erlebt hat, weil es schon bedeutungslos geworden ist.
Soll ich Dir das Land beschreiben? Eigentlich müßtest Du es selbst sehen. Es ist sehr heiß, denn wir haben Herbst, und die Hitze entspricht der schönsten Hochsommerhitze in Frankreich (was Dir etwas über die hiesige Sommerhitze sagen mag!). Der Tag geht sehr früh gegen 17 Uhr zu Ende, und trotzdem ist es dann noch heiß. Die ersten Tage sind beklemmend, dann akklimatisiert man sich. Das Land ist außerordentlich schön, eruptiv und mit einer üppigen Vegetation, die noch an den kleinsten Stellen wuchert. Es wäre wunderbar, wenn man weiter ins Landesinnere fahren könnte, aber mit unseren allabendlichen Vorstellungen kommen wir kaum über die Umgebung von Rio hinaus.
Ich habe Briefe von Gatti, Joffroy, Souvchinsky und von Yvette Grimaud bekommen. Sie erzählen mir, wie die erste Aufführung meiner Deuxième Sonate (von Heugel organisiert) verlaufen ist. Sie kam ziemlich schlecht an, es gab von verschiedenen Seiten wenig freundliche Kommentare[2]. Du stimmst aber gewiß mit mir darin überein, daß das bedeutungslos ist. Ich habe Dir noch nicht auf die Tanglewood-Frage geantwortet. Bitte mach Dir vor allem keine Arbeit mit all dem. Wenn es in diesem Jahr nicht geht, dann im nächsten, und das ist keine Katastrophe.
Dabei fällt mir ein: Wenn Du Morton Feldman siehst, sag ihm, ich schäme mich sehr, ihm weder auf seinen Brief noch auf seine Notenmanuskripte geantwortet zu haben. Und sag ihm bitte auch, daß ich nicht die Zeit dazu hatte, denn seine Manuskripte kamen gerade zwei Tage vor meiner Abreise an. Aber ich werde ihm bald schreiben. Ich

für meinen Teil, wenn Du diese Stücke kennst, finde sein Stück für Klavier, Illusion, sehr gelungen. Im Oboen-Quintett[3], das eine größere Spannweite hat, spürt man, daß ein Gefühl für Kontrapunkt und Architektur noch fehlt. Aber das wird sicher kommen. Jedenfalls hat er mir einen so netten Brief geschrieben, daß ich mich wirklich schuldig fühle, ihm noch nicht geantwortet zu haben. Wenn noch Freiexemplare von meiner Zweiten Klaviersonate übrig sind, laß ihm bitte eins davon zukommen. Falls keine mehr übrig sind, werde ich Heugel schreiben, damit man sich darum kümmert.
Was gibt es Neues bei Dir? Ich nehme an, Du bist mitten in der Arbeit. Während ich bei den vielen täglichen Störungen hart darum kämpfen muß, meinen Anteil an persönlicher Arbeit zu bewahren und nicht in die größte Verzettelung zu geraten.
Hier habe ich noch keinen einzigen jungen Musiker getroffen. Denn das jeweilige Milieu, mit dem wir hier in Kontakt kommen, ist eher mondän. Aber ich habe die Hoffnung noch nicht aufgegeben, obwohl ich keine einzige Adresse habe. Ein Typ von hier, der junge Komponisten kennt, hat mir versprochen, mich bald anzurufen und ein Treffen zu organisieren. Ich hoffe, er tut es.
Danke für die Artikel von Virgil Thomson. Ich habe durch Pierre Souvchinsky und Nicole Henriot davon erfahren. Hat man Dir die neueste Nummer von »Contrepoints« geschickt? Ich habe einen Artikel darin: »Bach als Kraftmoment«, der unter anderem eine Studie über den zeitgenössischen »Klassizismus«[4] ist.
Dann bis bald, auf Deine nächsten Neuigkeiten. Ich mache es kurz, entschuldige, aber ich muß jetzt zum Abendessen und anschließend ins Theater

In Freundschaft,
Dein PB

Entschuldige bitte das ganze Französisch, aber bei meinen Versuchen, Portugiesisch zu lernen (was mir nicht besonders gut gelingt), vergesse ich auch noch das wenige Englisch, das ich zu können glaubte!
Du kannst mir bis zum 10. Juni schreiben an das: Hotel Ambassador, Rua Senador Dantas 25, Rio de Janeiro.
Ich hoffe auf Deine Antwort (laß Dich nicht von meinem schlechten Beispiel beeinflussen).

Nr. 12 – Brief von John Cage an Pierre Boulez
[5. Juni 1950]

Mein lieber Pierre,
soeben bin ich quer durch Deinen Brief gereist. Schon im Briefkasten konnte ich die brasilianischen Farben auf dem Umschlag erkennen. Vielen Dank! (Ich habe schon Hunger auf den nächsten.)
Auch Gatti hat mir einen Brief geschrieben, mit den Neuigkeiten von Deinem Konzert und einem Foto von Stephane. Ich habe letzterem einige Geschenke geschickt, und daß ersteres ein Skandal war, scheint mir ganz in der Regel. Das ist die Art, wie der Geist der Musikwelt wächst.
Ich befinde mich am Anfang eines neuen Stücks, aber ich komme mir dumm und unsensibel vor und so weiter. Das ist immer so. Wahrscheinlich wird es etwas für präpariertes Klavier und Streichorchester[1]. Ich habe Six Melodies für Geige und Klavier[2] beendet (und habe dieselbe Skala darin verwandt, die im Quartet zu hören ist).
Du bist für zwei Wochen im August nach Middlebury/Vermont eingeladen (alle Unkosten werden übernommen und 85 Dollar dazu gezahlt – was nicht viel ist). Dort findet eine Komponistentagung statt. Ob es interessant wird, kann ich nicht sagen, ich war noch nie dort. Aber wenn Du mir sagst, wieviel Geld wir brauchen, damit Du in die kapitalistischen Staaten (Etats Capitalists) kommst, werde ich noch versuchen, Mittel dafür aufzubringen. Du weißt, daß ich in dieser Hinsicht egoistisch bin – ich habe nämlich große Lust, Dich wiederzusehen.
Ich habe einige Wochen damit verbracht, das Werk Virgil Thomsons zu untersuchen, für die Studie über seine Arbeiten, um die ich gebeten wurde. Schließlich habe ich gesagt: Nein.
Den Artikel in »Contrepoints«, von dem Du sprichst, habe ich nicht zu Gesicht bekommen, hoffe aber noch darauf. Ich habe die Zeitschrift abonniert, aber die Post braucht lange.
In der letzten Juniwoche fahre ich nach New Orleans für ein Konzert. Ansonsten werde ich den ganzen Sommer über hier sein.
William Masselos will Deine Zweite Klaviersonate gerne arbeiten, für das Konzertprogramm der Composer's League.
Sonst habe ich keine Neuigkeiten für Dich: Äußerlich ist das Musikleben hier verwaist, und innerlich treffe ich auf unsichtbare Hindernisse.

Ich habe zwei Schüler, die begabt sind: Die eine ist Polin, der andere ist in Frankreich als Sohn eines Deutschen geboren, der früher bei Soiréen mit Paul Klee (Geige und Klavier) zusammengespielt hat. Der Sohn heißt Christian Wolff. Den Namen der Polin weiß ich nicht mehr, er ist zu schwierig. Ich hoffe, Du wirst mir bald schreiben.

Herzliche Grüße
Dein John

P.S. Ich habe eine Sarabhai hier: Geera[3].

Nr. 13 – Brief von Pierre Boulez an John Cage
[Juni 1950]

Für den Mallarmé[1] habe ich sämtliche Vokalwerke von Bach[2] mitgenommen. Was für eine Nahrung! Sie wirkt einschüchternd[3].

Lieber John,
danke für Deinen Brief, den ich noch in Rio bekommen habe. Und für diese schöne Neuigkeit, die Du mir da ankündigst. Phantastisch!! Denkst Du, diese 85 Dollar würden erst einmal ausreichen, damit ich nach New York kommen und man sich dort treffen kann? Und ich möchte Dich noch um ein paar nähere Angaben bitten (meine kartesianische Prägung?):
1. *Das genaue Datum für die Zeit in Middlebury.* Denn vielleicht werden sich hier Verzögerungen ergeben. Wir werden unsere Reise womöglich noch nach Chile fortsetzen (die Anden würden wir mit dem Flugzeug überqueren, das wäre großartig!), und damit die Tournee um fünfzehn Tage verlängern. In drei bis vier Tagen spätestens entscheidet sich die Sache mit dem Vertrag. Ich werde Dir wieder schreiben.
2. *Was habe ich dort zu tun?* Sollte man Vorträge vorbereiten? Zu welchem Thema? Als Hinweis für Dich: Ich habe das Kammerkonzert von Berg dabei, die beiden letzten Kantaten von Webern, das Streichquartett von Webern. Als Manuskripte von mir habe ich Le Visage Nuptial

von Char, den Anfang meiner Symphonie (verkürzt) und natürlich meine Zweite Sonate dabei.
3. *Wie fahre ich?* Werden Kosten für eine Flug- oder Schiffsreise gezahlt? Und wo soll ich ankommen? In New York? Ich hoffe, Du wirst mich dann abholen und ein wenig begleiten, sonst komme ich mir völlig verloren vor.
4. *Wie lange* könnte ich mit dem wenigen Geld, das ich bekomme, in New York bleiben? Und muß man sich sofort um einen Schiffsplatz New York–Paris kümmern?
Ich denke, dies ist ein hübsch präziser und detaillierter Fragebogen, den Du hoffentlich noch präziser und detaillierter beantworten wirst! Bei dem Gedanken an diese Reise werde ich wahnsinnig aufgeregt.
Noch eine kleine geographische Frage: Wo liegt Vermont? (Du wirst bestimmt rot bei soviel Unwissenheit!)
Es freut mich sehr, daß Dante[4] Dir geschrieben hat. Er wollte es schon seit langem tun! Und nun kennst Du auch Stéphane! Aber was das Konzert mit meiner Sonate betrifft, so juckt mich das kein bißchen. Ich glaube, daß Yvette Grimaud nicht so gut gespielt hat, sie wird es zu feminin interpretiert haben[5]. Aber nun, ich war schon auf dem Schiff nach Südamerika. Das war das Ausschlaggebende. Sag aber bitte auf jeden Fall William Masselos, ich freue mich sehr darüber, daß er sie erarbeitet. Vielleicht werde ich ihn ja im August in New York treffen.
Fast hätte ich etwas sehr Wichtiges vergessen: Bitte antworte mir (bis zum 28. Juli) ganz schnell an: Compagnie M. Renaud – J.L. Barrault, Teatro Solis, Montevideo/Uruguay. Und ab dem 28. Juli an: Teatro Odeon, Buenos-Aires/Argentina.
Wie Du an diesen Anschriften ablesen kannst, sind wir noch mitten in unserer Tournee. Und es ist ganz schön, sich so völlig zu verausgaben und von einem Wortnebel umgeben zu sein, in dem man nichts versteht. Auf diese Weise macht man überraschende Bekanntschaften. Du kennst doch einen Burschen namens Nogueira, dessen Mutter letztes Jahr in Amsterdam war. Sie ist eine Deiner guten Freundinnen. Weißt Du noch, wir haben in Mabillon zusammen zu Abend gegessen, am ersten Tag, als ich zu Dir kam, mit Mollet[6] und der ganzen Bande. Ob Du's glaubst oder nicht, ich habe ihn gestern abend hier in São Paulo in einem Nachtclub, der sich Nick's Bar nennt, ganz zufällig wiedergetroffen. Gib zu, als Koinzidenz ist das ziemlich gut!

Wie Du vielleicht schon erraten hast, liegt meine Arbeit bei diesem Reisetrubel einigermaßen im argen. Ich instrumentiere hauptsächlich alte Sachen, eine Arbeit, die vor allem weniger Konzentration erfordert als das Komponieren. Dennoch, von meinem Mallarmé[7] gehe ich keinen Schritt ab!
Unter uns gesagt, ich denke, Du hast gut daran getan, auf das Buch über Virgil Thomsons Werke zu verzichten. Die Person ist gewiß sehr interessant, wenigstens habe ich den Eindruck, ich kenne ihn ja nicht. Aber was seine Werke betrifft, die finde ich etwas dünn. Denkst Du auch so darüber?
Und Du reist also auch – nach la Nouvelle Orléans [New Orleans]. Es soll eine wunderschöne Stadt sein. (Man ist immer neugierig auf das, was man nicht kennt.)
Heute abend habe ich eine Hammond-Orgel- und Solovox-Vorführung mit Tremolo hoch und runter über mich ergehen lassen, und im Gegenzug mußte ich eine kleine Martenot-Show zum besten geben. Du darfst mich bedauern für solche Treppenwitze.
Von den Pariser Freunden habe ich zwar Briefe bekommen, aber ich selbst habe kaum geschrieben, muß ich gestehen. Und die Eindrücke dieser Reise, na ja, die tendieren immer wieder zum Genre Perrichon (siehe Labiche)[8].
Seit ich in Südamerika unterwegs bin, werde ich zunehmend sinustonig und was-gehts-mich-an-mäßig. Das ist die einzige Lösung. Sich ein wasserdichtes Schneckenhaus zulegen!

Auf bald, und auf Deinen Brief mit Neuigkeiten und näheren Informationen.

Herzliche Grüße
PB

Nr. 14 – Brief von John Cage an Pierre Boulez
[21. Juni 1950]

Mein lieber Pierre,
ich kann im Augenblick nicht auf alle Deine Fragen antworten, weil ich nur ein paar Minuten Zeit habe, aber ich habe phantastische Neuigkeiten – Boulezversant! [umwerfend] Ich bin zum Mitglied eines Gremiums ernannt worden, das Komponisten auswählt, die unter der Schirmherrschaft des »Institute for International Education« drei Monate in den USA verbringen. Sie bekommen 175 Dollar pro Monat und nochmals 175 Dollar für Reisen *innerhalb* der USA. Die Bewerbungen müssen an Mr. Leslie Brady, Kulturattaché der amerikanischen Botschaft in Paris, gerichtet werden. Aber da Du Dich in Brasilien befindest, habe ich gerade an Brady geschrieben und ihn um die Erlaubnis gebeten, Dir die Bewerbungsunterlagen direkt zu schicken und sie direkt von Dir zurückzuerhalten. Weil die Zeit bis zum Auswahlverfahren nur noch kurz ist. Es wäre wichtig, zwei Dinge sofort zu tun: Englisch lernen und herausfinden, ob Du die Fahrt Rio–Paris umändern kannst in eine Fahrt Rio–New York.

Bis morgen (ich schreibe Dir wieder),

Sehr herzlich
John

Nr. 15 – Brief von John Cage an Pierre Boulez
[Juni 1950]

Lieber Pierre,
hier sind sie, die Bewerbungsformulare. Du kannst also anfangen und auf die vielen nervtötenden Fragen antworten. Doch warten wir am besten die Antwort von Leslie Brady auf meinen Brief ab, bevor Du diese

Bögen absendest. Vielleicht mußt Du sie hierher, vielleicht aber auch nach Paris schicken – ich weiß noch nicht, wohin.

Ich bin dabei, mit Middlebury zu korrespondieren. Ich habe geschrieben, daß Du Vorträge über »Rhythmus und seine Beziehung zur Zwölftönigkeit«, »Ravel, Schönberg und Strawinskij«, »Die Leistung Anton Weberns« halten könntest und daß Du auch Deine Zweite Klaviersonate vorspielen und analysieren würdest. Aber letzten Endes kannst Du Dir aussuchen, was Du machen möchtest. Ich will noch versuchen, einen weiteren Vortrag für Dich in Tanglewood zu arrangieren (das heißt über Aaron Copland).

Alles geht fabelhaft gut. Du wirst [in den Bewerbungsbögen] sehen, daß man drei Empfehlungen braucht; und um Zeit zu sparen, die immer kurz und fugitando ist, war ich so frei und habe je ein Formular an Goldbeck, de Schloezer und Souvchinsky gesendet (ich dachte, Du würdest Dich auch für sie entschieden haben. Sei so nett und gib ihre Namen als Referenzen an)[1].

Was die Frage der Reisekosten angeht, sollte man zuerst versuchen, Deine Fahrkarte nach Paris umzutauschen gegen eine nach N.Y. (Flug). Wenn Du dafür zusätzlich Geld brauchst, scheu Dich nicht, mir zu sagen, wieviel. Denn mit dem Geld, das das Institut zahlen wird, hast Du genug, um wen auch immer auszuzahlen. Auch ein Visum brauchst Du noch (doch warten wir's ab, denn das muß eine sehr delikate Angelegenheit sein) – wahrscheinlich eine ganze Zwölfvisareihe.

Bis bald,
John

P.S. Vermont liegt ein wenig näher Richtung Nordpol als N.Y. City. Ich werde Dich begleiten, sooft Du willst, vom Flugzeug bis nach …

Nr. 16 – Brief von Pierre Boulez an John Cage
[Ende Juni/Anfang Juli 1950]

Lieber John,
ich habe hier in Montevideo Deine beiden Briefe bekommen und mich sehr darüber gefreut. Aber ... für das Internationale Institut sind meine Fähigkeiten, »gesprochenes Englisch zu verstehen« und »selbst Englisch zu sprechen (Konversation)« zu mager, glaube ich. Niemals wird mir irgendein Englischprofessor eine Bescheinigung über meine Englischkenntnisse unterschreiben! Und binnen eines Monats englische Konversation zu lernen, das ist zu schwierig. Ich kann sehr sehr wenig. Was die Vorträge angeht, das ist alles sehr gut. Die drei Themen, die Du angegeben hast, finde ich in dieser Reihenfolge am besten: 1. Ravel-Schönberg-Strawinskij, 2. Webern, 3. Rhythmus und Zwölftönigkeit, 4. Zweite Klaviersonate und meine Ideen über Komposition. Aber ich werde doch hoffentlich Französisch sprechen können! Die Rückfahrt nach Paris umzubuchen in eine Reise nach New York ist möglich. Vielleicht wird dazu viel Geld nötig sein. Mit Deiner Erlaubnis werde ich Dich darum bitten, wenn ich es brauche. Im Moment habe ich nur 80 Dollar. Das ist wenig. Aber vielleicht werde ich zum Ende unserer Vorstellungen in Buenos Aires 120 bis 130 Dollar haben.
Ich warte Deinen Brief ab, bevor ich die Bewerbung absende. Am liebsten würde ich das alles an Dich schicken, denn wenn ich Fehler mache, könntest Du sie verbessern! Die Namen Souvchinsky, de Schloezer und Goldbeck waren genau die richtigen, ich danke Dir dafür. Einige Fragen sind sehr schwer zu beantworten, besonders diese: »Staat, der für Ihre Reise aufkommt« im Bogen »Finanzielles«. Wenn Du solche Fragen für mich ausfüllen könntest, so wäre das am besten. Die Fotos und das Gesundheitsattest schicke ich Dir noch zu. Am schwierigsten finde ich, genau zu »beschreiben, welches Arbeitsvorhaben« ich plane, falls mir ein Stipendium zugesprochen wird. Ich hoffe, daß mich Deine Antwort da weiterbringt!
Middlebury ist auf alle Fälle sehr gut. Und ich bin schon gespannt auf den zweiten Teil dieser »umwerfenden« Reise. Bis zu Deiner Antwort in ein paar Tagen.

In Freundschaft
PB

Meine neuen Anschriften:
Entweder: Teatro Odeon, 367 Esmeralda, Buenos Aires;
oder: Hotel Lafayette, 546 Reconquista, Buenos Aires.
Was ziehst Du vor – Esmeralda oder Reconquista?! (Vielleicht eher letztere, wegen Lafayette!!)

Nr. 17 – Brief von John Cage an Pierre Boulez

den 2. Juli 1950

Lieber Pierre,
ich komme gerade aus New Orleans zurück. Mr. Alan Carter (Direktor der Komponisten-Tagung am Middlebury College, Middlebury/Vermont) ist hocherfreut über Deine voraussichtliche Teilnahme in diesem Sommer. Die Tagung wird vom 19. August bis 2. September dauern. Du kannst dort tun, was Du willst, diskutieren oder was auch immer. Was man aber auf jeden Fall möchte, ist, daß Du Deine Musik spielst.
Von Mr. Leslie Brady (Kulturattaché der amerikanischen Botschaft in Paris) habe ich noch keine Antwort, aber ich denke immer noch, daß es von selbst gehen wird. Ich bin dabei zu versuchen, einen Preisnachlaß für Deinen Flug zu arrangieren. Ich hoffe, ich habe Erfolg.
Wie geht es Dir?
Souvchinsky hat mir ein Plakat von Deinem Konzert am 18. Juli geschickt[1]. Es ist schön. Mein Gott, wie gerne würde ich die Musik hören!

Wie immer in Freundschaft,
John

Nr. 18 – Brief von John Cage an Pierre Boulez
[26. Juli 1950]

Mein lieber Freund,
die Nachrichten von Deinem Erfolg in Paris haben mich mindestens so sehr gefreut, wie es mich traurig gemacht hat, das Werk nicht selbst gehört zu haben[1]. Aber ich werde es mit Sicherheit auch bald hier hören.
Ich fürchte, daß aus dem Stipendium für Dich nichts wird. Das heißt, es würde mich eher überraschen, wenn daraus etwas würde. Denn zuerst hatte ich an die Botschaft in Paris geschrieben, doch niemand hat geantwortet. Als zweites sagte man mir hier, in Paris seien die betreffenden Leute erbost darüber gewesen, daß ich es gewagt habe, »über ihre Köpfe hinweg« zu verfahren. Drittens sprach ich mit dieser Information Copland an, und er telegrafierte nach Paris, um für ein Stipendium für Dich zu plädieren. Und dann fragt man mich heute, ob eine Bewerbung von Dir in Paris vorläge ..., was ich mit »nein« beantwortete, schließlich wartete ich auf Antwort von dort.
Trotzdem, das Unmögliche ist immer nahe und möglich. Wir werden sehen.
Wenn Du zur Tagung nach Middlebury kommst (trotzdem), können wir die nötigen finanziellen Einzelheiten dann regeln.
Die Daten sind dieselben, die Du schon kennst: 19. August bis 2. September. Name und Anschrift des Direktors sind: Mr. Alan Carter, Middlebury College, Middlebury/Vermont. Aber zuerst solltest Du hierher nach New York kommen. Wenn Du mir Deine Ankunftszeit mitteilst, hole ich Dich ab. Wenn nicht, mußt Du mich anrufen: Spring 7–2864.
Phantastische Neuigkeiten: Soeben hat mich das Büro des »Instituts« angerufen, und wir haben über das Problem mit dem Stipendium gesprochen. Ich habe Middlebury erwähnt, und man sagte mir, wenn Du zu dieser Tagung kommen würdest, könne man das mit dem Stipendium ausnahmsweise ohne die Botschaft in Paris arrangieren! Was jetzt zu tun ist: mir auf meine Kosten in die 326, Monroe Street telegrafieren (ich werde hier bezahlen) und bestätigen, daß Du zur Middlebury-Tagung hier sein wirst. Ich kann dann dieses Telegramm dem Büro als Dokument präsentieren. Und das Wunder geschieht!

Hast Du schon ein Visum machen lassen? Laß Dir irgendeines ausstellen. Man kann es hier beim Institut immer noch umändern.

Bis bald und mit herzlichen Grüßen
John

Ich schicke Dir Briefe mit, die Dir helfen können, ein Visum zu bekommen.

Nr. 19 – Brief von John Cage an Pierre Souvchinsky
[nach dem 18. Juli 1950]

Mein lieber Freund,
vielen Dank für Deine Worte anläßlich des Konzertes von Pierre[1]. Ich freue mich sehr, daß es ein Erfolg geworden ist. Und ich war traurig, das Werk nicht selbst zu hören. Es muß auch hier aufgeführt werden.
Pierre hat endlich das Stipendium des »Institute for International Education« bekommen. Und außerdem hat er eine Einladung an das Middlebury College (Middlebury/Vermont), um dort Vorträge zu halten. Aber es ist mir ein Rätsel, wo Pierre sich zur Zeit aufhält. Ist er unterwegs hierher (nach N.Y.) oder nach Paris? Das einzige, was ich weiß, ist, daß er aus Buenos Aires abgereist ist. Ich habe ihn dort angerufen, aber er war nicht mehr da. Ich wäre Dir dankbar, wenn Du mir weiterhelfen könntest. Jedenfalls hoffe ich, daß er alle diese Einladungen annehmen wird. Es wird eine große Freude, ihn wiederzusehen.
Bei einem Konzert der League of Composers (im Monat November) wird seine Zweite Klaviersonate hier vorgestellt. Wenn ich sicher wäre, daß er kommt, könnte ich versuchen, noch weitere Konzerte, Vorträge usw. zu organisieren – um seinen Besuch hier interessant zu machen.
Falls Pierre nach Paris zurückkommt und ihm das Geld für die Reise hierher fehlt, schick mir ein Telegramm, und ich werde es auftreiben.

Das Stipendium wird ihm alles, was er hier zum Leben braucht, finanzieren (vom 15. September bis zum 15. Dezember).
Ich arbeite jetzt an einem Stück für präpariertes Klavier und Orchester[2].

Meine freundschaftlichsten Grüße an Dich und
Mme. Souvchinsky,
John

Nr. 20 – Brief von Pierre Boulez an John Cage
[Juli oder August 1950]

Mein lieber John,
einen niederschmetternden Brief schreibe ich Dir heute. Denn schon bin ich auf dem Schiff, das mich nach Paris zurückbringt. Ich habe bis zum letzten Augenblick auf einen kleinen Hoffnungsschimmer gewartet, doch noch nach New York zu kommen, aber vom Konsulat kam absolut nichts. Alles hat sich folgendermaßen abgespielt: Ich ging mit der Unterstützung des französischen Konsulats also zum Konsulat der Vereinigten Staaten in Buenos Aires, um mein Visum zu beantragen. Man hat mich unglaublich detaillierte Fragebögen ausfüllen lassen und mir 16mal Fingerabdrücke abgenommen. Daraufhin mußten die Beamten sich bei der amerikanischen Botschaft in Paris über meinen Zivilstand informieren. Ich zahlte also das Telegramm hin und zurück, das weniger als 24 Stunden braucht. Und nach alldem wartete ich beharrlich auf mein Visum, dieses kostbare Papier, das mir erlauben würde, in die Vereinigten Staaten einzureisen. Ich warte noch immer darauf ... Sonderbar ähnlich sind sich die Beamten aller Länder. Mir bleibt nur eins zu hoffen, und das ist, daß ich Dich im nächsten Jahr sehen werde. Von nun an weiß ich, daß man mit wer weiß wieviel Zeit im voraus planen muß, wenn man ein Visum braucht.
Nun fahre ich direkt nach Paris zurück und werde dort arbeiten. Ich habe einen oder zwei Monate vor mir, in denen ich in Ruhe in der rue Beautreillis arbeiten kann. Es wird eine Anti-Reise!

Sage bitte in Middlebury Bescheid, daß es wirklich nicht mein Fehler ist, wenn ich nicht kommen kann, sondern die Idiotie eines Konsulats.
Abgesehen davon gibt es nichts sehr Neues. Die Nachricht vom Konzert am 18. Juli an den Champs-Elysées hast Du ja bekommen. Désormière hat dirigiert, Irène Joachim hat gesungen. Ich habe am Tag danach ein Telegramm von Souvchinsky erhalten, der sich phantastisch um alles gekümmert hatte. Als ich aus Paris wegfuhr, war die Orchesterpartitur noch nicht kopiert und das Material ebensowenig. Er und Yvette Grimaud haben alles besorgt, und ich schulde ihnen großen Dank.
Ich hoffe, ich werde die Aufnahme zu hören bekommen, wenn ich zurück bin.
Und Du? Wie war Deine Reise nach la Nouvelle Orléans? Was arbeitest Du zur Zeit? Bei mir immer dasselbe. Ich habe es eilig, endlich etwas Neues zu schreiben.
Ich freue mich auch, die Freunde wiederzusehen und mich in Paris wiederzufinden. Schließlich muß man sich über vermasselte Reisen hinwegtrösten.
Ich schreibe Dir auf die Schnelle, denn wir werden in Rio noch einmal Station machen, und ich nutze das, um diesen Brief einzuwerfen, damit Du so schnell wie möglich über mein Pech informiert wirst.
Bis bald, auf ausführlichere Neuigkeiten. Schreibe mir jetzt wieder nach Paris.
Bitte entschuldige das unnütze Durcheinander, das ich Dir beschert habe.

Dein Freund
PB

Nr. 21 – Brief von John Cage an Pierre Boulez
[wahrscheinlich August 1950]

Mein lieber Freund,
ich habe Deinen Brief vom Schiff bekommen. Sicherlich hattest Du den Brief mit der Nachricht vom Stipendium des Internationalen Instituts für Dich, den ich Dir nach Buenos Aires schickte, noch nicht bekommen. Diese Geschichte mit den Fingerabdrücken in Buenos Aires ist bei allen Konsulaten die gleiche. Ich schicke Dir für all das einige Briefe mit, die Dir jetzt weiterhelfen können.
Das Stipendium wird jeden Monat 175 Dollar betragen, vom 15. September bis zum 15. Dezember, und 175 Dollar zusätzlich für Reisen innerhalb der USA. Nicht bezahlt wird die Reise von Paris nach hier und zurück. Du kannst die Rückreise mit den 175 Dollar für Reisen hier bezahlen, so bleibt uns nur das Problem der Reise Paris – hierher. Wenn Du vor dem 19. August (Middlebury) ankommen willst, wirst Du per Flugzeug reisen müssen, und das ist eine Frage von 370 Dollar. Wenn Du zum Büro des »Instituts« in Paris gehst (173, Bvd. St. Germain), hilft man Dir vielleicht. Manchmal übernehmen Air France oder die französische Regierung die Reisekosten, weil es eine kulturelle Angelegenheit ist. Außerdem kannst Du Mr. Leslie Brady, den Kulturattaché der Botschaft der Vereinigten Staaten, aufsuchen (er kennt die ganze Geschichte mit dem Stipendium, und er wird das Visum arrangieren); vielleicht kann er Dir auch bei der Air France oder der französischen Regierung helfen, die Mittel für den Flug aufzubringen.
Für den Fall, daß das alles vielleicht nicht gehen wird, habe ich noch eine andere Idee entwickelt: Ich habe heute mit einer Tänzerin gesprochen, die gut ist und Geld hat (kuriose Kombination) und im voraus zahlen würde für eine Musik, die Du später schreiben kannst. Sie will eine Aufführung von Shakespeares »König Lear« machen, und vielleicht interessiert es Dich, eine Begleitmusik zu schreiben (anstatt sie zu spielen, wie Du es vor kurzem in Südamerika getan hast). Wenn Dir diese Idee nicht gefällt, hier die nächste: Ich werde noch weitere Vorträge für Dich hier zu organisieren versuchen, die Dir Geld bringen. Jedenfalls können wir das nötige Geld für den Flug sicherlich zusammenbekommen.
Ich erzähle die ganze Geschichte auch Mr. Carter (Middlebury) und

sage ihm, daß uns noch eine Hoffnung bleibt, Dich vielleicht für die Tagung hier zu haben.
Falls Du nicht mehr nach Middlebury kommst, kannst Du mit dem Schiff fahren und am 15. September hier ankommen, es ist billiger als das Flugzeug. Mr. Brady und das Institut können Dir vielleicht behilflich sein und selbst für die Schiffsreise eine Ermäßigung bewirken. Telegrafiere mir bitte (auf meine Kosten) so gegen den 18. August, damit ich weiß, ob Du kommst oder nicht. Wenn Du noch Fluggeld brauchst (und es nicht mit der Hilfe von Institut-Brady-Air France bekommen solltest), schicke mir ebenfalls ein Telegramm, und ich werde es besorgen. Du kannst hier immer Vorträge halten oder Musik schreiben und damit eventuell geliehenes Geld zurückzahlen. (Mein Französisch ist so schlecht: Ich will sagen, Du kannst hier immer Geld verdienen und damit Geliehenes zurückzahlen).
Die Nachrichten von Deinem Konzert an den Champs-Elysées, die ich von Souvchinsky erhielt, waren wundervoll. Bring bitte die Aufnahmen mit hierher. Man wird hier im November Deine Zweite Klaviersonate aufführen.

Schreibe oder telegrafiere mir bald.

Dein Freund
John

Nr. 22 – Brief von John Cage an Pierre Souvchinsky
[wahrscheinlich August 1950]

Mein lieber Pierre,
Boulez hat mir geschrieben. Er fährt mit dem Schiff nach Paris zurück. In Buenos Aires hatte er ein Visum beantragt, aber dummerweise hat man es ihm nicht gegeben. Jetzt braucht er das Geld für eine Flugreise (370 Dollar), um hier zu den Vorträgen in Middlebury rechtzeitig anzukommen. Daß er das Stipendium bekommen hat, habe ich Dir im letzten Brief mitgeteilt. Ich habe ihm in die rue Beautreillis geschrieben

und gesagt, er könne sich an Mr. Brady von der Botschaft, an das Institut (170, Bvd. St. Germain), an Air France und die französische Regierung wenden. Vielleicht übernimmt man die Reisekosten. Falls nicht, kümmere ich mich hier um das Geld. Und Dir schreibe ich heute, weil ich denke, Du könntest vielleicht Madame Tézenas (u.a.) fragen und auch versuchen, Geld aufzubringen. Sei so frei, wenn etwas für Pierre gebraucht wird, mir jederzeit zu telegrafieren (auf meine Kosten). Für die Middlebury-Vorträge müßte er vor dem 19. August hier sein. Middlebury wird ihm 85 Dollar, das Stipendium 700 Dollar bringen. Außerdem kann ich weitere Vorträge für ihn organisieren, und so könnte er das Geld zurückzahlen, wenn man ihm jetzt etwas für die Reise leihen würde.
Pierre sagte mir, daß Yvette Grimaud und Du diejenigen gewesen seid, die sich um die ganze praktische Seite des Konzertes am 18. gekümmert haben. Bravo!

Dein Freund,
John

Sag bitte Yvette, sie soll mir Notenmanuskripte von sich schicken; ich kann sie hier verlegen lassen.
Noch eine Idee: Vielleicht sprichst Du auch mit Philippe Heugel über Pierres Reise, und er kann das Geld besorgen.

Nr. 23 – Brief von John Cage an Pierre Boulez
[Anfang September 1950]

Lieber Pierre,
Dein Telegramm ist soeben angekommen, auch ich bin traurig[1]. Und was mir außerdem leid tut, ist, daß ich so selbstverständlich davon ausging, Du wärst gekommen, wenn die Arrangements hier festgestanden hätten. Ich hatte sogar über Dritte eine Dame gefunden, die ich persönlich nicht kenne und die im Notfall die Flugkosten übernommen hätte. Verzeih mir. Du sollst wissen, daß mir inzwischen die ganze Idee

sehr selbstsüchtig erscheint. Denn was unsere hiesige Musikwelt Dir anzubieten hat, ist gar nichts im Verhältnis zu dem, was Du zu geben hast (und was Du gibst, selbst wenn Du nicht hier bist). In gewisser Hinsicht wäre es nur Zeitverschwendung für Dich gewesen – wenn auch nicht für uns.
Ich schreibe ein neues Stück für Orchester und präpariertes Klavier[2], und die Präparierung des Klaviers bringt viele mikrotonale Tonhöhenverhältnisse, die durch einen Gegenstand mit verstellbarer Höhe, der auf dem Resonanzboden aufliegt und als Steg fungiert (wodurch die Saiten verschiedene und gleiche Längen bekommen) hervorgebracht werden. Die Schlagzeugklänge im Orchester sind integraler Bestandteil der Skalen, die aus zufallsermittelten Klangkomplexen zusammengesetzt sind. Wenn es fertig ist, schicke ich Dir eine Abschrift.
Wie geht es denn mit dem Druck Deiner anderen Werke, besonders dem Streichquartett[3], weiter? Bitte vergiß nicht, mir ein Exemplar zu schicken.

Wie immer,
John

Nr. 24 – Brief von Pierre Boulez an John Cage
[Ende Sommer 1950]

Mein lieber John,
man kann nichts sagen, als Briefeschreiber bist Du sehr viel schneller als ich. Ich schäme mich, daß ich Dir erst so spät antworte und nur ein kurzes Telegramm geschickt habe.
Ich zeichne Dir hier kurz die Chronologie meiner Heimreise nach. In Marseille angelandet und von Bord gegangen, bin ich auf Umwegen nach Paris zurückgefahren und habe entsprechend spät erst meine angesammelte Post durchgesehen. Deshalb habe ich Dir auch das Telegramm erst so spät geschickt. Was die Erklärung des Ganzen angeht: Wenn ich das Visum in Buenos Aires bekommen hätte, wäre Jean-Louis Barrault damit einverstanden gewesen, mich gehen zu lassen, da

vor Anfang Dezember im Marigny keine Aufführung mit Musik vorgesehen ist. Ich habe lange mit ihm darüber gesprochen. Als das Visum nicht kam, habe ich also mit Barrault verbindlich verabredet, daß ich mit Beginn der nächsten Saison wieder da sein werde und meine »Tätigkeit« als Dirigent in seinem Theater wieder aufnehme! Das ist unsere mündliche Übereinkunft. Aber um Dich gegenüber dem Internationalen Institut zu entlasten – dem ich außerdem schreiben werde – kannst Du jetzt sagen, daß mich ein Vertrag an das Marigny bindet aus der Zeit der Unsicherheit im Rennen um das Visum. Ob man vielleicht das Ganze verschieben könnte bis zur nächsten Saison? Doch ich wage nicht, Dich nach diesem Fehlschlag noch um irgend etwas zu bitten.

Entschuldige mich wegen dieser Geschichten, die Dir einiges unnützes Durcheinander gebracht haben. Und glaube mir, es tut mir sehr leid, diese drei Monate Aufenthalt in New York zu versäumen. Ich hätte Dich sehr gerne wiedergesehen und die Umgebung und Atmosphäre, in der Du lebst, kennengelernt. Hoffen wir, daß die Zeit des Wartens nicht zu lange dauern wird (hoffen wir, daß Korea ...).

Pierre Souvchinsky hat Dir vom Konzert des Soleil des Eaux berichtet. Désormière war, wie es scheint, ganz phantastisch. Nur ich selbst habe meine Musik noch nicht gehört. Man hat mir viel darüber erzählt. Yvette sagte mir, die Orchesterklänge seien sehr eigenartig gewesen. Das hoffe ich auch. Es wurde eine Aufnahme auf Film davon gemacht. Heugel hat Schallplatten davon pressen lassen. Ich denke, ich werde eine bekommen, die ich Dir schicken kann. So kannst Du »de auditu« urteilen. Ich muß mich darüber entweder noch mit Heugel oder mit dem Ehemann von Yvette verständigen, der beim Radio ist. In jedem Fall und auf irgendeine Art und Weise, so habe ich mir geschworen, werde ich Dir ein Exemplar schicken. Du weißt, daß Heugel auch die Taschenpartitur für Orchester veröffentlichen wird. Und selbstverständlich bist Du einer der ersten, der sie dann bekommt.

Zur Zeit bin ich in das Orchester des Visage Nuptial nach Gedichten von Char[1] getaucht. Ein Orchestersatz, der mir ganz schön zu schaffen macht, denn ich will ihn sehr differenziert haben. Und er entsteht in kleinen, sukzessiven Schüben. Ich bin sehr anspruchsvoll damit. Das Ergebnis bei Soleil des Eaux hat mich in dieser Richtung bestärkt. Was das neue Werk angeht, »the Work in Progress«![2], so ist es noch verfrüht, ausführlich darüber zu reden. Eher ist hier Schweigen [silence] ange-

zeigt, das ich erst später brechen werde. Sagen kann ich Dir nur, daß es keinen leichten Ansatz haben wird.
Und Du? Aus dem, was ich lesen kann, zu urteilen, bist Du mitten in einer großen Produktion. Ich hoffe, Du wirst mir eines Tages die Ergebnisse schicken. Ich denke zur Zeit viel über Phänomene kontinuierlicher oder diskontinuierlicher Skalen, seien sie übereinander schichtbar oder nicht, nach. Man kann sich dabei immer in Illusionen wiegen.
Was gibt es Neues in Deinem weit entfernten, unzugänglichen New York? Hier wird Horenstein bald den »Wozzeck« von Berg aufführen, ein Werk, das ich immer bemerkenswerter finde wegen seiner manchmal unentwirrbaren Komplexität, die etwas von einem Labyrinth ohne Ariadnefaden hat. Es wird *fünfzehn* Orchesterproben geben, und Du kannst mir glauben, daß ich mein Möglichstes tun werde, um keine davon zu versäumen. Das wird ein großes Ereignis, und ich freue mich über alle Maßen darauf.
Abgesehen davon gibt es für diese Saison nichts Nennenswertes zu berichten, nicht einmal annähernd. Sage William Masselos meinen Dank dafür, daß er an meiner Sonate arbeitet. Ich zähle wirklich ganz *auf Dich*, wenn es darum geht, ihm Hinweise zu geben zu den einzelnen Sätzen, zu den Nuancen und zur Beschaffenheit des Klangs, den ich haben will. Du hast mich gehört, wie ich sie heruntergeklimpert habe, und weißt daher ungefähr, wie sie klingen sollte. Sage bitte auch Morton Feldman, daß ich ihn nicht vergesse und ihm demnächst einen Brief zu seinem Quintett[3] schreibe.
Ein Jammer, daß ich New York nun nicht kennenlerne! Wie idiotisch, daß man sich dieses Jahr nicht wiedersieht – obwohl es gut möglich gewesen wäre –, wegen dieser dummen Visumsgeschichte in Buenos Aires. Wer von uns beiden wird nun die Wiedersehensreise unternehmen? Denkst Du nicht, Du kommst einmal wieder nach Paris? Bis zu Deinem nächsten Brief, sei meiner treuen Freundschaft versichert,

PB

Nr. 25 – Brief von John Cage an Pierre Boulez
[Dezember 1950]

Mein lieber Pierre,
gestern abend haben wir Deine Sonate gehört. David Tudor[1] hat sie an Masselos' Stelle gespielt (und zwar hervorragend). Tudor wird eine Aufnahme davon für Dich machen, und wenn sie Dir gefällt, kann man sie veröffentlichen. (Unendlichen Dank für die Schallplatte von Le Soleil des Eaux.) Auch Heugel hat mir ein Exemplar geschickt. Ich habe eins davon an Tudor gegeben. David Tudor ist fünfundzwanzig Jahre alt wie Du und mit Morton Feldman befreundet. Bevor Masselos mit der Sonate anfing (im Frühjahr/Sommer), sagte mir Feldman, daß Tudor schon seit drei Monaten daran arbeitete. Somit war klar, daß für das Konzert die Wahl auf Tudor fallen würde. (Mein Französisch ist zu schlecht, entschuldige, wenn ich auf Englisch weiterschreibe.) Tudor hatte sich spontan ganz und gar der Aufgabe gewidmet, Deine Sonate zu verstehen und zu interpretieren. Ich habe ihm das Original und die Entwürfe, die Du mir gegeben hattest, geliehen[2]. Er hat Französisch gelernt, um Deine Artikel in »Contrepoints« und »Polyphonie« zu lesen (nebenbei bemerkt: Die neuen Nummern habe ich nie bekommen, obwohl ich sie abonniert hatte), und er hat Artaud-Texte gesammelt und setzt sich damit auseinander. Er ist eine außergewöhnliche Persönlichkeit. Beim Konzert (ich blätterte die Noten für ihn um) empfand ich die gleiche Begeisterung wie damals, als Du mir in der rue Beautreillis Nr. 4 eine Einführung gegeben hast. Natürlich war das Publikum gespalten (aus vielerlei bekannten Gründen), aber ich kann Dir freudig versichern, daß Du hier eine starke und treue Anhängerschaft hast. Deine Musik ist für diejenigen, die sie lieben, eine aufregende und atemberaubende Offenbarung. Ich zitterte immer hinterher. Nach dem Konzert haben wir zusammen ein Fest gefeiert – Tudor, Feldman und ich und etwa 20 Freunde –, und um vier Uhr morgens gingen wir drei schließlich noch durch die Straßen und sprachen von Dir und der Musik. Am Abend vorher hatte Tudor die Sonate bei mir zu Hause gespielt, und viele waren gekommen, einschließlich Varèse, Maro Ajemian, Mrs. E.E. Cummings[3] und und und. Ich schicke Dir Kritiken mit (die allerdings keine Analysen sind), das Programm und so weiter. Jetzt wollen wir eine Aufführung Deines Streichquartetts vorbereiten;

wann werden die Partitur und die Stimmen wohl zu bekommen sein? Wir brennen regelrecht darauf. Ich habe Lust, eine weitere Einladung für Dich zu arrangieren, anläßlich der Aufführung des Quartetts. Du siehst, ich weiß nichts vom Krieg[4]. Es war eine große Freude, alle vier Sätze der Sonate mehrmals zu hören (ein Vergnügen, das Du mir damals nicht bereitet hast). Das ganze Werk ist wundervoll, aber der vierte Satz ist transzendent.
Wenn Du die Zeit erübrigen kannst, einmal an Tudor zu schreiben (vielleicht, wenn er Dir die Aufnahme geschickt hat), wird er sich sehr freuen, das weiß ich. Seine Anschrift ist 69E. 4th St. N.Y.C.
Feldmans Musik ist jetzt außerordentlich schön. Sie verändert sich von Stück zu Stück; er ist von allen hiesigen Komponisten mein nächster Freund.
Auch meine Musik verändert sich. Ich schreibe gerade an Musik für einen ganzen Ballettabend von Merce, der am 17. Januar stattfinden soll (Flöte, Trompete, vier Schlagzeuger, Klavier (unpräpariert), Geige und Cello)[5]. Und ich habe immer noch einen Satz des Concerto für präpariertes Klavier und Kammerorchester zu beenden. Vielleicht wird es im März in Hartford/Connecticut aufgeführt. Mein Streichquartett wird auch im März in Hartford und hier in New York gespielt. Für das Concerto wie für das Ballett benutze ich Tabellen, die in der Form des Schachbretts vororchestrierte Klangkombinationen bieten. Selbstverständlich können »Züge« auf diesem »Brett« gemacht werden, gefolgt von anderen, diesen entsprechenden oder auch nicht entsprechenden Zügen. Im Konzert gibt es zwei solcher Tabellen (eine für das Orchester und eine für das Klavier), die die Möglichkeit »gegebener« Beziehungen hervorbringen. In der Ballettmusik wird die Idee der schrittweisen Umwandlung einer Tabelle in eine neue Tabelle angewendet. Im Augenblick habe ich noch zwei andere Ideen: daß jedes Feld der Tabelle als das (in einem Moment) sichtbare Mitglied einer großen Familie von Klängen genommen werden kann[6]; und die andere Idee ist, daß vier Tabellen – eine für jeden Parameter eines Klangs – anstelle einer einzigen verwendet werden könnten. All dies bringt mich dem Zufall oder, wenn Du so willst, einem nicht-ästhetischen Entscheiden näher. Die Mittel der rhythmischen Struktur behalte ich natürlich bei, in dem Empfinden, daß dies der Klang-Raum ist, in dem diese Klänge existieren und sich verwandeln können. Das Komponieren wird zu einem »Werfen von Klang in die Stille«, und der Rhythmus, der in meinen Sonatas dem

Atmen entsprach, wird jetzt zu einem Fluß aus Klang und Stille. Ich schicke Dir bald einige Ergebnisse.
Nochmals vielen Dank für die Aufnahme Deines Orchesterwerks (das mir eine frühere Arbeit zu sein scheint)[7]. Die Teile, die ich am interessantesten finde, sind der Anfang und das Ende. Ich bewundere die Aufspaltung von Singstimmen und Orchester am Anfang. Der ganze Verlauf ist wunderbar poetisch und verwandelt sich und läßt an eine Oper denken. Aber ich habe den Eindruck, es ist eine frühere Arbeit, die denen vorausgeht, die ich mehrmals gehört und gesehen habe und die mir deshalb näher sind. Mit anderen Worten, Du bist weiter vorangeschritten, um Deine eigene Metapher vom einen Fuß, den man vor den anderen setzt, zu gebrauchen. Sage mir, ob ich mich täusche.
Deine Sonate ist noch immer in unseren Ohren, und wir sind Dir unendlich dankbar dafür. Wer nicht die Courage hatte, direkt zuzuhören, wird beunruhigt sein; Du steigerst die Gefahr, der man sich durch eigene Apathie aussetzt. Aber nun bin ich nicht länger einer der wenigen Amerikaner, die Dich schätzen, sondern einer der vielen.

Sehr herzlich,
John

Ich will immer noch gerne ein Werk von Yvette Grimaud drucken lassen.
[An den Briefrändern:]
Wie geht es den Freunden!
Souvchinsky.
Gatti, Stephane und das weibliche Prinzip.
Merry Xmas! Happy New Year!
Wie geht es Dir? (Ich bin von Zeit zu Zeit krank.)

Nr. 26 – Brief von Pierre Boulez an John Cage
[30. Dezember 1950]

Lieber John,
mit großer Unruhe habe ich Deinen Brief erwartet. Rachel Rosenthal hat ihn mir endlich mitgebracht, ich habe mich voll und ganz hineingestürzt. Ich antworte Dir sofort, und weil es schnell gehen soll, auf Französisch (das alte Schüleradagio: Es ist leichter, eine Übersetzung aus der Fremdsprache als aus der Muttersprache zu machen!).
Was mich sehr gefreut hat, ist die Freundschaft und Hingabe, mit der meine Sonate behandelt worden ist. Ich hoffe, ich werde David Tudor einmal kennenlernen, denn schon jetzt schulde ich ihm große Anerkennung. Ich werde ihm heute mit getrennter Post schreiben, um mich für seine hervorragende Interpretation zu bedanken. Du fragst mich nach dem Streichquartett[1]? Stell Dir vor, ich bin zur Zeit mit diesem vermaledeiten Quartett mitten in einer Abschreibedepression. Aus folgendem Grund: Ich muß zwei vollständige Partituren abschreiben, einmal mit Taktstrichen für die Aufführung – für die Stimmen –, wobei diese Taktstriche ja nur eine quantitative Bestimmung der Werte der rhythmischen Einheiten zwischen zwei Taktstrichen abgeben. Und zum zweiten eine Abschrift als Partitur zum Mitlesen – eine Studienpartitur – ohne jegliche Taktstriche, aber mit den realen rhythmischen Markierungen, das heißt einfach horizontal zugeordnet, entsprechend den rhythmischen Zellen. Das macht etwa 200 Seiten (ja, 200!!) abzuschreiben. Den Satz eingerechnet, glaube ich nicht, daß es vor Juni erscheinen wird. Denn ich widme dieser Schreibarbeit natürlich nicht meine ganze Zeit. Ich habe außer dem »Coup de Dés« von Mallarmé[2] eine neue Kammermusik angefangen[3]. Saby hatte eine phantastische Antwort, als ich ihm die Zahl der Spieler verriet (es sind 49): »Das ist dann eine Musik für große Kammer.« Tatsächlich wird es eine Zusammenstellung von 14 oder 21 Polyphonien (vielleicht auch mehr), das weiß ich noch nicht genau, aber von langer Dauer. Doch die einzelnen Polyphonien können zum Spielen frei ausgewählt werden[4].
Es gibt 7 Gruppen mit je 7 Instrumenten[5]: 2 Gruppen mit Holzbläsern, 1 Gruppe Blechbläser, 2 Gruppen mit Schlaginstrumenten: 1. Gruppe Schlaginstrumente mit bestimmter Tonhöhe (Klavier, Xylophon, Harfe, Pauken), 2. Gruppe mit unbestimmter Tonhöhe (Fell, Metall, Holz),

schließlich 2 Gruppen mit Streichern. All dies beruhend auf den Transformationen einer einzigen Reihe, deren Mechanismus hier folgt.

1) Reihe aus vierundzwanzig Vierteltönen:

gegliedert in zwei Reihen aus Halbtönen:

Die Intervalle der Reihe a verkleinere ich [um die Hälfte] mit Hilfe von Vierteltönen:

dadurch erhalte ich eine unvollständige Reihe mit zwölf Vierteltönen, nur auf den Transpositionsstufen ihrer Töne verwendbar. Diese Reihe übertrage ich in Halbtöne zurück durch eine Versetzung der Vierteltonstufen, das ergibt:

Ich unterziehe die Reihe α der gleichen Prozedur. Dadurch erhalte ich Cc) und γ).
Dann vergrößere ich die Intervalle der Reihe a um sich selber und ein Viertel [des Ergebnisses][6], das ergibt:

in Halbtöne rückübertragen ergibt das:

Ebenso für die Reihe α, was Ee und ε) ergibt.
Von den vier Reihen β γ δ ε in Halbtönen mache ich ein Ideogramm, indem ich die gemeinsamen Noten nehme[7]:

Mit dieser Reihe fφ stelle ich zwei Reihen in Vierteltönen mit $\overrightarrow{f\varphi}$ und $\overleftarrow{f\varphi}$ ± 1/4 Ton her, wobei ich Halbton und Viertelton genauso wie in meiner Reihe A) abwechseln lasse, das heißt:

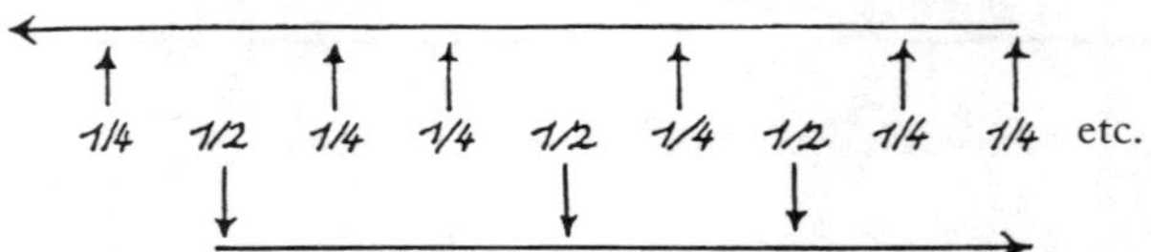

das ergibt zwei Formen: F und Φ, die den Zyklus schließen.
Ich habe folglich drei vollständige Reihen mit je vierundzwanzig Vierteltönen (A, F, Φ) und vier unvollständige Reihen mit je zwölf Vierteltönen (Bb, Cc, Dd, Ee).
Zwei Reihen in Halbtönen (a und α, Bestandteile von A), vier abgeleitete Reihen in Halbtönen (β, γ, δ, ε), ihr Ideogramm (fφ, Bestandteil von F und Φ).
Die Gesamtstruktur dieser Polyphonien ist somit organisiert durch die Ableitung aus ihrer Reihe.
Was die rhythmische Seite betrifft, so verwende ich 7 Anordnungen, denen eine Zelle zugrundeliegt:

3 Rhythmusbausteine oder einfache Rhythmen

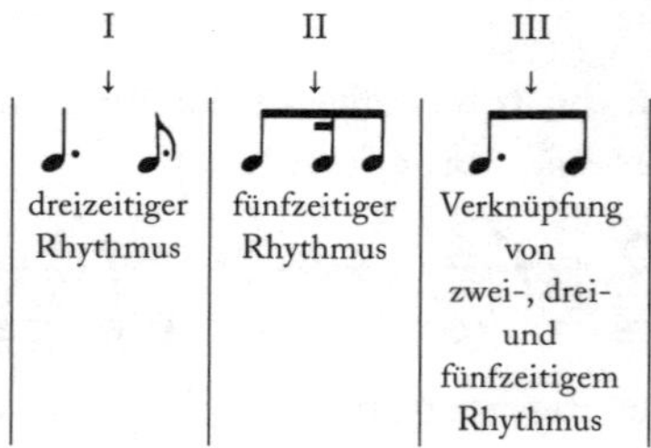

4 zusammengesetzte Rhythmen oder Verknüpfungsrhythmen

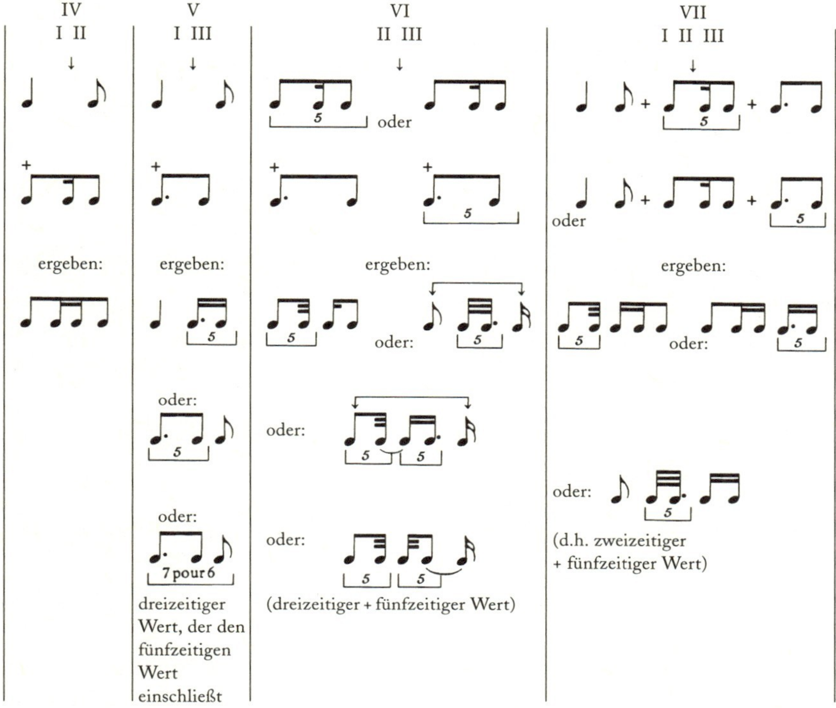

Jeden dieser einfachen Rhythmen unterziehe ich 7 Folgen von Transformationen.

Ich nehme als Beispiel den Rhythmus I.

a) einfache Transformation: durch Hinzufügen eines Punktes; Abziehen der Werteinheit; regelmäßige oder unregelmäßige Augmentation oder Diminution, irrationale Transformation

[♩. ♪] ergibt ♩. ♪ | ... etc…

b) ausformulierter Rhythmus[8]: durch die kleinste Werteinheit oder ihre Ableitungen, wobei der Hauptschlag des Ausgangsrhythmus beibehalten wird oder nicht; das ergibt:

(pour ♩. ♪) ... 5 pour 6 ... 5 pour 4 ... 3 ... 5 pour 4 ... 3 ... etc…

c) ausgehöhlter Rhythmus: Einführung der Synkope, aber nur ein einziger Schlag:

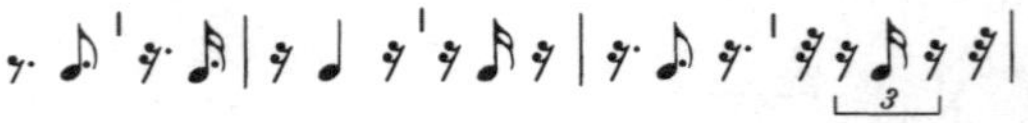

etc…

oder mit Vertauschung von Schlag und Pause:

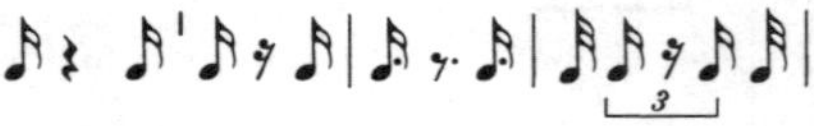

d) umgesetzter Rhythmus: Vervielfachung des Rhythmus mit seinem Prinzip:

ergibt … etc…

e) zerlegter Rhythmus: Auflösung des ausformulierten Rhythmus unter Berücksichtigung seines Prinzips:

ergibt …

… etc…

f) Rhythmus/Pause: In einem nicht rückläufigen[9] Rhythmus wird einer der Pole des Rhythmus ersetzt durch die entsprechende Pause in allen Formen. Das ergibt:

oder fb/ oder fc/ fd/ fe/

Im rückläufigen Rhythmus () [werden] die Drehpunktzelle oder symmetrische Zellen [ersetzt].

g) Rhythmus/Pause: In einem nicht rückläufigen Rhythmus wird der andere Pol des Rhythmus ersetzt durch die entsprechende Pause. Das ergibt:

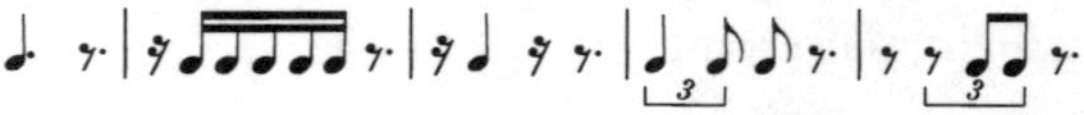

oder fb oder fc oder fd oder fe

In einem rückläufigen Rhythmus [werden] die Drehpunktzelle und eine der symmetrischen Zellen [ersetzt]; oder eine symmetrische Zelle.

Ferner: Ich mache die nicht rückläufigen Rhythmen ♩. ♪ zu rückläufigen, indem ich einen ihrer eigenen Werte hinzufüge, das ergibt:

α/ ♪ ♩. ♪ oder ♩. ♪ ♩. . Nach α durchlaufe ich den ganzen Zyklus β/γ/δ/ε, indem ich die gleichen Transformationen anwende.
Die rückläufigen Rhythmen mache ich zu nicht rückläufigen:

Weiterhin erhalte ich:
α') aus rückläufig nicht rückläufig: ♩. ♪ ♩. ♪

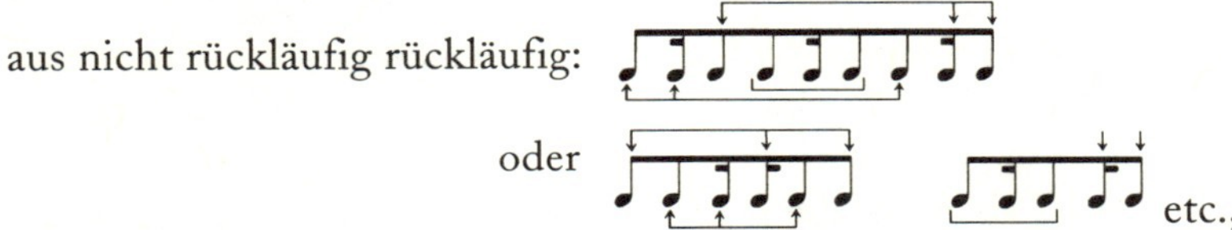

durch symmetrische oder asymmetrische Augmentation.

VI/

Für eine anfangs bereits komplizierte Zelle wie:

ergibt das sehr komplexe Resultate folgender Art:

VI d/
Entwicklung oder

Was die Komposition selbst betrifft, so will ich sie auf das Feld der Polyphonie ausdehnen, was bereits für den Kontrapunkt getan ist. Das heißt, daß die Polyphonie als Kontrapunkt dienen wird. Im übrigen Polyphonie ungleichförmiger Art, das heißt, es können Entsprechungen vorkommen zwischen Polyphonien zu 3 und 5 Stimmen oder solchen zu 4, 6 und 7 Stimmen usw. Auf der anderen Seite wird sich die Gruppe der Instrumente mit jeder neuen Polyphonie verändern.
Die erste ist zum Beispiel für alle 49 Instrumente. 7 mal 7.
Die zweite wird lediglich für 12 sein, gruppiert in 3 mal 4: 4 Geigen, 4 Bratschen, 4 Celli.
Die dritte für Blechbläser und Schlaginstrumente, aufgeteilt in 4 Gruppen: 2 Klaviere, Harfe, Pauken, Xylophon, Celesta, Vibraphon, Blech, Schlaginstrumente I, Schlaginstrumente II usw.

In bestimmten Polyphonien werde ich, wie Du in der Musik, die Du gerade machst, Klänge benutzen, die nach Farben geordnet sind, das heißt Aggregate von Tönen, untereinander verbunden durch eine Konstante, die aber in der Lage sind, sich analog einer Tonleiter zu verschieben. Genauso wie Du kann ich – wie in meinem Streichquartett – die Konstruktion mit allen dem Material innewohnenden Möglichkeiten gestalten, das heißt eine Konstruktion, wo die Kombinationen die Form schaffen und wo die Form folglich aus keiner ästhetischen Entscheidung hervorgeht.

Zum Beispiel ist die erste Polyphonie zu Beginn wie folgt komponiert: Holz I: Reihe a Rhythmus III. Holz II: Reihe α in der Umkehrung Rh II. Blech: Reihe α Rh I. Schlaginstrumente mit bestimmter Tonhöhe: Reihe a in der Umkehrung Rh IV. Schlaginstrumente mit unbestimmter Tonhöhe: Rh VII. Streicher I: Reihe A Rh V. Streicher II: Reihe A in der Umkehrung Rh VI.

Wie Du sehen kannst, ist die Komplexität des Rhythmus Funktion der Komplexität der Reihe oder des instrumentalen Umgruppierens. Die Architektur dieses Stückes wird auf dem Austausch zwischen Reihen und Rhythmen beruhen und auf den möglichen Transformationen der einfachen Reihen und Vielfachrhythmen oder den vielfachen Reihen und Einfachrhythmen.

Wie Du siehst, ist dies ein Werk ziemlich großer Spannweite. Ich möchte damit vor allem den Begriff vom musikalischen Werk abschaffen, das im Konzertsaal gegeben wird und aus einer festgelegten Anzahl von Sätzen besteht; statt dessen ein Notenbuch, worin man die Dimensionen eines Gedichtbandes finden wird (wie die Sammlung Deiner Sonatas oder das Book of Music für zwei Klaviere)[10].

Immer schön einen Fuß vor den anderen. Hoffentlich falle ich nicht auf die Nase, wenn ich so auf der Bordsteinkante balanciere[11].

Was Le Soleil des Eaux betrifft, das war ein fauxpas, ein Schritt daneben oder eine Verschnaufpause. Ich habe das Stück gleich nach der Zweiten Klaviersonate und vor dem Quartett für den Rundfunk geschrieben, und mit der sehr einfachen Lyrik ist auch die Musik zwangsläufig sehr einfach geworden (dennoch ist sie vollkommen athematisch). Ich habe diesem Stück ein paar Worte vorangestellt, die ich auch bei René Char fand und die ich Dir hier zu bedenken gebe, damit Du mir diese simple Komposition nicht anlastest:

»Hinweis:
Wir haben auf unserm milderen Abhang ein Gefolge von Liedern uns zur Seite, Verbindungsflügel zwischen unserm ruhigen Atem und unsern heftigsten Fiebern. Fast banale Stücke sind es, von mildem Kolorit, von althergebrachter Kontur, deren Gewebe jedoch eine winzige Wunde trägt. Es steht jedem frei, dieser bestreitbaren Rötung Ursprung und Ziel anzuweisen.«[12]

Gestern, am 29. Dezember, habe ich in der Cinémathèque den Film von Burgess Meredith über Calder gesehen, mit Deiner Musik[13]. Es war herrlich zu sehen und zu hören, wie vollkommen die Synthese von Bild und Ton war. Zum erstenmal empfand ich eine Musik im Film als notwendig. Ich war zusammen mit Gatti und Joffroy dort, und uns allen hat der Film sehr gefallen. Die Objekte von Calder sind sehr schön, besonders zwei Skulpturen, und die Aufnahmen sowie die Filmmontage sind außerordentlich gelungen. Besonders gefallen hat mir die Stille, die zusammen mit den festen Einstellungen einsetzte, nachdem vorher, zu den bewegten Einstellungen, Musik erklungen war. Genauso hat mir die rhythmische Diminution bei einigen Geräuschen gefallen. Ich würde gerne wissen, wie Du das *technisch* gemacht hast, zum Beispiel für den Abschnitt, in dem man sieht, wie Calder an der Drehbank steht und Maschinen benutzt und wo der Ton diese Fabrikgeräusche übernimmt[14].
Du kannst Dir nicht vorstellen, wie glücklich ich beim Lesen Deines Briefes darüber war, daß wir uns im gleichen Schritt auf weitere Entdeckungen zubewegen. Zu diesem Thema werde ich Dir keine Theorie entwickeln, aber mit Saby habe ich über all diese Fragen der Organisation der klanglichen Materie viel nachgedacht. Und ich denke, daß ich ein kleines Buch schreiben werde, ausgehend von dem Prinzip, daß die klangliche Materie nicht anders organisiert werden kann als seriell, allerdings indem ich das Prinzip bis zu extremen Konsequenzen treibe, das heißt: daß man aus der ganzen Tonskala zwischen 16 Schwingungen und 20 000 Schwingungen [pro Sekunde] eine Reihe Töne entnehmen kann, angenommen sei: A ($\overset{1}{a}\ \overset{2}{b}\ \overset{3}{c}\ \overset{4}{d}\ \overset{5}{e}\ \overset{6}{f}\ \overset{7}{g} \ldots n$), daß weiterhin der Tonraum definiert wird durch die Transposition von a auf alle Stufen, aus denen A zusammengesetzt ist, sprich: B ($\overset{1}{b}\ \overset{2}{b'}\ \overset{3}{c'}\ \overset{4}{d'}\ \overset{5}{e'}\ \overset{6}{f'} \ldots n'$), C ($\overset{1}{c}\ \overset{2}{b''}\ \overset{3}{c''}\ \overset{4}{d''}\ \overset{5}{e''} \ldots n''$), schließlich N ($\overset{1}{n}\ \overset{2}{b_n}\ \overset{3}{c_n}\ \overset{4}{d_n}\ \overset{5}{e_n}\ \overset{6}{f_n} \ldots \overset{7}{n_n}$) sowie, daß man durch die Umkehrung von A, angenommen sei A (a, b = a + x, c = a + y, d = a + z, usw.) A umgekehrt (a, b umgekehrt = a – x, c umgekehrt = a – y,

d umgekehrt = a – z, usw.) erhalten wird, a genommen als Spiegelachse, ebenso von allen Transpositionen ausgehend von A.
Graphisch könnte dies so veranschaulicht werden:

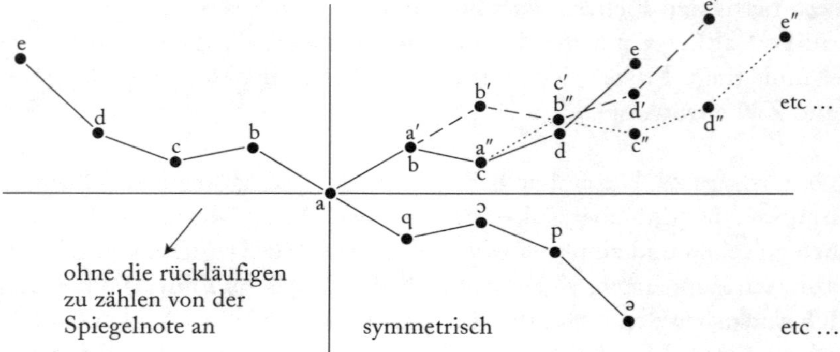

Ein anderer Raum der Umkehrung ist definiert, wenn man b (oder c oder d) und nicht a als Spiegelnote nimmt (was die Transpositionen des Originals nicht verändert). Man hat also einen Raum definiert durch eine Konstante und eine Variable.

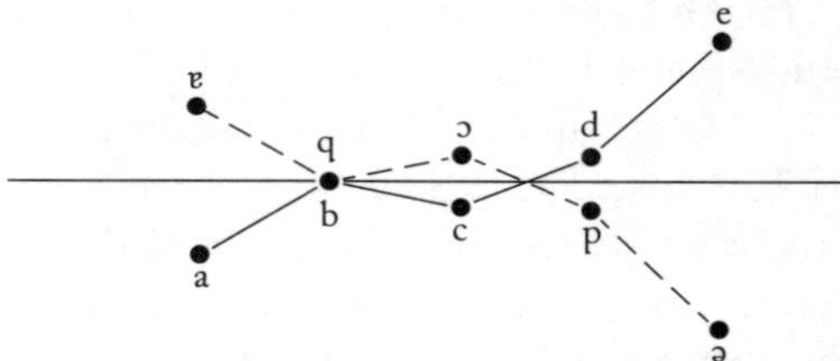

So kann man *alle* Klangmaterialien organisieren, welcher Natur sie auch seien.
Auf diese Weise werden die Vorstellungen von Modalität, Tonalität und Reihe geradewegs kombiniert, um daraus nur eine einzige zu formen. Desgleichen die Vorstellungen von Kontinuität und Diskontinuität des Klangmaterials; da wir das Diskontinuierliche im Kontinuierlichen wählen. Darauf bewege ich mich mit meinen Vierteltönen zu. In zwei oder drei Jahren werden es die Zwölftel- oder Vierundzwanzigstel[tö-ne] sein.
Ich habe übrigens des weiteren eine graphische Formel gefunden, um mit Viertel- und Dritteltönen überhaupt jede Tonleiter abzudecken. Und Du wirst sehen wie: kleinster gemeinsamer Nenner (einfache Eigenschaft des Bruches aus einem Drittel und einem Viertel).

Zwei Seiten des ersten Manuskripts der *Deuxième Sonate* von Pierre Boulez. Diese Passagen fehlen in der Endfassung. (John Cage »Notations« Collection, Northwestern University Music Library, Evanston, Ill.)

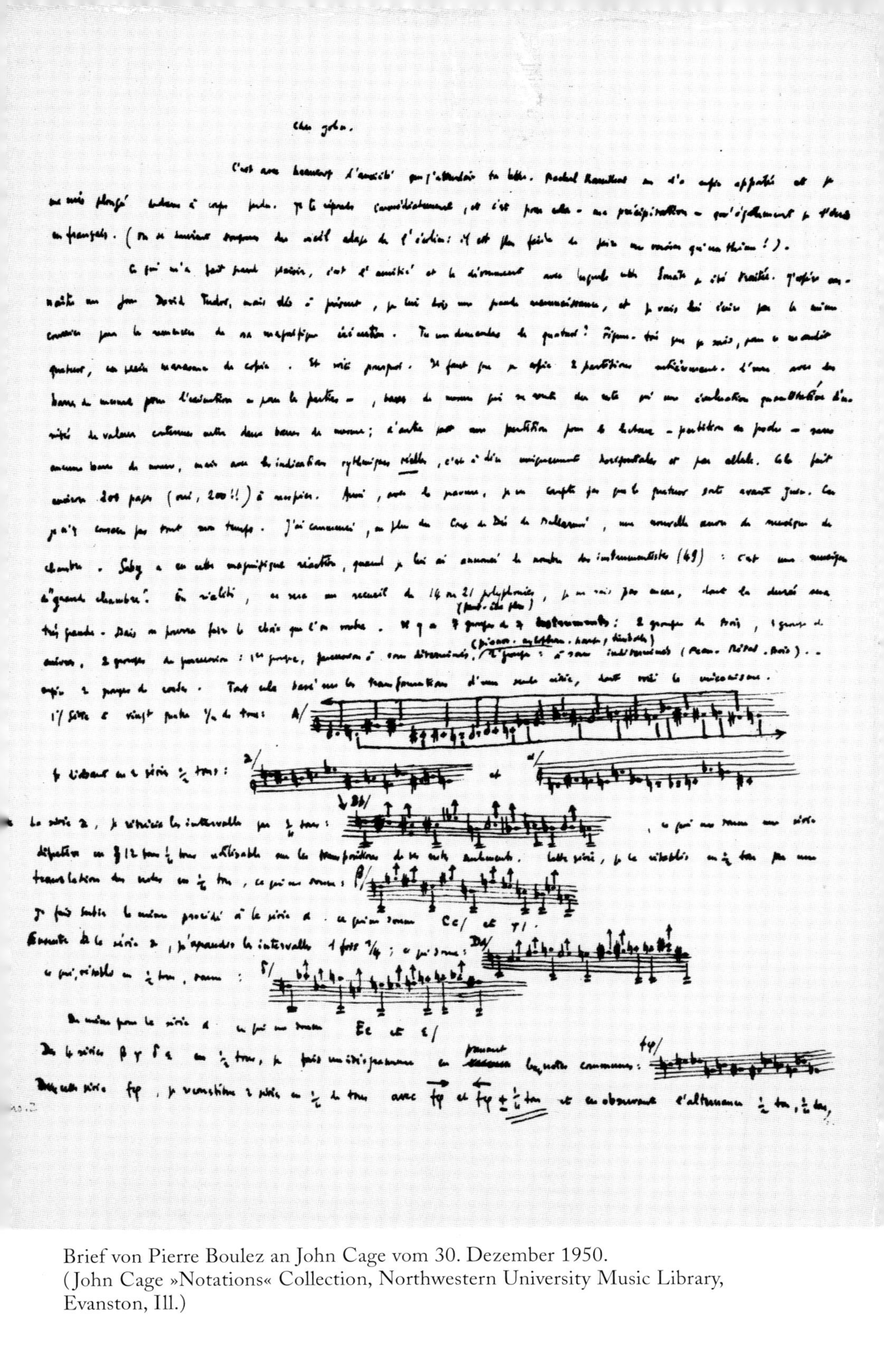

Brief von Pierre Boulez an John Cage vom 30. Dezember 1950.
(John Cage »Notations« Collection, Northwestern University Music Library, Evanston, Ill.)

2/ qui était impliqué dans une série A/

cycle à tirer : … etc…

et qui donne donc 2 formes : F et Φ qui achèvent le cycle.

J'ai donc 3 séries complètes en 24 ¼ tons ; et 4 séries défectives de 12 sons et tons
A, F, Φ — Bb, Cc, Dd, Ee,

2 séries en ¼ de ton ; 4 séries dérivées en ½ tons ; tons intégraux
λ et α (composantes de A) — β, γ, δ, ε — f φ (composantes de F et de Φ).

La structure sérielle de ces polyphonies est donc organisée par la déduction de leurs séries.

Rythmiquement, je fais appel à 7 organisations, basées sur une cellule :

3 rythmes composants, ou simples ; 4 rythmes composés, ou rythmes de combinaisons.

I/ II/ III/ — I II / I III / II III / I II III /.

rythme ternaire — rythme de 5 — combinaison du binaire du ternaire et du rythme de 5

donnent — donnent — donnent : — donnent :

pour 6 valeur ternaire renfermant valeur de 5 — (valeur ternaire + valeur de 5) — (c.-à.-d. : valeur binaire + valeur de 5)

À chacun de ces rythmes simples, je fais subir 7 séries de transformations.

Je prends, par exemple, le rythme I.

a/ Transformations simples par ajout du point ; retranchement d'unité de valeur – Augmentation ; diminution régulières ou irrégulières – Transformations irrationnelles : [ ] donne : … etc… etc..

b/ Rythme resserré par la plus petite unité de valeur ou sa division ; le point frappé du rythme initial étant ou non respecté :
ce qui donne : (pour …) … pour 6 … pour 7 … pour 7 … etc…

c/ Rythme écarté. Introduction de la syncope, mais en sens frappé.
… ou avec l'inversion du point frappé et du silence : etc…. …

d/ Rythme hiérarchisé Multiplication du rythme par son principe :

1. 2. donne : … etc….

e/ Rythme dérivé : Décomposition du rythme en valeurs exprimées en tenant compte de son principe :

1. 2. 3 donne : … etc..

f/ Rythme-silence: l'un des pôles du rythme étant remplacé par le silence correspondant, dans toutes les formes.

ex. pris comme: … | ou … | ou fe/ … | fd/ … | fe/ …

[Dans un rythme non rétrogradable] – Dans le rythme rétrogradable (…) cellule pivot ou cellules symétriques

g/ Rythme-silence. l'autre pôle du rythme étant remplacé par le silence correspondant.

ex. pris comme: … | ou … | ou fe/ … | ou fd/ … | ou fe/ …

[Dans un rythme non rétrogradable]. Dans un rythme rétrogradable la cellule pivot et 1 cellule symétrique; ou 1 cellule symétrique.

Ensuite. Les rythmes non rétrogradables 1. ♪. je les rends rétrogradables en leur adjoignant une de leurs propres valeurs, ce qui donne: α/ … ou … – Puis de α, je parcours tout le cycle β/ γ/ δ/ ε/ en appliquant les mêmes transformations.

Des rythmes rétrogradables, je les rends non rétrogradables: ainsi: … devient … ou …

Puis, j'obtiens encore:

α'/ de rétrogradable, non rétrogradable: …
de non rétrogradable, rétrogradable: … ou … …

etc.... en augmentation symétrique ou asymétrique.

Pour une cellule assez compliquée au départ comme: VI/ …, cela donne des résultats très complexes de ce genre-là:

VI développement 2/ … | ou bien: …

Pour ce qui concerne la composition elle-même, je veux élargir au domaine de la Polyphonie elle-même ce que l'on a fait pour le Contrepoint. C'est à dire que la polyphonie servira de contrepoint. Polyphonie de densité inégale, c'est à dire que les réponses pourront avoir lieu entre polyphonie à 3 et à 5 voix, ou entre 4, 6 et 7 voix etc... D'autre part, à chaque nouvelle Polyphonie, le groupe instrumental variera.

La première par exemple est pour les 49 instruments. 7 fois 7

La seconde sera pour 12 seulement groupés en 3 fois 4: 4 Violons, 4 Altos, 4 Violoncelles.

La troisième pour cuivres et percussion divisés en 4. 2 pianos. Harpe, Timbales, Xylo, Celesta, Vibra – Cuivres – Percussion I Percussion II

etc... etc...

Dans certaines polyphonies, je ferai également appel, comme toi dans la musique que tu es en train de faire, à des sonorités échantillonnées, c.à.d. agrégats de sons, liés entre eux par une constante, mais pouvant se déplacer selon l'échelle sonore. Comme toi également je veux faire – comme dans une partition – la construction avec toutes les possibilités du matériau, c'est à dire une construction où les combinaisons créent la forme, et où la forme donc ne provient pas d'un choix esthétique.

Par exemple, la première polyphonie est composée ainsi au début:

BOIS I: Série α Rh. III. BOIS II. Série α renversé Rh. II. – Cuivres: Série α. Rh. I

~~[illegible]~~ Percussion à hauteurs déterminées Série ~~[illegible]~~ α renversée Rh. IV. Percussion à hauteurs indéterminées: Rh. III.

CORDES I: Série A Rh. V. Cordes II. Série A renversé Rh. VI.

, no.2

9/

Comme tu peux le voir, la complexité des rythmes est fonction de la complexité de la série ou de la formation instrumentale. L'architecture de ce morceau est basée sur les échanges entre série et rythmes et les transformations possibles sur les monoséries et polyrythmes ou sur les polyséries et monorythmes.

Comme tu le vois, c'est une œuvre d'envergure assez vaste. Je voudrais surtout y abolir la notion d'œuvre musicale pour donner en concert, avec un nombre déterminé de mouvements ; mais un livre de musique où l'on trouverait les dimensions d'un livre de poèmes. (comme l'ensemble de tes Sonates for the Book of Music for two pianos).

Encore un pied devant l'autre. J'espère que je ne me casserai pas la gueule à force de marcher au bord du trottoir !

Quant au "Soleil des Eaux", c'était un faux pas, ou des mesures en cloche-pied de repos. C'est une œuvre qui a été écrite tout de suite après la 2e Sonate et avant le Quatuor, pour la Radio ; et le poème étant très simple, la musique est forcément aussi très simple. (Elle est néanmoins complètement athématique). Je l'ai fait précéder de cette préface tirée d'un livre de René Char lui-même et que je livre à ta méditation pour ne point trop m'en vouloir de cette œuvre facile :

"Mise en garde :

Nous avons en nous, sur notre versant tempéré, une suite de chansons qui nous flanquent, ailes de communication entre notre souffle reposé et nos fièvres les plus fortes. Pièces presque banales, d'un coloris clément, d'un contour arrondi, dont le titre dans le fond fait une minuscule plaie. Il est loisible à chacun de fixer une origine et un terme à cette rougeur contestable".

J'ai vu hier (29 Décembre) à la Cinémathèque de l'Avenue de Messine, le film de Burgess Meredith sur Calder, avec la musique que tu as faite. C'était magnifique, la synthèse de la musique et de l'image tout à fait au point. C'est la première fois que j'ai senti une musique de film nécessaire. J'étais avec Gatti et Geoffroy et nous avons beaucoup apprécié ce film. Les objets de Calder sont très beaux, spécialement deux sculptures. Les photos et le montage sont extraordinairement faits. J'ai particulièrement apprécié le silence venant sur des plans fixes après le mouvement sur des vues mobiles, et aussi une diminution rythmique sur quelques sonnailles. J'aimerais bien savoir comment, techniquement, tu as fait par exemple pour la séquence où l'on voit Calder se servir de tours, de machines-outils, où le bruitage se sert de ces bruits d'usine.

Quand j'ai lu ta lettre, tu ne peux pas te figurer comme j'étais heureux de voir que nous marchions sur le même plan de découvertes, dans un même rythme. A ce propos, je ne te ferai pas une théorie, mais avec Joly nous avons beaucoup réfléchi à toutes ces questions d'organisation de la matière sonore. Et je peux arriver à écrire une petite brochure en partant de ce principe que la matière sonore ne peut s'organiser que sériellement, mais en élargissant ce principe à ses conséquences extrêmes c'est-à-dire : que dans toute l'échelle sonore vibration 16 à vibration 9000 on prenne une série de notes soit : A ($\overset{1}{a}\ \overset{2}{b}\ \overset{3}{c}\ \overset{4}{d}\ \overset{5}{e}\ \overset{6}{f}\ \overset{7}{g} \ldots n$), que l'espace sonore sera défini par la transposition totale de A sur tous les degrés composants A c'est-à-dire : B ($\overset{1}{b}\ \overset{2}{b'}\ \overset{3}{c'}\ \overset{4}{d'}\ \overset{5}{e'}\ \overset{6}{f'} \ldots n'$), C ($\overset{1}{c}\ \overset{2}{b''}\ \overset{3}{c''}\ \overset{4}{d''}\ \overset{5}{e''} \ldots$) enfin N ($\overset{1}{n}\ \overset{2}{b_n}\ \overset{3}{c_n}\ \overset{4}{d_n}\ \overset{5}{e_n}\ \overset{6}{f_n} \ldots \overset{n}{n_n}$) ainsi que par le renversement de A, soit ~~[illegible]~~

A (a b=a+x c=a+y d=a+z etc...) renversé ∀ (a, q=a−x, o=a−y p=a−z etc...) a étant pris comme point, de toutes les transpositions à partir de A.

… qui pourrait donner le graphique.

Un autre espace de mouvement est défini, si l'on prend b et non a comme point. (ce qui donne par la transposition de l'original (mi / 4) ou … un espace défini par une constante et une variable.)

… simultanément …

Ainsi, on peut organiser tout le matériau sonore, de quelque nature qu'il soit.

De cette façon-là, les notions de : modalité, de tonalité et de série, seraient étroitement contrôlées pour n'en former plus qu'une seule. De même les notions de continuité et de discontinuité du matériau sonore ; puisque c'est le choix des discontinus dans le continu. C'est ce à quoi je m'achemine avec les $\frac{1}{4}$ de ton. Dans deux ou trois ans ce sera les $\frac{1}{12}$ ou les $\frac{1}{24}$.

J'ai trouvé d'ailleurs également une formule graphique pour, avec les 1/4 et les $\frac{1}{3}$ ton, parcourir absolument toute l'échelle des sons et tu vas voir comment : (simple proportion fractionnaire entre $\frac{1}{3}$ et 1/4) plus petit commun dénominateur

1/4 1/2 1/4 1/2 1/4 1/2

1/3 1/3 1/3 1/3 1/3 1/3 1/3 1/3 1/3 1/3 1/3

Je fais partir la division en $\frac{1}{3}$ de ton, de la division en $\frac{1}{2}$ et en $\frac{1}{4}$, et chaque division, par superposition successive, donne les intervalles de douzième de ton. Pour obtenir le 1/18e et le 1/24e ton, il faut faire intervenir cette même division : l'intérieur des intervalles ainsi obtenus. On peut organiser ces microcosmes avec le principe de la série généralisée. Et opposer un microcosme à une structure définie en grande échelle. Je pense terminer de cette façon mon Coup de Dés de Mallarmé (en faisant réaliser un instrument spécialement accordé.)

La différence avec le rythme est que le rythme 1/ n'est pas renversable, donc qu'il possède 2 dimensions de moins : le renversé, et le rétrograde du renversé. 2/ il n'est pas mathématiquement transposable ou d'une pulsation en valeurs. Il faut donc trouver plusieurs transformations valables en principe général : c-à-d :

1/ Rétrogradation ou non rétrogradation.
2/ Inversion du silence et du frappé.
3/ Augmentation ou diminution, régulière ou irrégulière.
4/ Rythme exprimé ou non exprimé en unités de valeur ou en dérivés.
5/ Introduction de la syncope à l'intérieur des rythmes.

Voilà, je pense t'en avoir assez dit, depuis mes raisonnements prolixes, tes points de vue théoriques …

Mais, il faut que je te raconte une petite anecdote. Marina Scriabine faisait une conférence sur la musique contemporaine et ses problèmes. Inutile de te dire comment était cette conférence, puisqu'elle était de Marina Scriabine (te souviens-tu de notre visite ?) – Là-dessus, on passe comme exemple de recherches actuelles les disques de danses à 2 pianos enregistrés par [illegible] et [illegible]. Bien ! – Mais après, il y a un monsieur qui se lève – car c'était une conférence contradictoire –, et qui dit : « Que pensez-vous du be-bop ? » et ceci, le plus sérieusement du monde. (J'ajoute, entre parenthèses, que tu as peut-être entendu parler du be-bop qui est le nouveau style de jazz implanté à Paris, par Dizzy Gillespie – ici, Dizzy Gillespie, "alla gogue" – ce qui fait fureur à St-Germain-des-Prés. – Le Monsieur en question était un poète lettriste et qui prétendait que la musique était dans le be-bop, et qu'il n'y avait pas de solution dans la musique hors du be-bop. Là-dessus, le monsieur de la chaire m'est [illegible] à la tribune, …

Je lui ai dit les plus bonnes impressions que j'ai pu trouver. J'étais avec Souvtchinsky ; [illegible] nous étions tous accablés devant tant de bêtise. Et je lui ai répondu pour finir que devant le concert, il ne disait rien, mais faisait des grimaces. Je ne vois pas ce que je pourrais faire.

Revenons à la Sonate. J'attends l'enregistrement de Tudor avec une grande impatience. Saby, également, l'attend fiévreusement. Car je voudrais, moi aussi, entendre ce quatrième mouvement ! Comme il est agréable de penser que tu as des amis dévoués et si intelligents. Je voudrais bien les connaître tous les deux, lui et Morton Feldman. Car ici, je suis constamment servi de compagnie musicale : Leibowitz, Nigg et Martinet !! Il faut avouer que c'est plutôt insupportable. Avec eux on n'ose même pas s'envisager. Nous avons ici peine des nullités. Heureusement qu'il y a le seul cercle d'amis qui tient bien et nous devenons de plus en plus inséparables, Gatti, Saby, Joffroy et moi. Nous tâchons de ne pas trop penser au vide autour de nous comme dans les plus mauvais jours, en poussant nos investigations le plus loin possible.

Quant à Souvtchinsky, c'est réellement un Bon Dieu. Il est intarissable de bonté, de dévouement, de camaraderie, de simplicité. Pourquoi ne sommes-nous pas tous réunis dans un même « lieu géométrique », dont l'abstraction nous serait une joie.

Vos promenades à Tudor, Feldman et toi me font penser aux nôtres avec Gatti, Saby et Joffroy, où nous tâchons de voir de mieux en mieux, éclairer notre lanterne sur tous les problèmes qui se posent en Musique, à une imagination tout aussi peu exigeante.

À propos, tu t'étonnes de ne pas recevoir Polyphonie et Contrepoints. Ne t'étonne pas outre mesure ; l'éditeur a fait faillite et je ne crois pas que le n° 2 de Contrepoints paraisse jamais. Il était centré sur le 2e anniversaire de la mort de J.-S. Bach. Il viendra — si jamais il vient — légèrement après cette pieuse célébration !

À propos (bis), t'ai-je déjà dit que je devais écrire un grand article à paraître dans un bouquin collectif de Souvtchinsky sur la musique russe — sur le Sacre du Printemps ? Il faudrait que je me dépêche, je ne l'ai pas encore commencé.

Te signalerai-je encore que le crédit de R. Leibowitz est en baisse et que plus personne, ici, ne croit en sa prophétie. Il a fait son temps, et c'est bien justice.

Il y avait longtemps qu'écrire une lettre ne m'avait procuré un si grand plaisir.

Très amicalement de ma plus profonde amitié.

PB

Bonne année, Bonne santé (c'est la formule rituelle ici) —

Bonjour à Merce et à tous tes amis de New-York.

J'allais oublier une chose. Est-ce qu'il est possible d'avoir le matériel et la partition d'Ionisation de Varèse. F. Passerone qui est professeur de percussion au Conservatoire, voudrait la faire jouer à ses élèves à la fin de la saison. Demande à Varèse si c'est possible. Envoie-moi également des partitions disponibles de toi de celles que nous avons entendues par disques ; personne n'est disposé à les faire jouer.

Gatti t'a écrit hier.

Dis à Morton Feldman que je vais lui écrire dans 1 ou 2 jours. Cette fois-ci, c'est vrai. Je posterai ce papier et [illegible]

Quand nous reverrons-nous ?

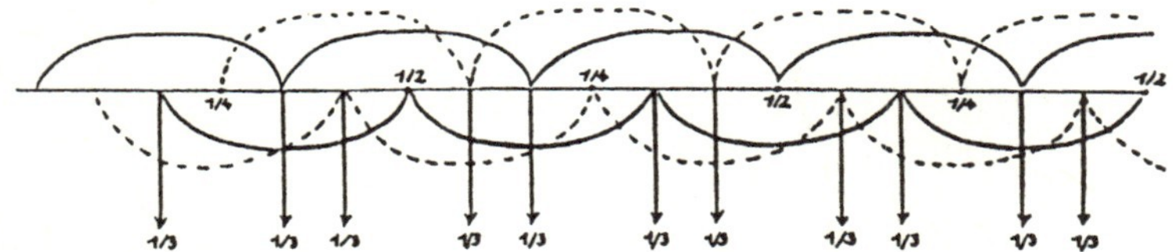

Du läßt Deine Teilung in Dritteltöne bei der Teilung in Halb- und Vierteltöne beginnen, und jede Teilung ergibt durch aufeinanderfolgende Überlagerungen Intervalle von Zwölfteltönen. Um ein Achtzehntel und Vierundzwanzigstel eines Tons zu erhalten, muß man diese gleiche Teilung ins Innere der so erhaltenen Intervalle einschalten. Man kann diese Mikrokosmen mit dem Prinzip der verallgemeinerten Reihe organisieren und auf diese Weise einen Mikrokosmos einer unvollständigen Struktur in großen Intervallen entgegensetzen. Ich habe vor, auf diese Weise meinen »Coup de Dés von Mallarmé« zu beenden (indem ich ein speziell gestimmtes Instrument herstellen lasse).

Der Unterschied zum Rhythmus ist, daß der Rhythmus 1) nicht umkehrbar ist, also zwei Dimensionen weniger besitzt: die Umkehrung und den Krebs der Umkehrung; 2) nicht homothetisch [perspektivisch ähnlich, ähnlich bei perspektivischer Lage] transponierbar ist auf irgendeinen seiner Werte. Man muß folglich mehrere Transformationen finden, die gültig sind für das allgemeine Prinzip, das heißt:

1) Rückläufigkeit oder Nicht-Rückläufigkeit
2) Vertauschung von Pause und Schlag
3) regelmäßige oder unregelmäßige Augmentation oder Diminution
4) ausformulierter oder nicht ausformulierter Rhythmus in Werteinheiten oder deren Ableitungen
5) Einführung der Synkope ins Innere des Rhythmus.

So kannst Du sehen, wie sich meine theoretischen Standpunkte gefestigt haben, seit wir uns auf Wiedersehen sagten[15].

Ich muß Dir unbedingt noch eine kleine Anekdote erzählen. Marina Scriabine hielt einen Vortrag über die zeitgenössische Musik und ihre Probleme. Ich brauche Dir wohl nicht weiter zu erklären, wie der Vortrag war – Marina Scriabine eben (erinnerst Du Dich an unseren Besuch?). Nach dem Vortrag wurden als Beispiel für Klangexperimente Deine Schallplattenaufnahmen vorgespielt – die Ballettmusik für zwei Klaviere mit Maro Ajemian und William Masselos. So weit, so gut! Doch dann steht plötzlich jemand auf – denn es war ein Vortrag mit Diskussion – und sagt: »Was halten Sie vom Bebop?« Das meinte er völlig ernst. (Du hast vielleicht von Bebop gehört, es ist ein neuer Jazz-Stil, den Dizzy Gillespie – oder Dis-y Ineptie [oder nenn es Albernheit], frei nach Joyce – in Paris eingeführt hat und der nun in Saint-Germain Furore macht.) Der betreffende Monsieur war ein Lettrist und behauptete, Deine Musik sei Bebop, und es gäbe in der Musik keine Lösung für den Bebop. Mir stieg die Zornesröte ins Gesicht, und ich habe die schlimmsten Schimpfwörter gebraucht, die mir einfielen. Ich war mit Souvchinsky dort, und wir waren am Ende wie erschlagen von solchem Blödsinn. Um das Ganze zu beenden, sagte ich, bei solcher Idiotie könne man nicht mehr diskutieren, nur noch schimpfen. Was ich mir nicht verkniffen habe.

Doch kommen wir auf die Sonate zurück. Ich warte mit großer Ungeduld auf die Aufnahme von Tudor. Auch Saby erwartet sie fieberhaft. Denn ich würde selbst sehr gerne diesen vierten Satz hören! Wie schön ist es zu wissen, daß man so gute und intelligente Freunde hat. Ich würde gerne alle beide kennenlernen, sowohl David Tudor als auch Morton Feldman. Hier bin ich musikalischer Geselligkeit beraubt: Was es gibt, sind Leibowitz, Nigg oder Martinet! Man muß zugeben, das ist eher unerträglich. Und was die anderen angeht, die sind nicht einmal in Betracht zu ziehen. Wir leben hier unter lauter Nullen. Zum Glück gibt es den Kreis von Freunden – Gatti, Saby, Joffroy –, die Du gut kennst, und wir werden immer unzertrennlicher. Wir versuchen, nicht allzuoft an den Krieg zu denken und von einem Tag auf den anderen zu leben, dabei unsere Untersuchungen so weit wie möglich zu treiben.

Was Souvchinsky angeht, er ist wirklich ein Lieber Gott. Er ist unermüdlich in seiner Freundschaft, Treue, Kameradschaft und Tüchtigkeit. Warum treffen wir uns nicht alle an ein und demselben »geometrischen Ort«, dessen Abstraktheit uns Sicherheit gäbe?

Deine Spaziergänge mit Tudor und Feldman erinnern mich an meine – mit Gatti, Saby und Joffroy. Und immerzu versuchen wir, die Probleme, die sich selbst einer wenig anspruchsvollen Phantasie massenhaft stellen, besser zu erhellen.

A propos Deiner Verwunderung darüber, daß Du »Polyphonie« und »Contrepoints« nicht bekommen hast: Wundere Dich nicht weiter, der Herausgeber hat kein Geld mehr, und ich glaube nicht, daß die nächste Nummer von »Contrepoints« jemals erscheinen wird. Sie war ganz auf den 200. Geburtstag von J.S. Bach abgestellt und wird, wenn überhaupt, mit Sicherheit erst nach diesem frommen Ereignis herauskommen[16]!

A propos (zum zweiten): Habe ich Dir schon erzählt, daß ich einen großen Artikel schreiben soll, für einen Schmöker über russische Musik, den Souvchinsky herausgibt – über das Sacre du Printemps[17]? Und ich muß mich beeilen, denn ich habe noch nicht einmal damit angefangen. Dann wollte ich Dir noch sagen, daß der Stern von Leibowitz im Sinken begriffen ist und hier niemand mehr an diesen falschen Propheten glaubt. Seine Zeit ist vorbei, und das ist gerecht.
Es ist schon lange her, daß ich mit solchem Vergnügen einen Brief geschrieben habe.

Sei meiner aufrichtigen Freundschaft versichert,
PB

Bonne année, bonne santé – Ein glückliches, gesundes Jahr (das ist bei uns die rituelle Formel)! Und viele Grüße an Merce und an alle Freunde in New York!
Beinahe hätte ich etwas vergessen. Ist es möglich, die Stimmen und die Noten von Varèses Ionisation zu bekommen? F. Passerone, der am Conservatoire Schlagzeug unterrichtet, möchte sie am Ende der Saison von seinen Schülern spielen lassen. Frag bitte Varèse, ob es möglich ist. Hast Du vielleicht auch verfügbare Noten *von Dir*, von den Stücken, die wir hier auf Schallplatte gehört haben? Passerone würde sie gerne spielen.
Gatti hat Dir gestern geschrieben.
Sag bitte Morton Feldman, daß ich ihm in ein bis zwei Tagen schreibe, diesmal wird es wahr. Papier und Kuvert habe ich schon bereitgelegt.
Wann werden wir uns wiedersehen?

Nr. 27 – Brief von Pierre Boulez an John Cage
[zwischen 7. und 21. Mai 1951]

Lieber John,
wo steckst Du? Keinerlei Nachricht von Dir. Die vollkommenste Stille liegt über dem Hamlet von Brooklyn[1]. Zugegeben, ich bin auch nicht gerade gesprächig, ich habe mich noch nicht einmal für die »Cantos« von Ezra Pound[2] bei Dir bedankt, die ich bis jetzt aus Zeitmangel nur überflogen habe – und weil meine Englischkenntnisse rudimentär sind, müßte ich sie eigentlich langsamer lesen.
Ich habe Besuch von Seymour Barab bekommen, und er hat mir Euren gemeinsamen Brief mitgebracht, aber das ist schon zwei Monate her[3]. Ich habe ihn seitdem nicht wiedergesehen und weiß absolut nichts von ihm, nur einmal begegnete ich ihm kurz vor Mitternacht in Saint-Germain.
Für diesen Brief danke ich Euch. Ich will diejenigen, die Vertrauen in mich setzen, nicht warten lassen. Ich arbeite immer noch an diesem Stück, von dem ich Dir in meinem letzten Brief erzählt habe[4]. Aber ich habe auch eine neue Reihe von Arbeiten angefangen (im Augenblick für zwei Klaviere, es werden aber vielleicht 3 oder 4). In diesen Arbeiten[5] geht es mir darum, die serielle Architektur auf allen Ebenen umzusetzen: in der Disposition der Tonhöhen, der Lautstärken, der Anschlagsarten und der Dauern. Die Organisation der Tonhöhen kann zur Organisation der Dauern oder der Lautstärken oder der Anschlagsarten überwechseln. So weit, daß alle Strukturen untereinander austauschbar sind. Es gibt zwei Organisationsmöglichkeiten: die »mechanische« Organisation, in dem Sinne, daß die kombinierten Einheiten dort nur in einzelnen Dimensionen verwendet werden: horizontal, vertikal, diagonal. Dann wird es noch »gelenkte« Organisation geben oder Organisation von kombinierten Einheiten. Ich habe Dein Schachbrettsystem auf meine Weise aufgegriffen, um es auf den verschiedenen Ebenen arbeiten zu lassen – auf den voneinander unabhängigen, den einander entgegengesetzten, den parallel verlaufenden und den gegenläufigen. Wenn man nur von Angesicht zu Angesicht über all das sprechen könnte. Warum kommst Du nicht einmal nach Paris?
Hier herrscht absolute Düsternis! Menotti feiert Triumphe mit dem »Konsul«[6]. Wenn man bedenkt, 1902 brachte das Radio: Debussy mit

Pelléas et Mélisande – und 1951: Menotti mit Le Consul. Ich will damit nur andeuten, welchen Höhepunkt des Stumpfsinns wir erreicht haben.
Gestern und heute hatte ich Krach mit Ansermet. Er bemüht die gesamte Phänomenologie – allerdings von hinten aufgezäumt, da er von der wesensmäßigen Privilegiertheit des Intervalls der Quinte ausgeht, um bei der Existenz von Intervallen im allgemeinen herauszukommen –, um seine reaktionäre Position gegenüber der zeitgenössischen Musik zu festigen. Und dann dieses Gerede von einer »Verirrung« und einer »Sackgasse«. Ich gab ihm zur Antwort, daß sich dieser Anwurf leicht umkehren ließe und daß, wenn er andere als absurd einstufe, ihm dieses Kompliment mit Recht zurückgegeben werden könne.
Abgesehen davon schreibe ich zwei Artikel: einen über die rhythmischen Strukturen des Sacre du Printemps[7], einen zweiten über die Zwölftönigkeit, der Herrn Leibowitz und seinen Akademismus lebhaft angreift[8].
Wir hatten als Primeur[9] eine Fünfte Symphonie von Honegger, dirigiert von Munch[10]. Desaströs. Zusammen mit ich weiß nicht mehr was von Copland. Noch schlimmer.
Ich habe an Morton Feldman geschrieben. Aber ich glaube, ich war letzten Endes nicht sehr freundlich zu den Stücken, die er mir geschickt hatte. Es täte mir leid, wenn er es übelnehmen würde. Ich hoffe, er wird mir nicht böse sein. Ebenso Dein Schüler Christian Wolff. Ich werde nur immer ungeschickter, wenn ich mich gegenüber anderen ausdrücken will.
Lieber John, ich warte sehr auf Nachrichten von Dir. Sie würden mir Mut machen, denn den braucht es, wenn man den Kampf um Ehrlichkeit mit sich selbst nicht aufgeben und die Abwehr gegen Dummheit und Korruptheit wachhalten will. Zum Glück, denke ich, sind wir einige, die diese Akrobatik solidarisch betreiben.
Nicole Henriot war ganz traurig, daß sie Dich bei ihrem Aufenthalt in New York nicht getroffen hat. Sie hatte mehrmals angerufen, aber keine Antwort bekommen.

Dein nach wie vor beautreillisierender Freund
PB

Nr. 28 – Brief von John Cage an Pierre Boulez
[22. Mai 1951][1]

Lieber Pierre,
Dein zweiter Brief ist angekommen, und ich will ihn schnell beantworten, denn eigentlich will ich Dir schon seit einigen Monaten schreiben. Dein langer Brief mit den Ausführungen über Deine Arbeit war großartig, aber ich glaube, daß ich genau deshalb nicht früher geschrieben habe, denn ich wollte gerne einen Brief verfassen, der es wert ist, von Dir gelesen zu werden, fühlte mich dazu aber nicht imstande. In diesem Jahr hat sich meine Arbeitsweise immer wieder verändert, zusätzlich zu diesen Veränderungen hatte ich sehr viele Verpflichtungen (Konzerte usw.), und als Dein erster Brief hier ankam[2], war ich völlig mit alldem beschäftigt und befand mich an einem Punkt, wo meine neue Arbeitsweise noch nicht ausgereift war (und noch ausgearbeitet werden mußte). Das scheint nun getan zu sein; zumindest schreibe ich jetzt an einem längeren Stück für Klavier[3] – unpräpariert –, das mich bis Oktober oder November beschäftigen wird, und ich glaube nicht, daß irgend etwas grundsätzlich Neues in meine Technik eingeht, bevor ich dieses Stück beende, so daß ich mich erst jetzt frei fühle, Dir zu berichten, was ich gemacht habe und was mich eigentlich zu dieser neuen Arbeitsweise geführt hat.
In Paris habe ich mit dem Streichquartett angefangen, mußte aber die Arbeit unterbrechen, um die Musik zu dem Calder-Film zu machen, die Du gehört hast. Im Streichquartett verwende ich eine Skala von Klängen, sowohl von Einzeltönen als auch von Aggregaten, die aber alle unveränderlich bleiben, das heißt, sie bleiben nicht nur in demselben Register, in dem sie zuerst erklingen, sondern werden immer auf derselben Saite gespielt und auf denselben Instrumenten auf gleiche Weise gestrichen oder sonstwie hervorgebracht. Es kommen keine Schichtungen vor, das ganze Stück ist eine einzelne Linie. Nicht einmal das Tempo verändert sich. Der Fortgang (das, was ich Methode nenne)[4] ist in allen Sätzen nicht kontrolliert und spontan – außer im dritten, wo er strikt kanonisch ist, obwohl es nur eine »Stimme« gibt. Ich verwende die folgenden Ideen: direkte Imitation der Dauern mit krebsgängigem oder Umkehrungsgebrauch der Skala oder vice versa. Das zeitigt einige interessante Ergebnisse, da die zugrundeliegende Skala asymmetrisch ist.

Der Klangeindruck des Stückes ist wegen der Aggregate und des fehlenden Vibratos ein ganz eigener. Es ist zweimal aufgeführt worden und wird bei Columbia auf Schallplatte herauskommen, und nächsten Freitag wird es in einem Programm zusammen mit Deiner Zweiten Klaviersonate und mit Musik von Feldman aufgeführt.

Du fragst nach näheren Einzelheiten zu der Calder-Musik[5], besonders nach dem Teil mit den Geräuschen. Was ich getan habe, ist sehr einfach: Ich habe Geräusche aus Calders Atelier, während er bei der Arbeit war, auf Tonband aufgenommen. Die Klänge mit regelrechten accelerandi kommen von großen rechteckigen Metallplatten, die sich gerade auf niedrigen Metallstützen ausbalancieren. Nach ungefähr zwei Stunden Tonbandaufnahmen ließ ich es gut sein und machte mich daran, die Geräusche, die ich haben wollte, auszuwählen und zusammenzuschneiden. Eine Synchronisation habe ich nicht versucht, und das Endergebnis ist tatsächlich reiner Zufall, den ich als ganz erstaunlich empfand [siehe Nr. 7]. Leider bin ich erst in letzter Minute darauf gekommen (nachdem die Musik für präpariertes Klavier bereits aufgenommen war). Hätte ich es gleich zu Anfang so gemacht, hätte ich wohl eher die Musik für den gesamten Film auf diese Weise montiert (und auch natürliche Klänge verwendet).

Nach dem Quartett habe ich Six Melodies for Violin and Keyboard geschrieben, die lediglich ein Postskriptum zum Streichquartett sind und die gleiche Klangskala verwenden (natürlich mit anderen Klangfarben). Dann habe ich mit dem Concerto for Prepared Piano and Chamber Orchestra (25 Spieler) angefangen. Eine neue Idee tauchte auf, und zwar die, die Aggregate nicht mehr (linear) in einer Skala anzuordnen, sondern in Form einer Tabelle. In diesem Fall habe ich mich für eine Tabelle von 14 mal 16 Einheiten entschieden. Das heißt: 14 verschiedene Klänge, von einer beliebigen Anzahl an Instrumenten gespielt (manchmal nur einem, oft unter Einschluß des Schlagzeugs), ergeben die oberste Reihe – mit Bevorzugung (quantitativ gesprochen) der Querflöte. In der zweiten Reihe wird die Oboe hervorgehoben und so fort. Vier Reihen heben das Schlagzeug hervor, aufgeteilt in: Metall-, Holz-, Reibe- und gemischte Klänge (charakterisiert durch die technischen Mittel ihrer Erzeugung, z.B. Radio). Die letzten vier Reihen bevorzugen die Streichinstrumente. Jeder Klang der Tabelle ist genauestens beschrieben: so zum Beispiel ein bestimmter Ton als sul pont. auf der zweiten Saite der ersten Violine, zusammen mit

einem ganz bestimmten Flötenton und beispielsweise einem wood block.
Ich habe dann Züge »thematischer Natur« auf dieser Tabelle ausgeführt, aber, wie leicht zu sehen ist, mit athematischem Ergebnis. Im gesamten ersten Satz gibt es nur zwei Züge, also beispielsweise 2 Felder hinunter, über 3 hinweg, 4 hoch usw. Dieser Zug kann von jedem Punkt auf der Tafel aus variiert werden, indem man irgendeine der möglichen Richtungen einschlägt. Auf diese Weise wird das Orchester (im ersten Satz) ganz streng behandelt, während das Klavier frei bleibt, ohne Tabelle, nur mit seiner Präparierung, die übrigens die komplizierteste ist, die ich je ausgeführt habe. Ihre Besonderheit besteht in einem Steg, der vom Resonanzboden zu den Saiten hin herausgeschoben und so eingestellt wird, daß er sehr kleine Mikrotöne hervorruft [siehe Nr. 23]. Im zweiten Satz bekommt das Klavier eine Tabelle mit derselben Anzahl von Elementen wie für das Orchester vorgeschrieben (dessen Tabelle die gleiche bleibt). Dieser Satz ist nichts als eine Reihe aus der Hand gezeichneter (kleiner werdender) Kreise auf diesen Tabellen und verwendet bald die Klänge des Orchesters, bald die des Klaviers. (In allen Teilen des Stücks bleibt die rhythmische Struktur, die Du aus meiner Musik kennst, als Grundlage bestehen).
Im dritten und letzten Satz des Konzerts (das ganze Stück hat nur ein Tempo) verschmelzen die beiden Tabellen zu einer einzigen, auf der dann Züge ausgeführt werden. Diese Verwandlung wird mit Hilfe einer Methode vollzogen, die aus dem uralten chinesischen Orakelbuch I Ging abgeleitet ist. Es werden drei Münzen geworfen: Wenn 3 Köpfe erscheinen, ergibt sich die Zahl 6 (-O-) (weiblich, wandelbar in männlich); bei 2 Köpfen und 1 Zahl ist es die 7 (—)(männlich, unwandelbar); bei 2 Zahlen und 1 Kopf ist es eine 8 (— —)(weiblich, unwandelbar); bei 3 Zahlen ist es eine 9 (-⊖-)(männlich, wandelbar in weiblich).
Dann bestimmte ich das Klavier als männlich, das Orchester als weiblich und entschied anhand der Münzwürfe weiterhin, welche der Klänge (7er und 8er) aus den Tabellen des zweiten Satzes zu übernehmen und welche (6er und 9er) neu zu erfinden waren (eine 6 wurde ein Klavierklang anstelle eines Orchesterklangs und eine 9 umgekehrt), oder es stellte sich ein Aggregat in der Zeit ein, das heißt, eine ganze Reihe von Klängen – einige aus dem Orchester, einige vom Klavier – wurde als ein Element in der Tabelle genommen. Dies ist eine Fortentwicklung des Aggregatgedankens, angeregt von der Art und Weise, wie chinesische

Europäische Verlagsanstalt
Parkallee 2
D-20144 Hamburg
Telefon 040/45 01 94-0
Fax 040/45 01 94-50

eva wissenschaft

Ethnologie
Geschichte
Literaturwissenschaft
Philosophie
Politik
Soziologie

ROTBUCH
Rotbuch Verlag
Parkallee 2
20144 Hamburg

Michael Taussig
Mimesis und Alterität
Eine andere Geschichte der Sinne
Aus dem Amerikanischen übersetzt
von Regina Mundel/Christoph Schirmer
Broschur, ca. 350 Seiten
DM 46,-/sFr 44,-/öS 336,-
ISBN 3-434-52000-7
Taussigs »Geschichte der Sinne« ist eine Geschichte der Beziehungen der »ersten« und der »dritten« Welt und eine Auseinandersetzung mit den Kulturtheorien der Moderne und Post-Moderne.

Christian Maier
Das Leuchten der Papaya
Bericht eines Ethnopsychoanalytikers von den Trobriandern in Melanesien
Mit einem Vorwort von Paul Parin
ca. 350 Seiten
DM 56,-/sFr 53,-/öS 409,-
ISBN 3-434-50401-x
Dieses Buch gibt Zeugnis von einer Sozialisation in umgekehrter Richtung: Der des Forschers mit dem Objekt seiner Neugierde, mit den Erforschten.

Birgit Hoppe/
Christoph Wulf (Herausgeber)
Altern braucht Zukunft
Perspektiven, Orientierung
ca. 320 Seiten
ca. DM 48,-/sFr 46,-/öS 350,-
ISBN 3-434-50402-8
Ein einzigartiges Kompendium, das zugleich die »Innen-Sicht« des Alters und die gerontologische Perspektive vorführt.
Ein Band, der das Alter als eine der großen gesellschaftlichen Herausforderungen der nächsten Jahrzehnte deutlich macht.

Schriftzeichen indexiert werden, nämlich entsprechend der Anzahl der Pinselstriche, aus denen sie bestehen; ein Zeichen aus 8 Pinselstrichen ist aber nicht 8 verschiedene Zeichen, sondern natürlich nur ein einziges. Durch die Züge auf den Tabellen habe ich mich von dem, was ich bisher für Freiheit hielt, was aber nur Aneignung von Gewohnheiten und persönlichen Vorlieben war, befreit. Doch für das Konzert brachten mir die Züge diese neue Freiheit nur hinsichtlich der Klänge, denn die rhythmische Struktur entstand mit Hilfe des ieti-Verfahrens (3 Klänge in 2 Zeiteinheiten, 5 in 4, usw.) – und die ihm zugrundeliegende Idee ist weit entfernt von derjenigen, die den Zügen zugrunde liegt. Eine weitere Eigenart des Concertos, die mich befremdete, war die Tatsache, daß, obwohl in der Metamorphosenidee Bewegung angelegt ist, jeder Satz eher wie ein Standfoto wirkt und nicht wie ein Film. Ein weiterer Punkt, den ich erwähnen muß, ist der, daß sich der Orchesterpart fast immer in halben Noten bewegt.

Dieses Stück wurde nicht mehr bis zum vergangenen Februar fertig, weil ich es unterbrach, um Sixteen Dances für Merce Cunningham zu schreiben. Ich habe dafür die Idee der Tabellen übernommen, jedoch für die Kombination von Klavier, Geige, Querflöte, Cello, Trompete und etwa 100 von 4 Musikern gespielten Schlaginstrumenten. Die Tabelle hatte nun eine 8-mal-8-Einteilung (insgesamt 64 Elemente), verteilt auf Flöte, Trompete, Schlagzeug, Schlagzeug, Klavier, Klavier, Geige und Cello. Die Abmessungen dieser Tabelle sind genau die gleichen wie die für die tabellarische Darstellung des I Ging, aber anstatt sie wie im I Ging zu verwenden, zog ich es vor, weiterhin meine Züge darauf wie auf einem magischen Quadrat zu vollführen. Wenn ein Stück mit einem bestimmten Ausdruck gefragt war, z.B. ein Blues (für die Zwecke von Merce), so eliminierte ich einfach alle Klänge, die nicht der Blues-Skala (chromatische Tetrachorde) angehören: Nach jedem Paar Tänze verschwinden 8 Elemente und werden durch 8 neue ersetzt, so daß die Klänge am Ende des Abends ganz andere sind als am Anfang. Doch an jedem Punkt stellt sich die Situation als statisch dar.

An dieser Stelle wurde meine Hauptsorge die: Wie könnte ich in meinen Gedanken beweglicher werden, anstatt immer unbeweglicher. Dann erkannte ich eines Tages, daß gar keine Unvereinbarkeit zwischen Beweglichkeit und Unbeweglichkeit besteht und daß das Leben beides enthält. Dieses Prinzip ist eigentlich die Grundlage für das I Ging als Orakel. Wenn man die Münzen geworfen hat, wirft man sie nochmals fünfmal und erhält auf diese Weise ein Hexagramm. So wird z.B. aus den geworfenen Zahlen 6,9,8,7,7,7 das folgende Hexagramm,

das laut Tabelle die Zahl 6, verwandelt zu 25, ergibt. Ergibt sich ein Hexagramm ohne Sechser oder Neuner, so führt es immer nur zu einer einzigen Zahl. Daraus entwickelte ich eine Arbeitsmethode: Nach Festlegung der rhythmischen Struktur erstelle ich folgende Tabellen:

1 für Tempi (mit 64 Elementen; 32 davon aktiv, 32 inaktiv)
1 für Schichtungen (für das derzeitige Klavierstück 1 bis 8)
8 für die Dauern (mit 64 Elementen)
8 für die Aggregate (32 Klänge, 32mal Stille)
8 für Lautstärken (16, die anderen 16 behalten die vorausgegangene Lautstärke bei)

Bei den letzten 3 Kategorien sind 4 Tabellen unbeweglich und 4 beweglich (unbeweglich = fortbestehend mit der Möglichkeit zur Wiederholung; beweglich = verschwindet nach einmaliger Anwendung, ein neuer Klang nimmt seinen Platz auf der Tafel ein). Das Verhältnis beweglich-unbeweglich wandelt sich, immer wenn am Anfang eines rhythmischen Zwischenabschnitts eine bewegliche Zahl (ungerade) geworfen wird.
Im Hinblick auf die Dauern wurde mir bewußt (durch das Aufbauen auf halbe Noten beim Concerto), daß jede Note hier eine halbe Note ist, sich aber mit unterschiedlicher Geschwindigkeit bewegt. Um größere Unterschiede in der Geschwindigkeit zu bekommen, habe ich die Notation verändert, beispielsweise:

als einfache Dauer, die ich dann mit einem Lineal als Abstand auf dem Manuskript ausmesse. Bei dem jetzigen Klavierstück handhabe ich die Tabellen für die Klangaggregate folgendermaßen: 4 in jeder Richtung (vertikal oder horizontal) ergeben alle 12 Töne. Im Falle ihrer Verände-

rung ergeben 4 nacheinander auch alle 12 Töne (Wiederholungen sind möglich, und es gibt keine Reihe).
Ich habe die Arbeit an dem Stück unterbrochen, um Imaginary Landscape No. 4 für 12 Radios[6] unter Verwendung genau der gleichen Ideen (wie oben) zu schreiben. Jedes Element ist das Resultat von Münzwürfen, die Hexagramme ergeben, denen Zahlen aus der I Ging-Tabelle entsprechen: 6 Würfe für einen Klang, 6 für dessen Dauer, 6 für die Lautstärke. Der Wurf für das Tempo bestimmt auch die Anzahl der Tabellen für die Schichtungen in diesem bestimmten Abschnitt der rhythmischen Struktur. Die rhythmische Struktur ist jetzt großartig gelungen, sie läßt nämlich verschiedene Tempi zu – accelerandi, ritardandi usw. Das Radiostück basiert nicht nur auf Münzwürfen, sondern bezieht seinen Klang jeweils aus dem, was zum Zeitpunkt der Aufführung gerade gesendet wird. Die Tabelle für Klänge arbeitet in diesem Stück mit Aggregaten aus jeweiligen Sendereinstellungen, so z.B.

$$72 \rightarrow 100$$
$$64;$$
$$55 \rightarrow 65.$$

Ich habe einige Aufnahmen davon und schicke Dir eine; demnächst bekommst Du auch von Tudor die Aufnahme Deiner Musik, mit ihm am Klavier. Er ist sehr beschäftigt, ständig auf Tournee und mußte zum Schluß ins Krankenhaus, deshalb kam er nicht dazu, eine Aufnahme zu machen. Er war sehr bewegt von Deinem Brief, nur hat er diese kuriose Unfähigkeit, Briefe zu schreiben. Solltest Du je einen von ihm bekommen, würde das an ein Wunder grenzen.
Du fehlst mir sehr, ich würde gerne nach Paris kommen, habe aber kein Geld für die Reise und lebe zur Zeit von der Hand in den Mund. Ich hoffe so sehr, daß wir uns bald wiedersehen können! Tudor redet davon, nächstes Frühjahr nach Paris zu fahren. Ich bin sicher, Ihr würdet Euch wunderbar verstehen. Dein Vater schrieb mir einmal von Ohio aus, und es tat mir leid, daß wir uns nicht getroffen haben.
An meiner momentanen Beschäftigung kannst Du sehen, wie sehr mich Dein Projekt »Un Coup de Dés von Mallarmé«[7] interessiert. Und ich lese sehr viel Artaud (wegen Dir und vermittelt über Tudor, der sich anläßlich Deiner Zweiten Sonate mit Artaud beschäftigt hat).
Ich hoffe, ich habe Dir ein wenig erklären können, was ich zur Zeit mache. Ich habe das Gefühl, zum erstenmal wirklich zu komponieren. Ich

schicke Dir demnächst die Noten des ersten Teils von meinem Klavierstück. Die Grundidee ist, daß jedes Ding es selbst ist, daß seine Verhältnisse mit anderen Dingen auf natürliche Weise entstehen und nicht durch irgendeine Abstraktion des »Künstlers« geschaffen werden (siehe Antonin Artaud über die objektive Synthese). Dies ist alles in großer Eile geschrieben, und bitte entschuldige, aber ich muß jetzt gehen, um oben im Norden an der Colgate University ein Konzert zu geben. Ich schreibe bald wieder.

Wie immer Dein
John

P.S.
Ich habe Varèse (vor einigen Monaten), wie Du mich gebeten hattest, nach der Ionisation gefragt. Er sagt, er habe nur einen einzigen Satz an Stimmen, den er bei sich behalten müsse. Die Partitur ist aber ganz einfach über die New Music Edition, 250 W., 57th St., N.Y.C. zu bekommen.
Maro und Anahid Ajemian kommen im nächsten Herbst und Winter mit verschiedenen Konzertprogrammen und Kreneks Doppelkonzert (mit Orchester)[8], das er für sie geschrieben hat, zu Aufführungen nach Europa. Vielleicht würde Désormière es gerne dirigieren? (Obwohl mir persönlich das Stück nicht gefällt.)
Es ging mir die ganze Zeit nicht sehr gut, und ich bin immer noch nicht ganz gesund; es ist so viel im argen, daß ich nicht wüßte, wo ein Arzt beginnen sollte.

P.S. Nr. Zwei
Merce und ich waren letzten Monat wieder auf einer Tournee in San Francisco, Denver, Seattle usw. Ich habe immer Deine Musik dabei (um die Kunde zu verbreiten).
Bitte vergiß nicht, mir Dein Streichquartett zu schicken, sobald es zur Verfügung steht. Meine Bewunderung Deiner Arbeit nimmt nicht ab, sondern eher noch zu. David sagt, seine Interpretation Deiner Sonate verbessere sich und werde bald besser denn je zuvor sein. Er ist ein fabelhafter Pianist.
Wir wünschen uns alle, Du könntest hier in New York sein oder wir alle bei Dir in Paris. Was wäre das für ein Leben!

Immer Dein
John

Nr. 29 – Brief von Pierre Boulez an John Cage
[zwischen 22. Mai und 17. Juli 1951][1]

Lieber John,
gerade habe ich mich mit Christian Wolff getroffen. Wir haben lange miteinander gesprochen, und er hat mir die neuesten Sachen aus New York gezeigt. Alles zusammen war aufregend und läßt mich noch heftiger bedauern, daß wir uns nicht öfter sehen. Ich muß Dir auf Deinen letzten Brief[2] bald eine längere Antwort schreiben. Dieser Brief von Dir hat mich wahnsinnig interessiert. Wir befinden uns im gleichen Stadium der Suche. Weil ich im Augenblick mit Arbeit völlig überhäuft bin, finde ich kaum die Zeit dazu. Es wird Anfang August[3] werden.

Wie immer
PB

Lieber John, nur ein ganz kurzes Hallo. Ich werde später genauer schreiben, über alles, was passiert oder was auch immer

Christian [Wolff]

Nr. 30 – Brief von John Cage an Pierre Boulez
[17. Juli 1951]

Lieber Pierre,
vielen Dank für den Brief. Dies hier ist nur eine kurze Notiz, um Dir zu sagen, daß Henry Cowell einen Artikel[1] über die gegenwärtigen Forschungen in der Musik für das »Musical Quarterly« schreiben möchte und dazu gerne (so schnell wie möglich) ein Statement von Dir über die Art Deiner Untersuchung bekommen würde.
Wie sehr wünsche ich mir, in Paris zu sein und Dich zu treffen!

Immer Dein
John

Nr. 31 – Brief von Pierre Boulez an John Cage
[August 1951]

Lieber John,
entschuldige tausendmal die Verspätung, mit der ich Dir heute antworte. Aber Christian Wolff wird Dir die Gründe dafür schon geschildert haben. Ich bin mitten in der Korrektur des Materials für meine Polyphonie. Und das ist nicht lustig. Ich rase durch Galaxien von Fehlern.
Zuerst vielen Dank für den Brief von Craft, der vom Plan einer Aufführung meiner Polyphonie in New York sprach. Vielleicht wirst Du sie also direkt im kommenden Frühjahr hören können[1].
Schon seit langem wollte ich auf Deinen Brief vom Juni antworten[2]. Er hat mich so sehr gefreut, daß ich den Augenblick seiner Beantwortung immer wieder verschiebe, weil ich möchte, daß meine Antwort Deinem Brief Ehre macht. Entschuldige mich bitte diesmal noch. Ich schreibe Dir zwischen zwei Korrekturgängen und zwei Vorstellungen in den Folies-Bergère (denn ich arbeite noch bis zum 14. September, also einen ganzen Monat, in dieser scheußlichen Baracke)[3].
Ich schreibe Dir also vor allem etwas als »Statement« für Henry Cowell, wonach Du gefragt hattest. Entschuldige, daß ich auf Französisch schreibe – aber wenn ich das übersetzen müßte! könnte ich für nichts mehr die Verantwortung übernehmen, weder für die Genauigkeit noch für die lange Zeit bis zum Abschicken. Am besten wäre es gewesen, Christian Wolff etwas mitzugeben, aber ich bin bis zu seiner Abreise nicht zum Schreiben gekommen.
Hier also ein kleiner Essay, den ich zuerst Dir geben möchte, bevor Du ihn an H. Cowell übermittelst[4].
Meine ganze Aufmerksamkeit konzentrierte sich dieses Jahr auf die Erweiterung und Homogenisierung des seriellen Feldes. Ausgehend von dem Gedanken, daß die Musik in eine neue Form der Betätigung getreten ist: die serielle Form, habe ich versucht, den Begriff von der Reihe selbst zu verallgemeinern.
Eine Reihe ist eine Folge von n Tönen, unter denen kein einziger, was die Frequenz betrifft, einem anderen gleich ist; diese bilden eine Reihe von n – 1 Intervallen. Serielle Erzeugung auf der Grundlage dieser Ausgangsreihe geschieht durch die Transpositionen b, c … n der gesamten Reihe, ausgehend von allen Frequenzen dieser Reihe. Das ergibt folglich

n Reihen. Die Umkehrung der Reihe ermöglicht ebenfalls n transponierte Reihen. Macht im ganzen eine Anzahl von 2 mal n Reihen.
Wenn man sich eine Reihe zwischen einem Frequenzband F und einem Frequenzband 2F vorstellt [d.h. innerhalb einer Oktave], so läßt sich von serieller Transposition dann sprechen, wenn man die Frequenzen der Reihe nacheinander durch 2, 4, … usw. dividiert oder damit multipliziert bis zur Grenze der hörbaren Frequenzen.
Dies ist der Fall – vereinfacht auf zwölf – bei der dodekaphonen Reihe. In diesem Fall finden alle Transpositionen zwischen einfachen und doppelten Frequenzbändern statt: $F_1 - 2F_1$, $F_2 - 2F_2$, … usw.
Dies läßt sich graphisch darstellen durch:

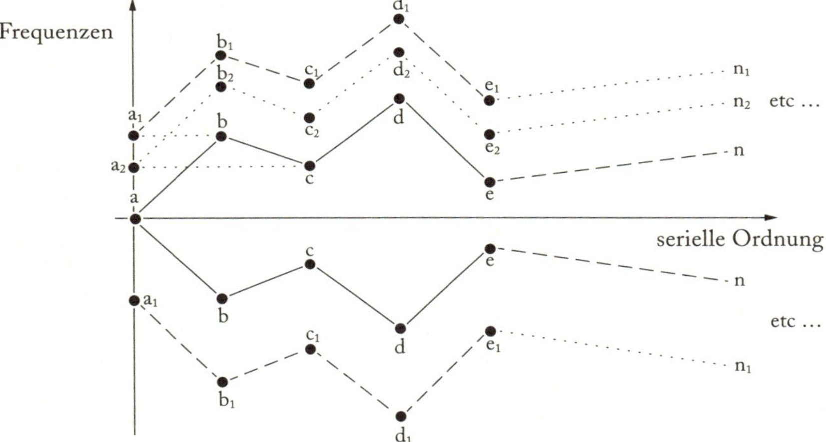

Beschäftigen wir uns in Anbetracht dessen spezieller mit der dodekaphonen Reihe. Wenn wir sie wie vorgeschlagen transponieren in der Reihenfolge ihrer Bestandteile, werden wir ein Quadrat erhalten, bei dem die horizontale Richtung (sens) gleich ist wie die vertikale. Wir werden alle Töne der Reihe nach der Reihenfolge ihres Erscheinens in der Ausgangsreihe numerieren. Also:

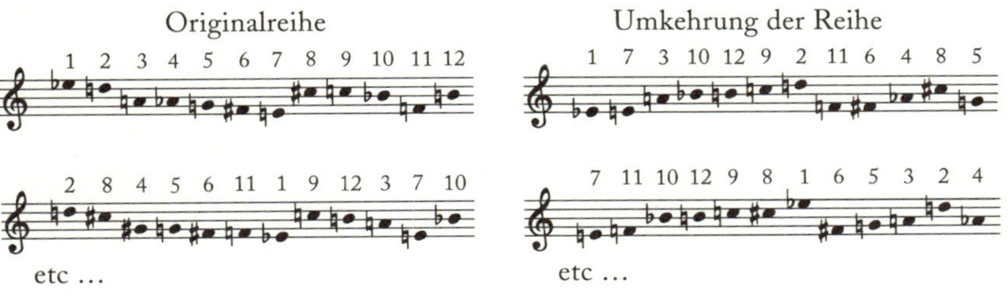

Was *in Zahlen* folgende doppelte serielle Organisation ergibt:

A

1	2	3	4	5	6	7	8	9	10	11	12
2	8	4	5	6	11	1	9	12	3	7	10
3	4	1	2	8	9	10	5	6	7	12	11
4	5	2	8	9	12	3	6	11	1	10	7
5	6	8	9	12	10	4	11	7	2	3	1
6	11	9	12	10	3	5	7	1	8	4	2
7	1	10	3	4	5	11	2	8	12	6	9
8	9	5	6	11	7	2	12	10	4	1	3
9	12	6	11	7	1	8	10	3	5	2	4
10	3	7	1	2	8	12	4	5	11	9	6
11	7	12	10	3	4	6	1	2	9	5	8
12	10	11	7	1	2	9	3	4	6	8	5

B

1	7	3	10	12	9	2	11	6	4	8	5
7	11	10	12	9	8	1	6	5	3	2	4
3	10	1	7	11	6	4	12	9	2	5	8
10	12	7	11	6	5	3	9	8	1	4	2
12	9	11	6	5	4	10	8	2	7	3	1
9	8	6	5	4	3	12	2	1	11	10	7
2	1	4	3	10	12	8	7	11	5	9	6
11	6	12	9	8	2	7	5	4	10	1	3
6	5	9	8	2	1	11	4	3	12	7	10
4	3	2	1	7	11	5	10	12	8	6	9
8	2	5	4	3	10	9	1	7	6	12	11
5	4	8	2	1	7	6	3	10	9	11	12

In dieser Tabelle kann man sich folglich der Zahlen bedienen, entweder insofern als die Töne selbst diese Ordnungsnummer tragen, oder insofern als die transponierte Reihe diese Ordnungsnummer in der Transposition hat. Auf der anderen Seite, wenn man eine Zahl als seriellen Ursprung hat, ist man nicht gezwungen, an einem bestimmten Ausgangston der Reihe anzuknüpfen, sondern man kann von jedem beliebigen Ton ausgehen: vorausgesetzt, ein logisches Verfahren der Erzeugung definiert in dieser Weise eine Struktur. Andernfalls wird es keine ausreichende Rechtfertigung der Vorgehensweise geben. Man kann selbstverständlich von einer Tabelle zur anderen übergehen, das heißt, wenn ich auf der Tabelle B die horizontale Zeile nehme, die mit 4 beginnt, dann erhalte ich: 4/3/2/1/7/11/5/10/12/8/6/9. Ich kann zu Tabelle A zurückgehen und erhalte die seriellen Folgen: 4/5/2/8/9/12/3/6/11/1/10/7; 3/4/1/2/8/9/10/5/6/7/12/11 usw.

Wenn ich in einer Ausgangsreihe jede Note durch eine Lautstärke, eine Anschlagart und eine Dauer festlege, so ist klar, daß ich auf diese Weise andere serielle Bestimmungen bekomme. Beispielsweise, wenn ich für die Lautstärken:

1	2	3	4	5	6	7	8	9	10	11	12
pppp	***ppp***	***pp***	***p***	*meno* ***p*** *quasi* ***p***	***mp***	***mf***	*più* ***f*** *quasi* ***f***	***f***	***ff***	***fff***	***ffff***

für die Anschlagsarten:

sfz sfz normal

1 2 3 4 5 6 7 8 9 10 11 12

(Siehe auch das Stück Modes de valeurs et d'intensités von Messiaen.)

für die Dauern:

1 2 3 4 5 6 7 8 9 10 11 12

nehme.
Ich habe so die Möglichkeit, die drei Strukturen auf die serielle Struktur im engeren Sinne zu beziehen.
Sie sind nicht parallel. Es kann folglich dabei Ebenen austauschbarer Strukturen geben, Kontrapunkte aus Strukturen. Die serielle Struktur definiert so vollständig ihr Universum, selbst das der Klangfarbe, wenn man es auf analoge Art behandeln will.
Es liegt auf der Hand, daß man für den Rhythmus verschiedene rhythmische *Möglichkeiten* (des *possibles* rhythmiques) benutzen kann. Zum Beispiel, wenn ich die Rhythmen:

verwende, mit seriellen Varianten in der gleichen Anzahl:

a) 

usw. einfache Transformation, kann auf alle anderen zurückwirken

b) usw. ausformulierter Wert

c) usw. durch Aushöhlen

d) usw. Erzeugung durch sich selbst

e) Zerlegung in sein Prinzip

werden bestimmt durch die anderen

f) 𝄽 ♪ Pausieren des langen Wertes, kann auf alle anderen zurückwirken

g) ♩ 𝄾 Pausieren des kurzen Wertes, kann auf alle anderen zurückwirken

Ich kann genauso eine serielle Tabelle mit dem Index 7^5 herstellen, die sich von der seriellen Tabelle der Töne unterscheiden wird. Ich kann die Zellen als mögliche betrachten, so verstanden, daß ich mich ihrer durch Augmentation oder Diminution, seien sie regelmäßig oder nicht, bedienen kann.

Genauso kann man für die Lautstärken verschiedene Lautstärkenebenen benutzen, bezeichnet lediglich durch eine Zahl; ebenso für die Anschlagsarten.

Selbst das Tempo kann eine serielle Struktur annehmen. Wenn man zum Beispiel vier Tempi verwendet, wird man eine serielle Tabelle mit dem Index 4 erhalten.

Es ist klar, daß wir bis jetzt die Reihen nur als willkürlich festgelegt betrachtet haben. Es ist möglich zu bestimmen, daß eine Reihe, *ganz allgemein*, durch eine Funktion der Frequenz f(F) definiert werden kann, übertragbar auf die Funktionen der Dauer f(t), der Lautstärke f(i) usw., wobei sich die Funktion nicht verändert, sondern allein die Variable. Kurz: Eine serielle Struktur kann umfassend definiert werden durch Ψ [f(F), f(t), f(i), f(a)].

Die algebraischen Symbole wurden benutzt, um in knapper Form die verschiedenen Phänomene zu verdeutlichen, und nicht im Hinblick auf eine wirklich algebraische Theorie der musikalischen Einheiten (ensembles).

Wenn die Funktion von der Dauer auf die Lautstärke übertragbar ist, kann man von einer homogenen seriellen Struktur sprechen. Wenn die Funktionen nicht übertragbar sind (die serielle Struktur der Dauer unterscheidet sich von der seriellen Struktur der Lautstärke, usw.), ist die umfassende serielle Struktur heterogen.

Man kann also die musikalische Struktur unter doppeltem Blickwinkel auffassen: auf der einen Seite die Tätigkeiten der seriellen Kombination, nebst Erzeugung der Strukturen durch den Automatismus der zahlenmäßigen Beziehungen; auf der anderen Seite die gesteuerten und austauschbaren Kombinationen, wo die Willkür eine viel bedeutendere Rolle spielt. Die zwei Arten der Betrachtung der musikalischen Struk-

tur können offenbar ein dialektisches Mittel musikalischer Entwicklung an die Hand geben, das äußerst wirksam wäre.
Andererseits löst die serielle Struktur der Noten den Dualismus horizontal-vertikal auf, da Komponieren bedeutet, klangliche Phänomene nach zwei Koordinaten anzuordnen: der Dauer und der Frequenz; man ist also bis auf weiteres von aller Melodie, Harmonie und allem Kontrapunkt befreit, da die serielle Struktur diese drei wesentlich modalen und tonalen Begriffe verschwinden ließ.
Ich denke, daß man mit den technischen Mitteln der Aufzeichnung und Wiedergabe – dem Tonbandgerät vor allem – Strukturen realisieren wird, die nicht mehr von instrumentalen Problemen abhängen werden, und daß man mit gegebenen seriell erzeugten Frequenzen arbeiten können wird. So wird jedes Werk sein eigenes Universum haben, seine eigene Struktur und seinen eigenen Modus der Erzeugung auf allen Ebenen.
Man wird auf diese Weise innerhalb eines seriellen Raumes die Reihe mit sich selbst multiplizieren können. Angenommen, man wiederholt zwischen a und b einer Ausgangsreihe die Reihe im Kleinen, so wird dies Flächen der klanglichen Vergrößerung ergeben, die im Zusammenhang mit den anderen seriellen Funktionen zu verwirklichen wäre[6].
Lieber John, so weit mein – leider in übermäßiger Eile – Verfaßtes, das Dir zeigen soll, an welchem Punkt ich im Moment bin. Gib es aber bitte Henry Cowell erst, wenn Du es selbst gelesen und ausgesucht hast, was Du davon am besten findest.
Die Beispiele stammen aus meinen Polyphonies und aus den Stücken für zwei Klaviere, die ich zur Zeit schreibe und die den Titel (ich entschuldige mich bei Morton Feldman, aber ich hatte die Idee zuerst!) Structures[7] tragen.
Ich antworte Dir bald ausführlich auf Deinen Brief.
Ich will Dir nur kurz noch sagen, daß ich Feldmans Versuch mit diesen weißen Feldern nicht sehr schätze[8]. Das Ganze ist viel zu *unpräzise* und zu *einfach*. Christian Wolff wird Dir vielleicht schon erzählt haben, was ich darüber denke. Aber ich werde es ihm selbst schreiben. Mondrian habe ich immer mißtraut, ich ziehe ihm Klee hundertmal vor!
Schreib mir bitte kurz, nur zur Bestätigung, daß Du dieses »Paper« erhalten hast.

Wie immer, in Freundschaft
PB

Nr. 32 – Statements von Morton Feldman, John Cage und Christian Wolff, herausgegeben von John Cage[1] [1951/1952]

Morton Feldman

Was der Konzeption meiner Projections und der Intersections zugrunde liegt, ist ein Gewicht – entweder [als Erinnertes] mitgebracht [reminiscent] oder [als Innewohnendes] offengelegt [discovered]. Gewicht hat für mich seinen Ursprung nicht in der Manipulation der Dynamik oder Spannung, es ergibt sich eher aus einer visuell-auralen Antwort [response] auf Klang als einer ins Innere eingegangenen Vorstellung [an image gone inward], die eine allgemeine Synthese hervorbringt. Die Notation ist graphisch dargestellt, wobei jedes Kästchen eine Uhrzeit-Dauer anzeigt.

Projection: Der Spieler kann jeden Ton aus den gekennzeichneten Bereichen Hoch, Mittel oder Tief auswählen. Dauer und Höhe sind gegeben, der Einsatz ist genau bezeichnet. Dynamisch ist es die ganze Zeit über verhalten.

Intersection: Der Spieler kann jeden Ton aus den gekennzeichneten Bereichen Hoch, Mittel oder Tief wählen. Er kann jeden Einsatz wählen innerhalb einer gegebenen Uhrzeit-Dauer, muß den Ton aber bis zum Ende der gegebenen Dauer halten. Der Spieler kann jede Dynamik und jeden Einsatz selbst bestimmen, muß aber die gleiche Lautstärke beibehalten. In den *Projections* wie den *Intersections* wird ein reiner (nicht vibrierender) Ton verlangt.

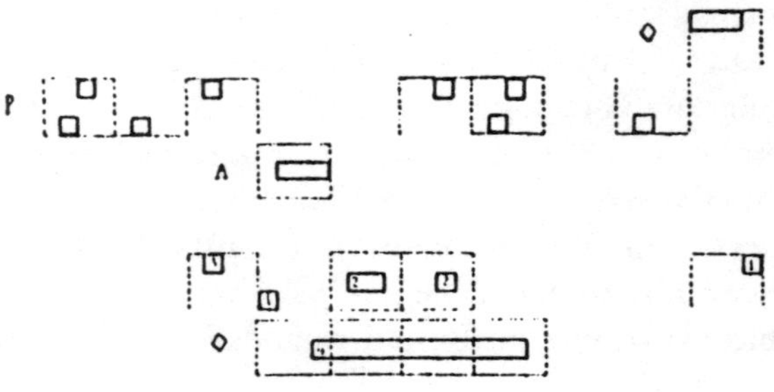

Morton Feldman, *Projection 4* (für Geige und Klavier). MS Seite 1
◆ = flageolett; P = pizzicato; A = arco. Die Nummern in den Rechtecken geben die Anzahl von Tönen an, die gleichzeitig gespielt werden sollen.

John Cage

Meine neuesten Arbeiten (*Imaginary Landscape Nr. IV* für 12 Radios und *Music of Changes* für Klavier) sind in ihrer rhythmischen Struktur meinen früheren Stücken ähnlich. Die Dauer basiert auf einer Anzahl von Maßeinheiten, die eine Quadratwurzel haben, so daß das Ganze so viele Teile hat, wie jede Einheit kleinere Teile besitzt und diese, große wie kleine, im selben Verhältnis zueinander stehen. Früher waren diese Teile Zeitabschnitte, während sie in den neuesten Stücken nur im Raum existieren und die Geschwindigkeit der Reise durch diesen Raum nicht vorhersagbar ist.

Was diese Unvorhersagbarkeit bewirkt, ist die Verwendung einer Methode, die das chinesische *I Ging – Buch der Wandlungen* zur Orakelbefragung vorsieht, wobei 6 mal 3 Münzen geworfen werden.

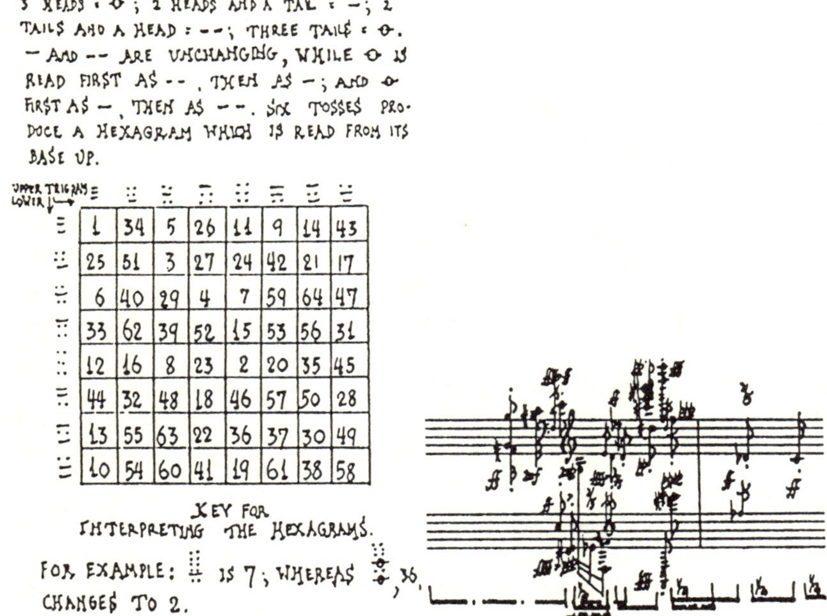

John Cage, *Music of Changes* (für Klavier). MS Fragment

Mit immer der gleichen Anzahl von Elementen (8 mal 8 = 64) werden Tabellen angelegt, die sich auf die Dichte [superpositions] beziehen (1 Tabelle) (wie viele Ereignisse finden auf einmal statt innerhalb eines gegebenen Strukturabschnitts); Tempi (1 Tabelle), Tondauern (n, die Anzahl möglicher Schichtungen, in diesen Stücken 8 Tabellen); Klänge (8 Tabellen); Lautstärken (8 Tabellen).

Dort, wo 8 Tabellen verwendet werden, sind 4 davon in jedem Moment beweglich und die 4 anderen unbeweglich (beweglich bedeutet, daß ein Element, sobald es verwendet wurde, »in die Geschichte eingeht«, das heißt, daß ein neues Element an seine Stelle tritt; unbeweglich bedeutet, daß ein Element, obwohl es verwendet wird, an seinem Platz bleibt und wiederverwendet werden kann). Welche Tabellen beweglich, welche unbeweglich sind, wird mit dem ersten Wurf an dem Punkt der Struktur, an dem ein großer Abschnitt anfängt, bestimmt, wobei eine ungerade Zahl eine Bewegung bzw. Veränderung herbeiführt, eine gerade Zahl den vorherigen Zustand bewahrt.

Die Tabellen für Tempi und Dichte [Schichtungen] bleiben für das ganze Stück unbeweglich.

In den Tabellen für Klänge sind 32 Elemente (die geraden Zahlen) Stillemomente. Die Klänge selbst sind einzelne Töne, Aggregate (z.B. ein Akkord, wie man ihn manchmal erhält, wenn man beim präparierten Klavier nur eine Taste anschlägt) oder komplexe Situationen (Konstellationen) in der Zeit (wie z.B. ein chinesisches Schriftzeichen, das mit mehreren Pinselstrichen ausgeführt wird). Klänge mit unbestimmter Tonhöhe (Geräusche) werden ohne jegliche Einschränkung frei verwendet. Solche mit bestimmter Tonhöhe werden als 12 in der Zahl genommen. Jede Tabelle für Klänge (es gibt 32 Klänge) besteht aus zwei Quadraten (4 mal 4), eines oberhalb des anderen. Horizontal oder vertikal durchgegangen, liest man alle 12 Töne. Im Fall der Beweglichkeit von Klängen (die »in die Geschichte eingehen«), erzeugen auch 4 aufeinanderfolgende die 12 Töne, mit oder ohne Geräusche und Wiederholungen. Im Falle einer »Interferenz« (des Auftauchens eines Klangs, der gemeinsame Eigenschaften mit der vorher erklungenen Situation aufweist) werden diejenigen Charakteristika, welche die Interferenz bewirken, an dem neu auftauchenden Klang ausgelassen oder in der vorhergehenden Klangsituation abgebrochen. Bei dem Radiostück werden anstelle von Tönen die Zahlen der Senderwahlleisten eingesetzt, wobei alles, was sich ergibt, akzeptiert wird (Sender, Störgeräusche, Stille).

In den Tabellen für die Lautstärken machen nur 16 Zahlen eine Veränderung durch (1,5,9 usw.), die anderen behalten den vorherigen Zustand bei. Es sind entweder Lautstärkengrade oder Akzente (in dem Klavier-

stück), und Lautstärkengrade, diminuendi oder crescendi in dem Radiostück. Im Klavierstück zeigt eine Kombination dynamischer Grade (z.B. fff > p) Akzente an; im Fall eines Klangkomplexes in der Zeit kann sie hier zu einem diminuendo oder (bei rückläufiger Interpretation) zu einem crescendo oder einem abgeleiteten Komplex werden.
In den Tabellen für die Dauern gibt es 64 Elemente (da auch die Pausen eine Dauer haben). Durch die Verwendung von Teilzahlen (z.B. 1/3; 1/3 + 3/5 + 1/2), die nach einer Standardskala gemessen werden (z.B. 2 1/2 cm = eine Viertelnote), ergeben sich für die musikalische Komposition praktisch unendlich viele Tondauern. Der Notenhals erscheint im Raum an einer Stelle, die dem Beginn des Tons in der Zeit entspricht, das heißt, wenn man im Tempo, oder den angezeigten Tempowechseln folgend, liest. Bei Teilen von einer viertel Note, einer halben, einer punktierten halben und einer ganzen Note bis zu 1/8, besteht die Methode zur Erzeugung von Tondauern einfach in der Addition der Brüche. Und da die Addition das Mittel ihrer Erzeugung ist, kann von den Dauern gesagt werden, sie seien »segmentiert« (z.B.

3/5)

Diese Segmente können permutiert werden und/oder durch 2 oder 3 geteilt (einfache Verknüpfungen). Ein Klang kann dann die Dauer ausdrücken, indem er an einem beliebigen dieser einzelnen Punkte einsetzt. Im Laufe der Entstehung dieser Arbeit wurde auch an eine Art, Dauern mit Klängen in Beziehung zu setzen, gedacht, die aber nicht angewandt worden ist: 4 Dauern sollten einer bestimmten Länge (auf der Tabelle horizontal oder vertikal und bei Beweglichkeit vier aufeinanderfolgende) entsprechen, wobei diese bestimmte Länge der Beweglichkeit unterworfen sein sollte.
Die Tabelle für die Tempi hat 32 Elemente, wobei die Leerstellen das vorherige Tempo beibehalten (unbeweglich).
Jedes einzelne Ereignis (1 bis 8) wird von Anfang bis Ende der Komposition bearbeitet. Zum Beispiel, das Achte ist von Anfang bis Ende präsent, klingt aber vielleicht nur innerhalb eines Strukturabschnitts, der von einem Münzwurf (für Dichte – superpositions) von 57 bis 64 bestimmt wurde. Es ist dann nicht nur präsent, sondern möglicherweise hörbar. Es wird tatsächlich hörbar, wenn ein Klang (anstatt eines Stillemoments) geworfen wurde und die durch Münzwurf ermittelte Dauer

von einer Länge ist, die den Klang nicht aus dem Strukturabschnitt herausnimmt, der ihm offensteht.

Auf diese Weise ist es möglich, eine musikalische Komposition zu schaffen, deren Fortgang frei ist von individuellem Geschmack und Gedächtnis (Psychologie), ebenso wie von der Literatur und den Kunst»traditionen«. Die Klänge treten in sich selbst gründend in den Zeit-Raum ein – unbehindert davon, irgendeiner Abstraktion dienen zu sollen. Ihre allseitige Offenheit setzt sie frei zu einem unendlichen Spiel gegenseitiger Durchdringung. Werturteile liegen nicht in der Natur dieser Werke, weder bei der Komposition, der Aufführung noch beim Hören. Da die Idee der Bezogenheit fehlt (die Idee: 2), kann sich alles mögliche ereignen (die Idee: 1). Ein »Fehler« ist ausgeschlossen, denn was auch immer sich ereignet, ist authentisch.

Christian Wolff, *Serenade* (für Flöte, Klarinette, Violine). MS Fragment

Christian Wolff

I.

Musik machen innerhalb von kleinen Tonhöhenbereichen (für einzelne Stücke wurden 3, 4, 5, 8 oder 7 Tonhöhen verwendet): Die Idee, daß gleichzeitige Tonhöhenkombinationen oder auch überlappende Tonhöhenkombinationen einen Klang ergeben. Zum Beispiel:

eine Kombination von zwei Tonhöhen = ein Klang

überlappende Tonhöhen = ein Klang

Klänge größerer Komplexität sind ebenfalls möglich, z.B.:

Ein Stück wird dann mit einer Skala solcher Klänge, die teils einfach und teils komplex sind, gemacht. Dauer, Klangfarbe und Lautstärke sind nicht festgelegt.

II.

Musik machen in einer Struktur, die Klänge in einem vorher entworfenen Raum fixiert, ohne Rücksicht auf lineare Kontinuität. (Die Art der Klänge: einfach und komplex wie in der vorigen Situation; Lautstärke, Klangfarbe und Dauer sind statisch oder wie auch immer festgelegt.) Eine Struktur wird aus einer Anzahl von Takten hergestellt, die eine Quadratwurzel haben. Sie wird dann innerhalb eines Quadrates dieser Takte geplant. Eine Schablone oder eine Reihe von Schablonen wird auf das Quadrat gelegt. Zum Beispiel:

1	2	3	4	5
6	7	8	9	10
11	12	13	14	15
16	17	18	19	20
21	22	23	24	25

In dem obigen Beispiel ist die Schablone ein kleineres Quadrat mit 9 Takten. Vier solcher Schablonen, die sich an den Kanten überschneiden, füllen den Bereich dieses einen Stücks aus. Die einzelnen Strukturen werden dann mit Klängen gefüllt. Die Reihenfolge, in der die Takte komponiert werden, kann variieren.

III.

Musik machen mit kombinierten Skalen für Klangfarbe, Tonhöhe, Lautstärke und Dauer. Struktur wie in II beschrieben. Tonhöhenskalen wie in I beschrieben. Skalen für Klangfarben werden mit Kombinationen unterschiedlich vieler Instrumente hergestellt (z.B. Flöte, Geige; Flöte, Geige, Cello; Cello). Skalen für Lautstärken werden mit unterschiedlicher Anzahl und mit Kombinationen von Lautstärken hergestellt, z.B.

f, ff>p, mp<mf, p; f ; ff>p , p
mp<mf p mp<mf
f f

Skalen für Dauern werden auf dieselbe Art und Weise hergestellt, z.B.

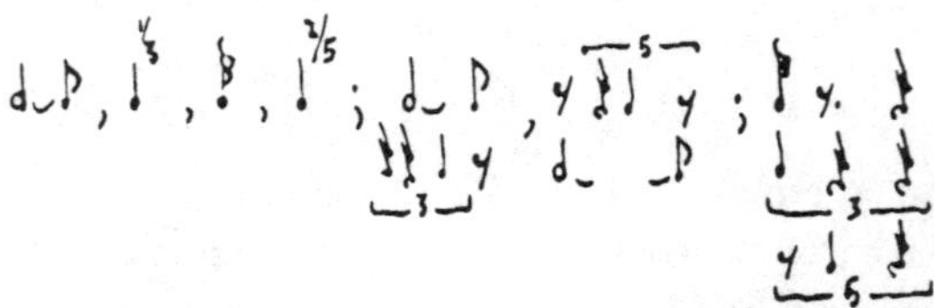

Diese Skalen werden durch Auswahl und Notwendigkeit kombiniert. (D.h. wenn zuerst von der Klangfarbenskala ausgehend bestimmt wurde und diese Wahl eine Flöte erfordert, sind die Wahlmöglichkeiten bei Tonhöhen, Dauern und Lautstärken notwendigerweise begrenzt. Wenn die Skala der Dauern zuerst benutzt wird und eine Kombination von drei Dauern ausgewählt wurde, muß eine Klangfarbenkombination von drei Instrumenten genommen werden. Die Anzahl der Tonhöhen oder der Lautstärken in einer Kombination kann von eins bis drei variieren, obwohl die einzelnen Tonhöhen durch den jeweiligen Skalenumfang der verwendeten Instrumente begrenzt werden.)

Nr. 33 – Brief von John Cage an Pierre Boulez
[Sommer 1951]

Lieber Pierre,
vielen Dank für Dein Statement[1]. Henry Cowells Artikel wird im Januar veröffentlicht, und ich hoffe (dafür und ebenso für eine mögliche Aufführung mit Fizdale und Gold im Dezember), Du kannst mir eine Kopie von Deinem Stück für zwei Klaviere senden[2], das Du gerade schreibst (das Du in England spielen wirst). Selbst wenn Fizdale und Gold sich nicht dafür entscheiden sollten, es zu spielen, könnte Tudor es mit noch jemandem aufführen; mir scheint letzteres ohnehin besser zu sein. Jedenfalls sind wir begierig darauf, etwas zu sehen und zu hören.

Wenn ich meine Music of Changes (etwa um Weihnachten herum) fertig habe, schicke ich Dir ein Exemplar. Außerdem würde ich Dir ein Exemplar und eine Aufnahme des Stücks für Radio[3] zuschicken. Feldman, dem es sehr schwerfällt, sich vorzustellen, daß Dir seine Arbeit nicht zusagt, wird Dir eine neue Intersection für Klavier[4] (ebenfalls graphisch notiert) zuschicken. Er ist etwas gekränkt bei dem Gedanken, daß Du auch Mondrian nicht leiden kannst. Die Meinungsverschiedenheit scheint mir eine der Entfernung zu sein. Nah dran oder sehr weit weg (aus weiter Ferne sieht die ganze Erde wie ein einziger Punkt aus). Wenn Du einmal mit Feldman sprichst, bin ich sicher, daß Du seine Qualität erkennst. Sein Werk wird weniger wegen seiner intellektuellen Eigenschaften geschätzt, sondern eher wegen seines Vermögens, die Klänge sein und agieren zu lassen. Ich bewundere Deinen Hinweis (via Christian) zur rhythmischen Gestaltung in seinen Intersections, wenn Du sagst, daß das Ende der Klänge auch frei sein sollte (zur Disposition des Spielers), da die Anfänge frei sind. Aber auch Feldmans Antwort auf Deine Kritik bewundere ich: »Das wäre ein anderes Stück.«
Seit Sommeranfang habe ich David Tudor nicht mehr gesehen. Er wird wohl in ungefähr einer Woche zurückkommen. Wenn er da ist, wollen wir versuchen, ihn zur Aufnahme Deiner Zweiten Klaviersonate zu bewegen. Er hofft, daß er nächstes Frühjahr nach Europa kommt, damit er Dich treffen kann. Dann wirst Du entdecken, daß sein Stillschweigen, was Briefe und Musikaufnahmen angeht, nur die Kehrseite seiner Freundlichkeit und seines Könnens auf dem Klavier ist. Mir wird allmählich klar (und ich warte ungeduldig darauf), daß Du vielleicht mit J.L. Barrault hierherkommst. Bitte gib mir Nachricht, sobald irgendein Plan dieser Art spruchreif ist, denn es wäre ein Unsinn, wenn ich auf einer Tour in Kalifornien oder David auf dem Schiff nach Europa wäre und Du hier zwischen den Wolkenkratzern.
Ich bin entzückt über Deine Tabellen. Wenn ich Dir die [Music of] Changes sende, bekommst Du auch meine Tabellen dazu. Ich denke, es geht um das Problem, alle Quantitäten von Grund auf zu begreifen, die daran beteiligt sind, Vielfalt zu erzeugen. Man wird sie wunderbar verstehen (feine Differenzierungen), wenn man technologisch entsprechend ausgerüstet sein wird. Ich bin begeistert von Deinem Projekt mit Schaeffer und dem Radio[5], liebend gerne würde auch ich an so einem Vorhaben arbeiten. Ich setze alle Hebel in Bewegung, derer ich habhaft werden kann.

Wie ich momentan die Notation vornehme, ist sehr mühselig (das Abmessen der Abstände); ich habe sechs Wochen gebraucht, um den zweiten Teil der Changes abzuschreiben. Jetzt komponiere ich zwei Seiten und schreibe sie gleich ab, dann zwei weitere usw.
Ich habe außerdem Tabellen mit Wörtern, die auf einer Skala von Vokalen aufbauen, ausprobiert und damit durch das Werfen von Münzen Gedichte gemacht. (Was bedeutet, daß ich diese Methode auf Vokalstücke übertragen kann.)
Entschuldige diese kurze, eilige Notiz, sie soll Dir nur Danke sagen dafür, daß Du mir das Statement geschickt hast. Als Christian mir erzählte, wie er mit Dir und all den Freunden zusammen war, bekam ich mehr »Heimweh« denn je. Bitte sage allen Grüße von mir!

Immer Dein
John

Nr. 34 – Brief von John Cage an Pierre Boulez
[nach dem 6. Oktober 1951]

Lieber Pierre,
ich hatte auf einen Brief von Dir gewartet, aber sicherlich bist Du sehr beschäftigt. Hoffe aber, daß Du mir eine Fotokopie von Deinem Stück Structures für zwei Klaviere schickst, das ich gerne im Februar hier zur Aufführung bringen möchte. Ich arbeite noch immer an der Music of Changes, habe aber seit meinem letzten Brief David Tudor zwei Stücke daraus spielen gehört und denke, es wird Dich interessieren. Tudor ist wieder bis Weihnachten nicht in New York, und deshalb ist noch nichts geschehen, doch wenn er zurückkommt, werde ich versuchen, ihn dazu zu bringen, daß er Deine Zweite Sonate aufnimmt. Wir wollen Dir die Aufnahmen von meinen Changes, einigen Stücken Christians und von Feldmans Intersection II, zusammen mit den Noten, schicken. Hast Du eine Aufnahme – die, die in Deutschland gemacht wurde – von Deiner Polyphonie?

Der Artikel von Cowell erscheint im Januar[1], und ein anderer, in den ich Dein Statement aufgenommen habe, schon vorher – in einer Zeitschrift namens »Trans/formations«[2]. Ich schicke sie Dir, sobald sie herauskommen.
Je mehr Zeit seit meinem Aufenthalt in Paris vergeht, um so mehr fehlst Du mir.
Wenn Du mit einem Arrangement dieses Instituts (wie es schon einmal gedacht war und nicht klappte) hierherkommen möchtest, dann wäre jetzt der richtige Zeitpunkt, zur amerikanischen Botschaft zu gehen und Dich zu bewerben. Ich bin dieses Jahr nicht im Komitee, aber ich habe Freunde dort, die Einfluß nehmen könnten. In diesem Jahr zahlen sie die Reisekosten nach N.Y.C. und den Aufenthalt hier. Mir ist bewußt, daß dies eine unwillkommene Unterbrechung für Deine Arbeit bedeuten könnte. Aber ich finde natürlich nichts wünschenswerter, als Dich wiederzusehen.
Tut sich etwas im Projekt mit Schaeffer?

Mit herzlichen Grüßen,
John

Nr. 35 – Brief von Pierre Boulez an John Cage[1]
[Dezember 1951]

Lieber John,
bitte entschuldige, daß ich Dir nicht öfter schreibe. Aber ich »meditiere« gerne zuerst über meine Briefe. Und hier kommt meine ausführliche Sendung, die ich Dir seit Deinem Brief im Mai[2] versprochen habe, in dem Du mir Dein »work in progress« erklärst.
Dieser Brief hat mir außerordentlich viel Freude gemacht. Alles, was Du über die Tabellen für die Klänge, die Dauern und Lautstärken sagst, die Du in Deiner Music of Changes verwendest, bewegt sich genau entlang der Linie, an der auch ich zur Zeit arbeite, wie Du sehen wirst. Das heißt, daß über den »Weiten ... Ozean ...« Nur eines, entschuldige, finde ich nicht richtig, und das ist die Methode des absoluten Zufalls,

indem man Münzen wirft. Ich glaube, daß der Zufall ganz im Gegenteil stark kontrolliert werden muß: Ich glaube, wenn man generell Tabellen oder Reihen von Tabellen benutzt, kann es einem gelingen, den Automatismus des Zufalls (notiert oder nicht) zu lenken – dem Zufall mißtraue ich als einer Möglichkeit, die nicht absolut notwendig ist. Denn schließlich tritt schon genug Unbekanntes auf bei den sich ergebenden Zwischenschaltungen und Überkreuzungen [interpolations et interférences] der verschiedenen Reihen (wenn eine von ihnen von den Dauern zu den Tonhöhen übergeht, während eine andere von den Lautstärken zu den Anschlagsarten übergeht, usw.).
Ich fürchte mich ein wenig vor dem, was man »automatisches Schreiben« nennt, denn meist ist es nichts weiter als ein Fehlen von Gestaltung (contrôle). Was ich an Deinen Ausführungen am interessantesten finde, ist einerseits die Entgegensetzung von Beweglichkeit und Unbeweglichkeit der Elemente einer Tabelle, und auf der anderen Seite sind es die Tabellen variabler Tempi, die ihrerseits die Dauern bestimmen. Der einzige Nachteil im Fall der Aufführung durch einen menschlichen Interpreten ist die sehr schwer zu erreichende Genauigkeit. Doch bei entsprechendem Üben wird man nicht verzweifeln müssen. (So wie bei der mit dem Lineal gemessenen Musik, wo wir uns wieder treffen, denn für meine Experimente mit Pierre Schaeffer beim Rundfunk tue ich dasselbe. Ich werde es Dir noch beschreiben.) Ich warte voller Ungeduld auf diese Music of Changes. Falls Du sie mir nicht als Ganzes zusenden kannst, schicke mir wenigstens Teile davon. Vor allem auch, weil sie hier von Yvonne Loriod gespielt werden könnte.
Deine Imaginary Landscape habe ich noch nicht gehört[3]. Aber in einer Radiosendung, die sich »Junge Musik« nennt und an jedem ersten Sonntag im Monat gebracht wird, habe ich sie bereits verteidigt. Und das kam so: Der Redakteur der Sendung hatte mich im Oktober gebeten, zwei Vorträge über den Rhythmus in der zeitgenössischen Musik zu halten. (Jetzt werde ich als Spezialist für dieses Thema[4] betrachtet, gerade so, wie es der Fall wäre, wenn sie mich um Informationen über die Fortpflanzung bei den Protozoen gebeten hätten.) Der erste Vortrag war bereits. Ich habe über Strawinskij und Messiaen gesprochen. Doch in der Sendung davor gab es ein Interview mit M***[5] über seinen Aufenthalt in Amerika. Er redete über seine Aktivitäten in den USA. Das Konzert vom Juni, bei dem Deine Imaginary Landscape zum Schluß gespielt wurde, hatte er bis zum Ende aufgehoben[6]. Er sagte, das Stück sei

dumm, »typisch amerikanisch« usw. Daher ließ er seine Melodien für Singstimme und Klarinette spielen (Zwölfton-Stil, Verwendung von Dämpfern). Das hat meine Ohren auf hundert gebracht. Ich fragte also an, ob ich im Zusammenhang mit meinen Ausführungen über den Rhythmus eine Klarstellung in bezug auf Dich bringen könne. Eines habe ich noch vergessen: Am Ende dieser Sendung wurde noch eine »Rekonstruktion« Deines Radiostücks gesendet, die ein ziemlich schlechter Witz war. Meinen Vortrag nannte ich also: »Die Leistungen Herrn Rechtensinns in den USA«. Und ich nahm kein Blatt vor den Mund.

(Nur um Dir ein kleines Beispiel der Idiotien dieses armen M*** zu geben: Er hat Listen all seiner Aktivitäten in den USA drucken lassen – seine gesammelten *Erstaufführungen* (??)[7] von Webern, seine Aufnahmen (faul) von Berg – also seine Taten als Dirigent – und zum Schluß seine Schöpfungen als Komponist. Und, ungelogen, er hat bei seinen Stücken für Stimme und Klarinette auch noch folgendes aufgezählt: 1. Aufführung in X, 2. Aufführung in Y und so fort, bis zur *6.* Aufführung! Nimm Dich in acht vor ihm; ich weiß, daß er wieder nach New York gegangen ist. Er ist ein Pedant, ein Dummkopf und obendrein verschlagen.)

Nach dieser Klammer will ich endlich zu meinem zweiten Vortrag über den Rhythmus kommen, der von Webern und von Dir handelte. Ich habe lange Passagen Deines Artikels aus der Nummer sechs der »Contrepoints«[8] zitiert. Außerdem habe ich Teile meiner Vorstellung Deiner Sonatas bei Madame Tézenas[9] verwendet (was Du mir damals in dem kurzen Interview bei mir zu Hause erzählt hattest). Zum Schluß sprach ich noch über Deine neuesten Stücke, wobei ich mich an Deinen Brief vom Mai gehalten habe. Zur Veranschaulichung habe ich ein Stück aus der Construction in Metal und einen Auszug aus dem dritten der Three Dances for two Pianos vorgespielt[10]. Nachdem ich über die Tabellen der Tempi, der Dauern und über die Aufnahme der Stillemomente in die Tabelle der Klangaggregate gesprochen hatte, schloß ich folgendermaßen: »Man sieht die außerordentliche Vielfalt und erstaunliche Flexibilität einer solchen Unterteilung musikalischer Zeit. So wird diese Dialektik von Klang und Stille durch (die Behandlung) der Dauern ins Leben gerufen; sie entspringt einer ästhetischen Rigidität bei der Herstellung einer Hierarchie in der vereinheitlichenden Ausdifferenzierung, die die Opposition von Unveränderlichkeit und Erneuerung der

Dauern steuert. Man kann einem Unterfangen mit so reichem Potential nur vorbehaltlose Anerkennung aussprechen.« Am Donnerstag, den 13., nehme ich diesen Vortrag auf, und am Sonntag, den 16., wird er gesendet.

Es tut mir leid, aber Morton Feldmans Intersections[11] haben mir nicht sehr gefallen. Ich scheue mich ein wenig, meine Gedanken dazu klipp und klar auszusprechen. Ich bin sicher, Christian Wolff hat Dir schon im Vertrauen erzählt, was ich darüber zu sagen hatte. Doch ich schreibe es besser. Ich habe seine Adresse verloren, bitte gib Du ihm diesen folgenden Abschnitt weiter. Als ich diese Intersections las, stellte ich gar nicht die von ihnen eingeschlagene Richtung in Frage. Ganz im Gegenteil, diese Richtung finde ich exzellent. Aber die Umsetzung scheint es mir viel weniger. Denn sie zeugt von einem *Zurückfallen* hinter all das, was bis jetzt getan worden ist. Weit davon entfernt, einen Fortschritt und eine Bereicherung darzustellen, enthält sie nichts von all den bereits erworbenen Techniken. Zuerst bedeutet die Anzeige der Tempi nach einer Sekunden-Skala, daß man es mit einer konstanten metrischen Einheit von 60 zu tun hat, und dies für alle Stücke. Ich könnte verstehen, wenn es Metren gäbe, die Vielfache oder Teile von 60 wären. Aber ich sehe nicht, weshalb man nur das haben sollte. Die [?] Koordinaten[12] der realen Zeit zu nehmen, heißt – durch den Bezug auf 60 – alle Teilwerte auszuschließen (ein einfaches Metronom wäre richtig für ihn), und außerdem die verschiedenen irrationalen Zahlenverhältnisse zu vermeiden. Von einer Notation, die [??] Noten[12] zwischen das zweite [?][12] und das zweite Viertel setzt, und der recht einfachen Notation zum Beispiel einer Achteltriole bei einem Tempo von Viertel = 140, ist mit Sicherheit die zweite Notation die Vorteilhaftere. Erstens, weil man durch das Verhältnis zur Sekunde einen irrationalen Wert hat: 140 zu 60 = 7/3; zweitens, weil es innerhalb dieses Wertes weitere irrationale Unterteilungen gibt. Es liegt auf der Hand, daß die klassische Notation hier *effizienter* ist als die graphische Notation mit Sekunden als Abszisse[13]. Dabei bin ich nicht grundsätzlich gegen die Notation von Zeit auf der Abszisse (Du wirst weiter hinten noch sehen, daß ich sie selbst für meine elektroakustischen Experimente benutze), nur gegen ihre uneffiziente Anwendung. Denn so erhält man eine einfachere Musik als zuvor. Was ich auf keinen Fall dulden kann. Wenn man die Methode verändert, dann, weil die neue Methode Phänomene – hier rhythmische Phänomene – hervorzubringen imstande ist, die die alte nicht mehr erbringt. Hier ist das nicht wirklich der Fall. Es war sicherlich am Anfang [?][12] Ziel ist eine größere Rigorosität, aber das Ergebnis ist das Gegenteil. Daraus folgt unter anderem das Fehlen jeglicher Kontrolle im Bereich der Tonhöhen. Ein Frequenzband zu schreiben ist eine eindeutige Nichtfestlegung des Tons, aber entgegen der Bewegungsrichtung der mathematischen Methode der fortschreitenden Näherungen: Es ist die Umkehrung der Methode, die fortschreitende Nicht-Definition. Diese so vage Rolle der Tonbereiche kann ich absolut nicht akzeptieren. Was ich demgegenüber gerne akzeptiere und bei Dir so bemerkenswert finde, ist die Methode der Klangkomplexe oder der komplexen Klänge. Das heißt, ich nehme den Klang nicht nur unter dem einfachen Aspekt einer Frequenz an, sondern auch als Verhältnis von Frequenzen. Doch ich fordere, daß diese Frequenzen einer rigorosen Kontrolle in der Konstruktion unterzogen werden und daß man nicht den relativen Wert ihrer Wechselbeziehung festlegen darf, wenn man nicht den absoluten Wert jeder einzelnen [Frequenz] festlegen kann. Will man aber die verfügbaren Frequenzbänder[14] verlassen, so erfordert das eine unwahrscheinliche Virtuosität beim Tonsatz. Und auch die Bänder wären wieder sehr begrenzt, da sie von den sehr strengen Verhältnissen der verschiedenen Entfaltungen [der Frequenzen] zueinander und ihren Werten im Verhältnis zu jeder Entfaltung bestimmt würden. Das ist – bei einem klassischen Kontrapunkt – damit vergleichbar, daß man jede Stimme im kontrapunktischen Satz durch ihre Umkehrung, ihren Krebs und ihre Krebsumkehrung ersetzen könnte! Ginge es um einen dreistimmigen Kontrapunkt, hätte man schon 4 mal 4 mal 4 = 64 mögliche Gegebenheiten für jede Note! Hier haben wir fast das beste Verhältnis! Ich glaube nicht, daß die Verwendungsweise der Frequenzbänder in den Intersections einer so rigorosen Durcharbeitung entspricht. Und da man hier nur einen einzigen Ton in vier Oktaven, einen Dreiklang[15] oder die 12 Töne erhalten kann, langweilt mich das ganz enorm. Außerdem, wenn man möchte, daß Interpreten imaginativ, erfinderisch sind, wären sie ja Komponisten … Ein Teufelskreis. Außerdem habe ich an diesem Punkt nicht die Sehnsucht nach Unmittelbarkeit. Und schließlich: Daß man [der Interpret] den Ton [irgendwann] innerhalb einer Zeiteinheit einsetzen lassen kann – parallel dazu, daß man die Tonhöhen im Frequenzband selbst wählt – muß meiner Meinung nach ebenfalls rigoros kontrolliert werden. Um es zusammenzufassen: Ich denke, daß diese Intersections sicherlich in eine richtige Richtung gehen, sich aber der

Verführung des rein Graphischen gefährlich weit überlassen. Nun sind wir aber Musiker und keine Maler, und man malt keine Bilder, um sie aufzuführen. Gerne würde ich Feldman raten – und ich erlaube mir diese Bemerkung nur aufgrund meiner Sympathie für ihn –, daß er sich selbst gegenüber anspruchsvoller sein und sich nicht mit verführerischen Äußerlichkeiten zufriedengeben sollte. Was Piet Mondrian angeht, nein, ehrlich gesagt, mag ich ihn überhaupt nicht. Denn seine Bilder gehören zu den geheimnislosesten, die je geschaffen wurden. Laß uns diese falsche Wissenschaft und die wahre Wissenschaft, die viel weniger einfach zu entziffern ist, klar auseinanderhalten. Gegen die *Vereinfachung* eines Mondrian wehre ich mich. Solche simplen Lösungen sind nicht nach meinem Geschmack. (Mir persönlich sind die *abstrakten* Bilder von Klee – und selbst seine anderen – unendlich viel näher, und ich finde, sie halten eher stand, sogar in ihrer Maltechnik.) Außerdem ist ein Werk für mich nur dann authentisch, wenn man damit nie zu Ende kommt (es muß diesen »undurchdringlichen Kern an Nacht« enthalten)[16]. Wenn aber alles gesagt wird, hat man noch gar nichts gesagt und wird auch nie etwas zu sagen haben.

Entschuldige, daß ich mich hier so lange verbreitet habe, aber ich glaube, es war nötig, um Mißverständnisse zu vermeiden. Du hast gesagt: »Diese Meinungsverschiedenheit scheint mir eine der Entfernung zu sein – nah dran oder sehr weit weg.«[17] Aber auch aus der Nähe gesehen denke ich so. Denn es scheint mir nicht wesentlich, »die ganze Erde als einen einzigen Punkt« zu betrachten. Die »unendlichen Räume« würden mich nur schwindlig machen, und das Ergebnis wäre eine interstellare Stille (oder unter dem Gesichtspunkt der Temperatur: absolut Null, wie man sich denken kann).

Da wir schon beim Theoretisieren sind, hast Du die »Contrepoints« Nr. 7 bekommen? Ich habe Dir schon vor langem darüber geschrieben. Es ist eine Nummer über Bach, und ich spreche dort über das Gefangensein unserer vorigen Generation im Klassizismus (Schönberg, Strawinskij usw.)[18]. Ansonsten habe ich vor kurzem für die englische Zeitschrift »The Score« einen Artikel mit dem Titel »Schönberg ist tot« geschrieben. Im wesentlichen sage ich folgendes: »Der wichtigste Grund für den Fehlschlag liegt jedoch im profunden Verkennen der echten reihenmäßigen *Funktionen*, die aus dem Prinzip der Reihe selbst hervorgehen müssen, sollen sie nicht in einem eher keimhaften als wirksamen Zustand verharren. Wir wollen damit sagen, daß die Reihe bei Schönberg als eine

Art kleinsten gemeinsamen Hauptnenners auftritt, der die semantische Einheit des Werkes garantieren soll; aber die dadurch zustande gekommenen Sprachelemente werden durch eine schon vorhandene, nicht reihenmäßige Rhetorik zusammengebunden. Und gerade hier, so behaupten wir, zeigt sich die provozierende *Inevidenz* eines Schaffens, das ohne innere Einheit ist.« Etwas weiter sage ich noch: »Wenn Schönberg auch ein Fehlschlag ist, so kann man ihn doch nicht einfach beiseite schieben und über ihn hinweg eine gültige Lösung des Problems suchen, das sich mit dem Heraufkommen einer zeitgenössischen Sprache stellt.« Und ich schließe: »Hüten wir uns, Schönberg als eine Art Moses anzusehen, der im Angesicht des Gelobten Landes stirbt, nachdem er die Gesetzestafeln von einem Berg Sinai heruntergebracht hat, den einige Leute um ihr Leben gern mit Walhall verwechseln möchten. (Inzwischen ist der Tanz ums Goldene Kalb in vollem Gange.) Wahrscheinlich werden wir ihm für den Pierrot lunaire immer dankbar sein und für einige andere, weit mehr als beneidenswerte Werke. Der gegenwärtigen französischen Mittelmäßigkeit zum Trotz, die in ihnen anscheinend nichts anderes sehen möchte als eine auf Mitteleuropa begrenzte Verheerung. Gleichwohl wird es unerläßlich, ein Mißverständnis aus der Welt zu schaffen, das voller Zweideutigkeit und Widerspruch steckt; es ist an der Zeit, den Fehlschlag zu neutralisieren. Wenn man solchermaßen Position bezieht, hat das nichts mit billiger Prahlerei oder eitlem und scheinheiligem Selbstbewußtsein zu tun, vielmehr mit einer Strenge, die sich von Schwäche oder Kompromißlerei frei weiß. Wir haben nicht das geringste Interesse an einem törichten Skandal, aber auch verschämte Heuchelei und unnütze Melancholie liegen uns fern, wenn wir jetzt ohne Zögern sagen: *Schönberg ist tot.*«[19]

Ich glaube, ich mußte dies alles einmal so deutlich aussprechen, damit man mich von den Zwölfton-Akademikern klar unterscheidet[20].

Was Konzerte anbelangt, so gibt es zur Zeit wenig zu hören. Nur Bartóks Erstes Konzert für Klavier und Orchester, das hier bisher nicht gespielt wurde. Davon abgesehen: nichts. Ich habe bei einem Konzert für vier Klaviere einige Stücke mit Vierteltönen von Wyschnegradski gespielt. Sie sind sehr schlecht, und die Töne selbst werden schwer. Dann noch Lieder von Marina Scriabine in einer imaginary landscale, einer Phantasielandskala (Souvchinsky behauptet, es handele sich dabei um eine Ansammlung der obszönsten russischen Silben!...) Hast Du The Rake's Progress[21] gehört? Scheußlich! Nun wurde gerade Billy Budd von

Benjamin Britten[22] in London angekündigt; es wird hier im Radio übertragen. Ich konnte mich nicht überwinden, es mir anzuhören.
Was meine in Deutschland aufgeführte Polyphonie[23] betrifft, so habe ich sie noch nicht zu hören bekommen. Der deutsche Sender gibt seine Aufnahmen nicht aus der Hand. Heugel hat persönlich versucht, sie zu bekommen. Aber das ist sehr schwierig, Rechteprobleme usw. Souvchinsky, Joffroy und Goldbeck waren hingefahren, aber ich war zu diesem Zeitpunkt mit Barrault in London. Messiaen war auch dort. Sie haben alle gesagt, daß der Dirigent Hans Rosbaud bewundernswert gut gewesen sei. Zwölf Proben. Die Aufführung ist sehr gut verlaufen. Wie Du in dem Artikel, den Du mir geschickt hast, sehen konntest, waren die Reaktionen unterschiedlich. Es gab zahlreiche Proteste an den deutschen Sender. Was kann man schon erwarten? Sei's drum! Ich gehe meinen Weg einfach weiter, ich pfeife drauf. Die letzten Sätze habe ich noch nicht geschrieben, werde aber bald darangehen. Das Streichquartett ist noch nicht abgeschrieben, also auch noch nicht veröffentlicht[24]. Ich muß unbedingt die Zeit finden, das zu machen. Was die Klavierstücke betrifft, ich habe sie in London nicht gespielt.
Die BBC hat sie aus Angst vor dem Skandal, wie ich denke, nicht angenommen. Was die anderen angeht, sie sind noch lange nicht fertig[25]. Ich werde Dich darüber auf dem laufenden halten. Doch im Augenblick sind die Stücke mehr oder weniger tot, weil ich keine Zeit hatte, daran zu arbeiten. Sag David Tudor, er soll meine Zweite Klaviersonate noch nicht aufnehmen, denn ich habe bei einigen Einzelheiten Veränderungen vorgenommen (störende Chromatik herausgenommen, vertikale Zusammenstöße bearbeitet, usw.)[26]. Ich werde sie Dir bald zusenden, Du kannst sie ihm ja weitergeben. Meine Erste Klaviersonate ist soeben bei Amphion erschienen, ich schicke sie Dir auch, und ebenso an C. Wolff und M. Feldman. Es ist eine »Jugenderinnerung«. Du kennst sie und wirst sie entschuldigen!
Und jetzt will ich Dir von unseren Untersuchungen berichten, die wir zur Zeit beim Radio unter der Schirmherrschaft von Schaeffer[27] anstellen.
Als Arbeitsinstrumente haben wir: Mikrophone für Aufnahmen, Schallplattenaufnahmegeräte, zwei einfache Tonbandgeräte, ein Tonbandgerät mit variablen Geschwindigkeiten: 12 Geschwindigkeiten in den Abstufungen der temperierten Tonleiter, jeweils mit einfacher und doppelter Geschwindigkeit, was bereits 24 Geschwindigkeiten ergibt; schließlich noch ein Tonbandgerät mit drei Spuren, wo man drei Bän-

der gleichzeitig mischen kann; und dann gibt es noch Filter zur Veränderung des Klangs.

Wir arbeiten theoretisch über die Klangkategorien, um – so wie man sich normaler Instrumente bedient – ausgehend von klar definierten Klangfunktionen klarer zu arbeiten. Und zwar folgendermaßen:

A) reine Dynamik (reiner Einsatz: Anschlag). In seiner reinsten Form ist dieser Klang symmetrisch, das heißt, er hat keinen Krebs (er kann nicht rückwärts gespielt werden). Hat nur eine Symmetrieachse.

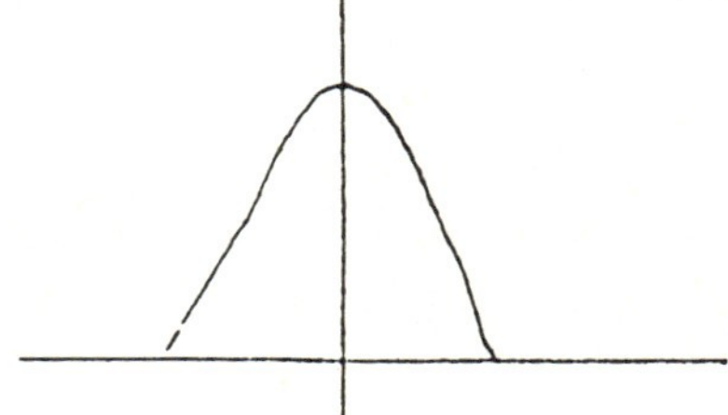

B) gehaltene Dynamik, mit variabler und funktionaler Stabilisierung.
   a) aktiv gehaltene Dynamik. Der Einschwingungsvorgang muß fortlaufend mit mechanischen Mitteln (vergleichbar einem Bogen, der eine Saite zum Schwingen bringt) gehalten werden.
   b) passiv gehaltene Dynamik. Bezeichnet ein natürliches oder ein durch künstlichen Nachhall (Echokammer) erzeugtes Resonanzphänomen.

   In jedem Fall haben diese Klänge eine Krebsgestalt, was soviel heißt wie: sie sind asymmetrisch.

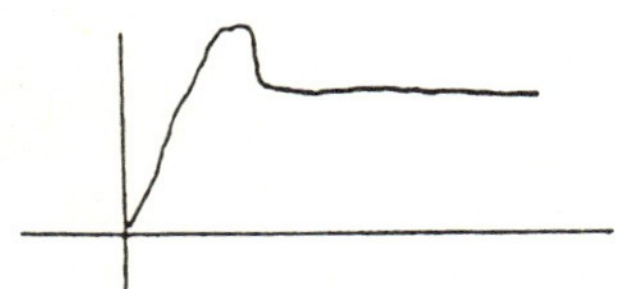

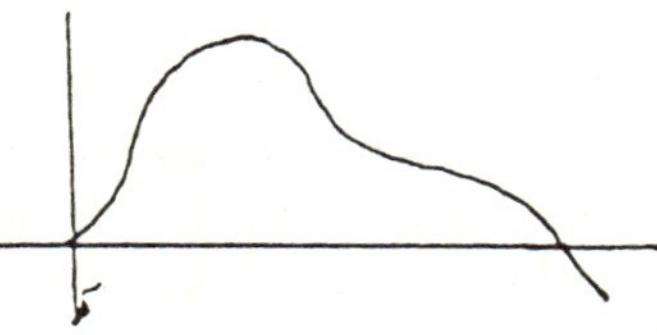

   c) reine Statik. In seiner reinsten Form ist dieser Klang nicht umkehrbar (vergleichbar mit dem Orgelton). Läßt alle Symmetrieachsen zu.

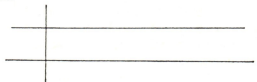

In jeder Kategorie sind folgende drei[28] Unterscheidungen anwendbar:

α) *Frequenz.*
1. Der Ton ist in ein Frequenzband einstufbar oder ist durch Überlagerung von Frequenzen entstanden, ist also ein Frequenzkomplex, wobei die Zahlenverhältnisse seiner Frequenzen irrationale sind.
2. Oder man hat eine reine Frequenz, oder mit 2 multiplizierte Frequenzen, wobei die eine wie die anderen (einfache Obertöne) die initiale Frequenz verstärken.

β) *Klangfarbe.*
1. Sie kann *heterogen* sein, und dann hat sie entweder *feste* Komponenten oder *variable.* Der Index der Komponenten wird erstellt.
2. Sie kann *homogen* sein, und in diesem Fall muß ihr charakterisierender Index bestimmt werden.

γ) *Lautstärke.* Die Lautstärke eines Klangkomplexes oder eines Klangs kann:
1. Vielfach sein. Man kann daher mit der Festgelegtheit und Veränderlichkeit der jeweiligen Lautstärken spielen sowie mit ihren Verhältnissen.
2. Einfach sein. In diesem Fall erstellt man, wenn die Lautstärke gleichbleibend ist, ihren Index, wenn sie sich ändert, ihren Veränderungs-Koeffizienten.

δ) *Dauer.*
Um schließlich mit den Dauern arbeiten zu können, bei einem gegebenen Ausgangsklang bestimmter Dauer (= eine bestimmte Strecke des Tonbands), muß man die Beziehungen Frequenz – Dauer bestimmen, das heißt den Transpositionsindex.

Du siehst also, man hat eine gewisse Anzahl an Parametern, die eine genaue Einschätzung ermöglichen.
Ich arbeite derzeit an einer Etude über *einen Klang*[29], und zwar den verstärkten Klang einer afrikanischen Sanza[30], sehr nah am Mikro aufgenommen und mit künstlichem Nachhall von einer Pauke. Das ergibt einen sehr vollen Klang mit starkem Einschwingungsvorgang und langem Ausschwingungsvorgang.

Ich habe mit den variablen Geschwindigkeiten 72 Transpositionen dieses Klangs erstellt. Das heißt, man setzt auf das Tonbandgerät eine Endlosschleife [dieses Klangs] und verändert die Geschwindigkeiten. Was drei Schleifen mit den folgenden Klängen ergibt:

	1,	2,	3, 4, 5, 6 …… 12
4N	t_1	t_2 etc. …	
2N	$2t_1$	$2t_2$	
N	$4t_1$ …		daher die 72 Klänge
M	$8t_1$ …		
M/2	$16t_1$ …		
M4	$32t_1$ etc.		

Bei einem gegebenen Klang 1 in der gegebenen Zeit t_1 (auf der Bandschleife gemessen) gibt mir der halbe Klang $2t_1$, die Klänge darunter $4t_1$ usw., bis hin zu $32t_1$. Dann erhalte ich von Klang 2: t_2, $2t_2$ usw.
Diese Studie baut einzig auf den Transformationen der Reihen für Dauern und der Reihen für Tonhöhen auf. Ich habe zwei serielle Tabellen, um das zu organisieren. Dabei habe ich bisher weder die Klangfarben noch die Lautstärken noch die Einschwingungsvorgänge benutzt. Du siehst schon den Reichtum an Möglichkeiten. Um die Strukturen zu verdeutlichen, verwende ich den Klang in richtiger und umgekehrter Richtung. Um die Partitur zu schreiben, nehme ich die Tonbandlängen der Zeiteinheiten: (t_1 = 8 cm, 1) und notiere sie maßstabsgetreu in graphischer Notation, zusammen mit den Tonhöhen[31]:

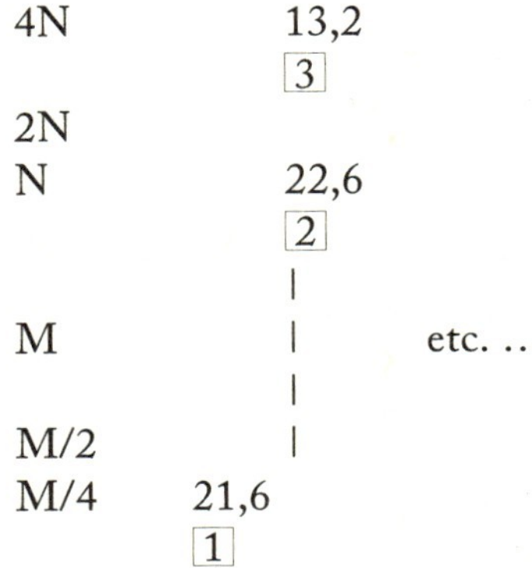

Die Abstände werden genau übersetzt: 2 mm entsprechen 1 cm (natürlich nicht hier!).

Das bedeutet, daß der Klang 1 die Tonhöhe M/4 hat, bei einer Dauer, die 21,6 cm entspricht; der Klang 2 auf der Tonhöhe N mit einer 22,6 cm entsprechenden Dauer schließt direkt an und überlagert Klang 3 mit der Tonhöhe 4N und einer 13,2 cm entsprechenden Dauer. (Du mußt bezüglich der Größenordnung wissen, daß 77 cm = 1 sek. entsprechen)[32]. Wie Du hier sehen kannst, arbeitet man so, ohne von der Sekunde beherrscht zu sein, besser an seinem Stück[33]. Außerdem sind die Verhältnisse t_1, t_2 sehr komplex: da sie der Regel 9/8, 81/64, 4/3 usw. gehorchen.

Wenn man schließlich die abstrakte Reihe der Noten benutzt:

1 7 4 5 2 usw.

und die abstrakte Reihe der Dauern:

8 6 3 7 9 usw.

kann man den Rhythmus genauso registrieren wie die Noten.

Das heißt, man geht von der Tonhöhe 1-N[34] zur Tonhöhe 7-4N über, dann zur Tonhöhe 4M/2 usw.; und ebenso geht man von der Dauer $8t_8$ zu der Dauer $32t_6$ über, dann zur Dauer $2t_3$ usw., so daß die Dauern parallel oder, wie in diesem Fall, *umgekehrt* zu den Klängen registriert werden, was die Schnitte und die Pausen einführt.

Denn wenn man den Klang 4-M/2, der eine reale Dauer von $16t_4$ hat, mit der Dauer $2t_3$ verwendet, erhält man einen verkürzten Klang.

Wenn man im Gegenteil den Klang 7-4N, der eine reale Dauer von r7 hat, mit der Dauer $32t_6$ verwendet, erhält man eine Stille nach dem Klang, die $32t_6 - t_7$ lang dauern wird. (Und wenn man den Klang andersherum spielt[35], geht die Pause dem Klang voraus, man kann das Vorgehen aber auch umdrehen.)

Man kann auch Beziehungen herstellen, die das Innere eines Klangs durcheinanderbringen, um zu einer dritten Reihe zu kommen. Das heißt, wenn man Klang 5-M/4, der sehr lang ist, benutzt, dann Klang 7-M/2 usw.

Man kann zur selben Zeit eine Reihe 6 4 3 usw. haben und die Relationen 6 zu 6/4 = 3/2, dann 4/3 herstellen. So im Klang 5-M/4:

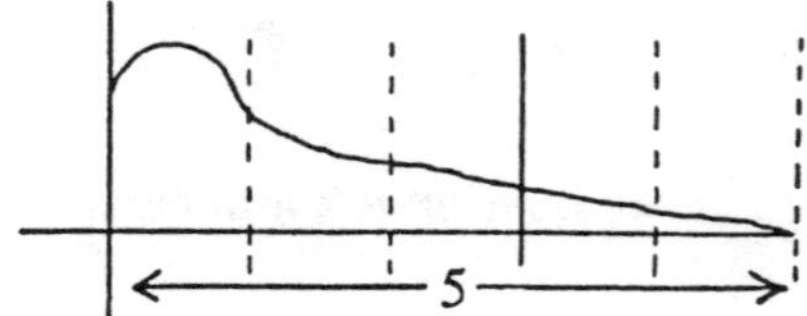

Man kann ihn, vom Einsatz an gemessen, in zwei Teile im Verhältnis 3 zu 2 aufteilen. Kann die zwei Fünftel vor den drei Fünfteln spielen. Kann die drei Fünftel oder auch die zwei Fünftel oder beide Teile rückwärts spielen. Das ergibt graphisch dargestellt:

So führt man die irrationalen Zahlen sogar in das Innere des Klangs ein. Du siehst also, welche Fülle man hier ausbeuten kann! Das erfordert Zeit und ist eine Frage der Montage (wie die Montage beim Film).
Dennoch bitte ich Schaeffer (immer noch!) um ein Aufnahmegerät entweder mit variablen Geschwindigkeiten, das Mikrotöne wiedergeben kann, oder mit *manipulierbaren* Geschwindigkeiten, die nicht unbedingt der temperierten Skala entsprechen.
Um solche Resultate in einem Saal zu spielen, verwendet man stereophone Wiedergabe mit sehr großen Lautsprechern in den vier Ecken des Raums mit einem Mischpult, über das der Klang aus den vier Richtungen geregelt werden kann, und einem Potentiometer für die Lautstärken. Das zeitigt bisher völlig ungehörte Ergebnisse.
Ich habe am Thema der Generalisierung der Reihen auf n Intervalle, wovon ich Dir vor fast einem Jahr berichtete, gearbeitet[36].
Nehmen wir n Klänge, die innerhalb eines Frequenzbandes (von einfacher bis zu doppelter Frequenz) liegen und wo kein Klang sich wiederholt. Dann hat man: a b c d .... n.
Wie man dann transponiert (siehe auch meinen letzten Brief[36] und die Tabellen):
Man hat:

a	b	c	…	n
b	b + (b - a)	c + (b - a)		n + (b - a)
c	b + (c - a)	c + (c - a)		n + (c - a)
…				
n	n + (n - a)	c + (n - a)		n + (n - a)

1) Wenn b > a, nimmt man die Differenz b - a.
   I. Wenn b + (b - a) < n, beschreibt man es in der Tabelle.
   II. Wenn b + (b - a) > n, zieht man n ab und trägt ein.

2) Wenn $b < a$, nimmt man $b + n - a$, und man trägt in die Tabelle ein: $b + (b + n - a)$. Man fällt in den vorhergehenden Fall zurück. Mit dieser Methode kommt man immer wieder auf das Innere von a bis n zurück. Um den gesamten Klangraum abzudecken, muß man hinterher mit allen Vielfachen multiplizieren.

a	b	c	…	n
a	a - (b - a)	a - (c - a)		n - (n - a)

1) Wenn $b > a$, nimmt man $b - a$.
   I. Wenn $a - (b - a) < n$, trägt man es ein.
   II. Wenn $a - (b - a) > n$, nimmt man $a + n - (b - a)$.
2) Wenn $b < a$, nimmt man $b + n - a$.
   I. Wenn $a - \{(b + n) - a\} < n$, trägt man es ein.

Mit der Transposition dieser umgekehrten Reihen befindet man sich im vorhergehenden Fall. Das kannst Du leicht mit der Zwölftonreihe verifizieren. Zum Beispiel:

	1	8	11	10	usw.
Transpositionen	8	3	6	5	
	11	6	9	8	

Von der ersten zur zweiten:	8 - 1 = 7
in der Reihe zwei:	8 + 7 = 15 - 12 = 3
in der Reihe drei:	11 + 7 = 18 - 12 = 6
Von der dritten zur vierten:	10 + 12 = 22 - 11 = 11
	6 + 11 = 17 - 12 = 5
	9 + 11 = 20 - 12 = 8

Für die Umkehrung:

1	8	11	10	
1	6	3	4	etc.

Vom ersten zum zweiten Klang:

8 - 1 = 7
1 + 12 = 13 - 7 = 6

Vom ersten zum dritten:

11 - 1 = 10
1 + 12 = 13 - 10 = 3

Dabei ist das Interessante, dies für alle Reihen zu verallgemeinern. Wenn man nur 7 Geschwindigkeiten im Verhältnis zu 15 Klängen haben möchte, so ist das möglich.

in einer Reihe von 7 Klängen					
	3	4	7	2	etc. …
	4	5	①	3	etc. …
	7	①	④	6	etc. …
	etc. …				

in einer Reihe von 15 Klängen					
	3	4	7	2	etc. …
	4	5	⑧	3	etc. …
	7	⑧	⑪	6	etc. …
	etc. …				

Je nachdem, ob man 7 oder 15 hat, unterscheiden sich die Transpositionen durch bestimmte Klänge, die hier [unleserlich, wahrscheinlich: »eingekreist sind«]. Daher kann man Überkreuzungen (Interferenzen) von einer zur anderen Reihe herstellen. Ausgehend davon, kann man also *Reihen von Reihen* herstellen, die sich der Struktur entsprechend unterscheiden. Dies ergibt unendlich viele Möglichkeiten. Zum Beispiel zwischen einem großen Intervall: wie etwa zwischen 4 und 7, wo ich eine weitere Reihe f einführen kann, indem ich die Intervalle der ersten proportional reduziere:

$$\frac{7-4}{15-1}$$

Graphisch sieht das so aus:

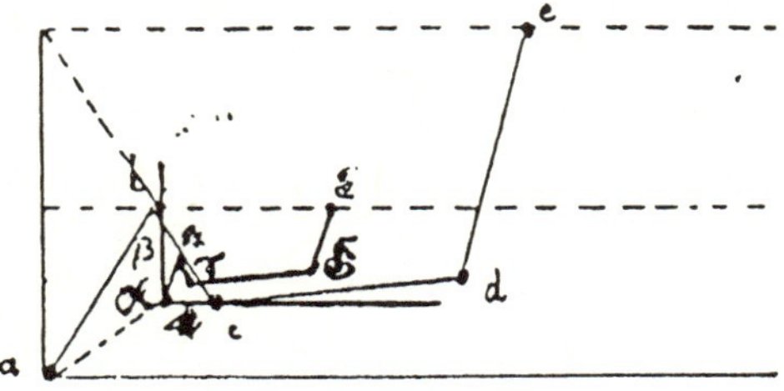

Betrachte b bis c. Wie Du sehen kannst, würden alle Intervalle analog zu den großen Intervallen verkleinert sein, und dies im Verhältnis:

$$\frac{|c-b|}{|e-a|}$$

So kann man eine ganze Reihe von Reihen entwerfen im Verhältnis:

$$\frac{|b-a|}{|e-a|}\ \frac{|b-c|}{|e-a|}\text{usw.}$$

Es liegt noch einiges vor uns, bis alle Lösungen in der Praxis erschöpft wären!

Mein lieber John, ich komme zum Schluß meines Briefs. Denn Du wirst langsam genug haben von diesen Zahlen und Graphiken. Aber wenn ich

einen Bart haben werde und kein einziges Haar mehr auf dem Kopf (was bei diesen Exerzitien hier bald eintreten wird), will ich ein Buch über die Reihe[38] verfassen!
Die Mittel, um solche Projekte zu realisieren, müssen erst noch gefunden werden. Und wir werden sie finden.
A propos die Gruppe Schaeffer: Wir organisieren eine Sendereihe über die Experimente in konkreter Musik. Überhaupt über elektronische Musik. Wir hätten dafür gerne jeweils eine kurze Einführung, eine Art Exposé von fünf Minuten, das zur Notwendigkeit einer elektronischen Musik Stellung nimmt. Auch von Dir würden wir uns so eine Einführung wünschen. Und ebenso von Varèse. Wenn Du mir vielleicht seine Anschrift geben könntest, würde ich ihm schreiben und ihn fragen, ob er das macht.
Außerdem werden wir eine Art »Internationalen Kalender« in den Sendungen haben, in dem wir gerne über alles, was sich im Ausland im elektronischen Bereich tut, berichten würden. Kurz und gut, wir zählen auf Dich als unseren New Yorker Korrespondenten.
Darüber hinaus wollen wir zum Jahresende eine kleine Zusammenfassung unserer Untersuchungen schreiben, über die wir Dich selbstverständlich auf dem laufenden halten[39]. Bitte schreib mir, ob Dir diese Idee einer Einführung zusagt. Schreib ruhig auf Englisch, ich werde es übersetzen (ich habe jetzt Wörterbücher hier!!). Aber bevor Du etwas für die Sendung schreibst, warte noch, bis ich Dir eine Bestätigung schicke. Es würde sich nicht lohnen, womöglich umsonst gearbeitet zu haben. Auf jeden Fall schreibe ich Dir dazu noch genauer.
Daß Messiaen sich phantastisch entwickelt, weißt Du schon. Ich hatte Dir von seinem Mode de Valeurs et d'Intensités geschrieben. Er hat gerade Orgelstücke über 64 Dauern und mit Registrationsmodi geschrieben[40]. Er wird sie uns demnächst im kleinen Kreis vorstellen. Vor kurzem habe ich ein Stück von einem jungen belgischen Musiker aus Liège bekommen – er ist 22 Jahre alt, und ich bin ihm im Juni in Royaumont begegnet[41]. Es sind sakrale Lieder für Stimme und Streichtrio[42], sehr interessant und bemerkenswert gut geschrieben. Ich habe ihm noch nicht geantwortet, war aber sehr angenehm überrascht.
Ja, mein lieber John, das waren meine Neuigkeiten. Du siehst, man bleibt nicht ganz untätig.
Grüße bitte auch Christian Wolff von mir und versichere Morton Feldman noch einmal meiner ganzen Freundschaft, trotz der Meinungsver-

schiedenheit, die an einigen Punkten bestehen bleibt. Und grüße bitte ebenfalls David Tudor, den schweigsamen Eremiten.
A propos, meine Projekte für das kommende Jahr sind folgende: Ich fahre mit Barrault vom 28. Februar bis etwa Mitte Mai nach Ägypten und Italien[43]. Ende Mai bin ich sicherlich wieder in Paris. Wenn D. Tudor dann nach Paris kommt, soll er mich unbedingt besuchen.
Wann werden wir uns wiedersehen? Eine Reise mit Barrault in die USA (Kanada-USA-Mexiko) ist für den kommenden Oktober geplant[44]. Welche Freude, wenn das Wirklichkeit wird! Ich glaube, Bartholdis Statue[45] wird mir wie das größte Kunstwerk der Menschheit vorkommen! (Bis dahin ist sie nach wie vor das Hinterletzte.)
Ich hoffe, Dich hat nicht zwischendurch die Geduld verlassen beim Lesen dieses buntscheckigen Tuttifrutti –

in treuer Freundschaft
P.B.

Nr. 36 – Brief von Pierre Boulez an John Cage
[vor dem 21. Mai 1952]

Lieber John,
ich habe soeben »Trans/formations«[1] erhalten, und ich danke Dir sehr für diese Sendung. Ich werde Gatti, Saby, Joffroy und Souvchinsky ein Exemplar davon geben.
Was für eine wunderbare Zeitschrift! So bekomme ich auf diesem Weg Neuigkeiten von Dir. Ich habe hier einen Freund von Dir getroffen, einen Maler, aber ich kann mich nicht mehr an seinen Namen erinnern, und wir haben sehr viel von Dir gesprochen.
Ich schicke Dir eine Nummer der »Revue Musicale« (ich habe zwar danach gefragt, weiß aber nicht, ob sie schon herausgekommen ist), für die ich einen ziemlich langen Artikel geschrieben habe, in dem ich Deine Arbeiten anführe[2]. Bald kann ich hoffentlich auch etwas für eine Zeitschrift verfassen, die sich »Les Cahiers Critiques«[3] nennt.
Wie geht es Dir?

Eine gute Nachricht: Jetzt ist es fast sicher, daß wir vom 12. oder 15. November an für sechs Wochen nach New York reisen. Mit Jean-Louis Barrault. Schon bei dem Gedanken freue ich mich wahnsinnig, Euch alle wiedersehen zu können.
Wir haben ein Stück aus den Structures für zwei Klaviere gespielt, Messiaen am ersten Klavier und ich am zweiten. Es gab einen kleinen Aufstand und einige Aufregung[4]. Wir sollen die drei Structures, die bereits fertig sind, im Juli in Darmstadt und beim Rundfunk in Köln spielen[5].
Ich bereite auch eine Sache für 12 Stimmen a cappella vor, die im September in Berlin aufgeführt werden soll. Auf ein Gedicht von Gatti[6].
Du siehst, zur Zeit arbeite ich viel.
Am 21. Mai geben wir ein Konzert mit konkreter Musik (Schaeffer) – mit *Messiaen*, der speziell dafür etwas geschrieben hat, mit mir, Pierre Henry und Pierre Schaeffer selbst[7].
Ich hoffe, ich kann Dir bald ausführlicher schreiben, aber im Augenblick habe ich nicht viel Zeit, entschuldige. Ich wollte Dir hiermit nur schnell sagen, daß es mich noch gibt. Dir sagen, wie sehr Du hier präsent bist.
A propos, ich nehme Deine Schallplatten nach Deutschland mit (Schlagzeugsachen, präpariertes Klavier, elektronische Musik). Der Leiter von Radio Köln ist sehr interessiert und will sie hören.
Ich schreibe sehr eilig, aber Du kannst Dir die fehlenden Wörter denken, nicht? Bis auf den langen Brief demnächst. Und tausend Dank für die Zeitschrift.

In Freundschaft
PB

Nr. 37 – Pierre Boulez über John Cage in: »Möglichkeiten« [Auszug][1]

Was nun John Cage betrifft, so hat er den Beweis erbracht, daß es sogar mit den vorhandenen Instrumenten möglich ist, nicht temperierte Klangräume zu schaffen. Daher bildet sein *präpariertes* Klavier nicht nur den überraschenden Aspekt eines Schlagzeug-Klaviers, auf dessen Resonanzboden eine ungewöhnliche metallische Vegetation wuchert. Es handelt sich weit eher um ein Infragestellen der akustischen Begriffe, die sich im Lauf der musikalischen Entwicklung des Abendlandes stabilisiert haben; denn dieses präparierte Klavier wird zu einem Instrument, das mittels einer werkzeuglichen Tabulatur Frequenzkomplexe zu erzeugen vermag. John Cage ist der Meinung, daß die Instrumente, die für die Bedürfnisse einer tonalen Sprache geschaffen wurden, den neuen Forderungen einer Musik nicht mehr entsprechen, welche die Oktave als privilegiertes Intervall ablehnt, aus dem die verschiedenen Skalen hervorgehen. Darin bekundet sich der Wille, jedem Ton von Anfang an eine ausgeprägte Individualität zu geben. Da diese Individualität eine unveränderliche Größe ist, gelangt man bei einem Werk von langer Dauer – aufgrund der zeitlichen Wiederholungen – zu einer alles umfassenden und hierarchisch geordneten Neutralität innerhalb einer Frequenz-Skala, das heißt: zu einem einzigen Modus von vielfältigen Klängen, der den gesamten Tonhöhenbereich umfaßt; man fällt also vielleicht unversehens in jene Grube, die man eigentlich umgehen wollte. Unsere Randbemerkung dazu: Wären die Tabulaturen zahlreicher, würde die Polarisation viel reichhaltiger, und zwar aufgrund des Überkreuzungsnetzes, das sich dann zwischen ihnen ergäbe. Sieht man dagegen jeden Ton *von vornherein* als neutral an – und das ist beim seriellen Material der Fall –, so bringt der Kontext bei jedem Wiedererscheinen des gleichen Tones eine andere Individualisierung dieses Tones hervor. Diese Art der Umkehrung von Ursache und Wirkung ist ein so seltsames Phänomen, daß wir es hier eigens erwähnen.
Wir haben John Cage auch die Idee der Klangkomplexe zu danken, denn er hat Werke geschaffen, in denen er anstelle von reinen Tönen Akkorde verwendet, die keinerlei harmonische Funktion besitzen; es handelt sich dabei im wesentlichen um Klangamalgame, die an Klangfarben, Dauern und Lautstärken gebunden sind, wobei jedes dieser

Charakteristika je nach den verschiedenen Komponenten des Amalgams differieren kann.
Wir erwähnen auch seine Art, die rhythmische Konstruktion aufzufassen; sie stützt sich auf die Vorstellung der realen Zeit und wird hervorgebracht durch Zahlenverhältnisse, in denen kein persönlicher Faktor mitspielt; außerdem entsteht aus einer gegebenen Anzahl von Takteinheiten eine gleiche Anzahl von Entwicklungseinheiten. Auf diese Weise gelangt man *von vornherein* zu einer numerischen Struktur, die John Cage als prismatisch bezeichnet, die wir aber kristallin nennen würden.
Neuerdings beschäftigt er sich damit, strukturelle Beziehungen zwischen den verschiedenen Komponenten eines Klangs herzustellen, und benutzt dazu Tabellen, die jede Komponente in parallelen, aber selbständigen Anordnungen organisieren.
Die Richtung, in der John Cage seine Untersuchungen vornimmt, ist der unseren zu benachbart, als daß wir sie hier hätten übergehen dürfen.

Nr. 38 – Brief von John Cage an Pierre Boulez
[Sommer 1952]

Lieber Pierre,
entschuldige, daß ich nicht früher geschrieben habe, gerechterweise schulde ich Dir zahllose Entschuldigungen, doch die würden bloß Deine Zeit kosten. Ich war beschäftigt. Dein letzter langer Brief war fabelhaft, und ich habe mich sehr darüber gefreut[1]. Ich bin gespannt, Deine Studie über einen Klang und auch die neueste über sieben Klänge zu hören. Kannst Du nicht den Sender dazu bewegen, Aufnahmen davon hierher zu schicken? Ich hoffe, ich kann in der nächsten Spielzeit ein Konzert mit teilweise oder ausschließlich elektronischer Musik arrangieren. Falls ausschließlich elektronisch, dann werden wir ganz schön viel an musique concrète heranziehen müssen, weil unsere Arbeit nur recht langsam vorankommt. Bisher haben wir drei Sätze eines Stücks von Christian Wolff[2] fertiggestellt, eine inkonsequente Arbeit von mir für 43 Schallplatten (Imaginary Landscape No. 5) und 17

Sekunden eines interessanteren Stücks, dem ich noch keinen Titel gegeben habe[3].

Nach der Music of Changes (von der ich hoffe, Du hast sie erhalten) habe ich zwei Pastoralen für präpariertes Klavier[4] geschrieben. Bei diesem Stück bläst der Pianist außerdem auf Trillerpfeifen. In einem anderen Stück, dessen Titel sich je nach Aufführungsort ändert (z.B. 66 W.12th)[5], werden zusätzlich zum Klavier Wasserschüsseln, Pfeifen und Radio verwendet. Beide Stücke sind auf dieselbe Weise komponiert wie die Music of Changes, haben aber weniger Schichtungen und sind damit nicht so dicht. Das Stück 66 W.12th ist in bezug auf die reale Zeit notiert, und der Interpret benutzt eine Stoppuhr, um seine Einsätze zu bestimmen.

Das Schallplatten-Stück wurde in 18 Stunden hergestellt, weil es für ein Ballettprogramm gebraucht wurde. Und da es auf Tonband aufgenommen werden mußte, brachte es mir die Bekanntschaft mit Louis und Bebe Barron ein, Toningenieure (mit eigenem Studio). David Tudor half bei der Herstellung dieses ersten Stücks und mochte die Arbeit so gerne, daß er fand, er würde lieber damit als mit Unterricht seinen Unterhalt verdienen. Kurz nach der Aufnahme habe ich 5000 Dollar aufgetrieben (von Paul Williams gestiftet), die wir durch vier teilen und damit dann jedes Mitglied des Projekts monatlich zur Bezahlung der Materialien einstufen. Wir benutzen die Maschinen der Barrons und haben im Augenblick kein Geld für zusätzliche Geräte. Die 5000 Dollar bringen uns bis über den 15. November und garantieren uns zwei ganze Tage im Studio pro Woche. Wir haben zwei Tonbandgeräte. Louis Barron hat eine Möglichkeit für verschiedene Geschwindigkeiten [geschaffen], aber es ist eher ein Notbehelf. Der Ton liegt in der Mitte des Bandes, und das Band kann mit 15 oder 7 1/2 inches pro Sekunde gespielt werden. (Ich beneide Euch um Eure 77 cm/sek.!)

Für das Stück, das wir zur Zeit machen, benutze ich wieder dieselbe Methode wie in der Music of Changes, aber mit einigen Varianten: Die Klänge sind in sechs Gruppen aufgeteilt, die sich überlappen: A = Stadtgeräusche, B = Landgeräusche, C = elektronische Geräusche, D = Musik, vor allem manuell erzeugte ›musikalische‹ Klänge, E = stimmerzeugte Klänge und Vokalmusik, F = leise Klänge, die Verstärkung erfordern, um verwendbar zu sein. Diesen Großbuchstaben, die sich auf die Klangquelle beziehen, folgen dreimal Kleinbuchstaben: c oder v, was »grob bearbeitet« [controlled] und »variabel« bedeutet. Der erste bezieht

sich auf die Frequenz, der zweite auf die Obertonstruktur, der dritte auf die Lautstärke. Eine Unterstreichung des Großbuchstabens zeigt eine Bearbeitung [control] der Dauer an, wobei rhythmische Muster ganz einfach mit Hilfe von Endlosschleifen [loops] erzeugt werden. Avvv kann also eine reine Aufnahme vom Straßenverkehr sein, während Dvvv Jazz oder Beethoven sein kann. Avcv ist z.B. Straßenverkehr, dessen Obertonstruktur mit Hilfe von Filtern oder Hall bearbeitet wurde.
Das ist eine sehr freie Art, die Herstellung zu ermöglichen, und ich lasse den Ingenieuren, die die Klänge machen, völlig freie Hand. Ich gebe ihnen einfach eine Liste mit den Klängen, die ich brauche, z.B. Evcv Fvvv (zweifache Klangquelle). Wenn eine Klangquelle an und für sich ccc ist, dann bedeutet v eine Bearbeitung [control]. Ich weise nicht aus, wie ein Klang (in dieser Hinsicht) interpretiert werden soll, sondern überlasse das den Ingenieuren.
Die Tabellen für die Komposition enthalten sowohl diese Klänge als auch die Dauern, den Einschwingungsvorgang und den Ausschwingungsvorgang, die Überlagerungen und »n«, einen Bruch, der ein Faktor in der Struktur ist sowie in 32 von 64 Dauern. (Dies entspricht der Flexibilität des Tempos.) Klangbeginn und Klangende sind bestimmte Schnitte des Tonbands, plus oder minus bezüglich eines Punkts der Dauer. Das Tonband wird auch diagonal geschnitten [cross-grain], was die Obertonstruktur beeinflußt. Ich verwende einfache und doppelte Schnitte zu einem Punkt in der Mitte des Bandes hin, und ich verwende ein »t«, um kompliziertere Schnitte oder Kurvenschnitte anzuzeigen, die im Augenblick des Schneidens erfunden werden. Die gesamte Partitur ist wie ein Schnittmuster angelegt – im Verhältnis 1 : 1. Eine einzelne Seite entspricht 1 1/3 Sekunden. Acht einzelne Bänder werden aufgenommen und dann übereinandergespielt, wenn man ein einziges Tonband oder eine Schallplatte haben will, aber natürlich sind mehrere Bänder für mehrere Lautsprecher besser. Für die Komposition verwende ich 16 Tabellen, und so werden die Dauern in Abschnitte eingeteilt (wie bei den Changes), um Klangsituationen zu ermöglichen, die auf andere Weise nicht erzielt werden könnten. Es kommt oft vor, daß durch die Plus- und Minus-Operationen ein Klang »endet«, bevor er »beginnt«, oder auch, daß der Klang, der »nachfolgt«, sich zuerst ereignet. Ganz allgemein erhöhen Schichtungen von 1 bis 8 die Dichte, und die von 9 bis 16 verstärken die Fragmentierung. In diesem Stück habe ich von der Möglichkeit, das Band rückwärts laufen zu lassen,

keinen Gebrauch gemacht – mit Ausnahme der diagonalen Schnitte, zum Beispiel:

Die Anzahl der verwendeten Klänge ist groß. Ich fange an mit 1024 Kärtchen, mit denen ich 16 Tabellen erstelle. Ein vollkommen variabler Klang hat die Häufigkeit 32 von 1024, wogegen Cccc (zum Beispiel) die Häufigkeit 2 hat. Die Karten werden, sorgfältig gemischt (auf eine der klassischen Tarot-Arten), in die Tabellen verteilt. Jede Tabelle hat noch einen Fundus von Karten, die sie aufnehmen kann – wenn das Beweglichkeitsprinzip (von den Changes) in Kraft tritt. Sie werden je nach Notwendigkeit ersetzt. Das Ganze ist äußerst mühsam, und mir wird zunehmend bewußt, daß ich in Zukunft eher Computer [computation] zu Hilfe nehmen sollte, als diese Kärtchen mit ihrem Einmaligkeitscharakter. Ich habe das an den Klanganfängen und Klangenden entdeckt, bei denen – weil es zwei Faktoren gibt – durch die Wechselwirkungen unendlich viel Unvorhersagbares auftaucht. Wie auch immer, wir arbeiten weiter, nur leider sehr langsam. In dieser Woche fahre ich nach North Carolina, um für drei Wochen zu unterrichten, und ich glaube, ich werde die Studenten einfach komponieren und die Bänder schneiden lassen. Das Stück ist für 20 Minuten Dauer geplant, aber schon vier Minuten (der erste »Satz«) werden 192 Seiten ergeben! Und bis es fertig wird, habe ich längst neue Ideen.
Wie Du sehen kannst, habe ich dem Element des Zufalls in diesem Werk eher mehr Raum gegeben als es zurückgenommen. Ein anderes charakteristisches Moment ist, daß mehrere Leute daran arbeiten – an allen Aspekten des Stücks. So daß es nicht mehr eigentlich »mein« Werk ist. David Tudor hat die Schichten 7–11 komponiert, ein Student aus Illinois hat daran mitgearbeitet, und so weiter.
Ich hätte sehr gerne ein Exemplar von Schaeffers Buch über die konkrete Musik[6]. Würdest Du ihn bitten, mir eines zu schicken?
Ebenso bin ich sehr interessiert an dem, was Du vorhast; es ist aufregend, mir vorzustellen, daß ich Dich vielleicht bald hier wiedersehe. Natürlich kann ich es kaum erwarten. Neues von Dir und Deiner Arbeit freut mich immer, und immer häufiger hört man auch hier davon (in Zeitschriften usw.).

Merce hat ein Stück aus der Symphonie pour un Homme Seul[7] (ein furchtbares Stück) für ein Festival an der Brandeis University choreographiert. Dort habe ich Bernard Blin, den Du wahrscheinlich kennst (er hatte mit Schaeffer zu tun), wiedergetroffen.
Im vergangenen Frühjahr habe ich Konzerte organisiert und Vorträge gehalten, was mich ganz gut beschäftigt hat. Ich war an der Universität von Illinois, und sie waren so interessiert, daß ich vielleicht wieder dort hingehe, um die Tonbandarbeit fortzusetzen. Mein Interesse konzentriert sich derzeit auf dieses Gebiet, und ich bezweifle, daß ich noch irgendeine weitere »Konzert«musik schreiben werde. Auf der anderen Seite wird das Publikum hier gerade wach für das präparierte Klavier, so daß ich im Oktober eine Aufführung meines Concerto for prepared piano and orchestra, die von der Musician's Union bezahlt wird, zu hören bekomme! Der Dirigent David Broekman würde auch gerne ein Werk von Dir aufführen. Kann man Noten von Dir geschickt bekommen? Wir hoffen auf Deine Polyphonie.
David wird Deine Première Sonate[8] diesen Sommer und Herbst in verschiedenen Programmen spielen.
Bitte halte uns auf dem laufenden, wann Du hier sein wirst, damit wir ein Konzert, Vorträge usw. arrangieren können.
Ich bekam vor kurzem die traurige Nachricht, daß das Gebäude, in dem ich wohne, in einem Jahr abgerissen werden soll; doch bis es soweit ist, bist Du schon hier gewesen. Es ist so schön hier, und in diesem Augenblick, in dem ich Dir schreibe, tummeln sich die Vögel draußen auf dem Absatz der Feuerleiter, wo ich Futter hinstreue. Sie werden ein neues zwanzigstöckiges Haus hochziehen, um mehr Menschen unterzubringen. New York sieht allmählich aus wie ein Gefängnis.
Wann immer Du einen Artikel über elektronische Musik für eine Zeitschrift haben willst, laß es mich wissen; und wenn, abgesehen von Schaeffers Buch, irgend etwas in dieser Art erscheint, möchte ich es gerne sehen.
Ich bewundere Deine Arbeit, und wie Du das Prinzip der Reihe verallgemeinert hast. Und auch, wie Du in Deiner Etude über einen Klang[9] die Entsprechung bei der Frequenz und der Dauer herstellst. Die Korrespondenzen zwischen Reihen mit verschieden vielen Elementen finde ich faszinierend.
Ich fürchte, dies hier ist ein sehr skizzenhafter Brief und kaum wert, daß ich ihn Dir schicke. Aber Du mußt wissen, daß ich sehr viel Zeit damit

verbringe, Münzen zu werfen, und offenbar dringt die Leere im Kopf, die das mit sich bringt, nun auch in meine sonstige Zeit ein. Das Beste wird sein, denke ich, wir sehen uns bald wieder.

Bitte grüße auch die Freunde von mir, ich vermisse Euch alle.

Immer Dein
John

Nr. 39 – Brief von Pierre Boulez an John Cage
[1. Oktober 1952]

Mein lieber John,
ich habe Dir viel zu berichten. Aber Du weißt ja, wie man seine Briefe von einem Tag auf den nächsten verschiebt. Und nun reisen wir schon bald hier ab – in einer Woche –, und der Brief muß immer noch geschrieben werden.
Als erstes: Vielen Dank für die Music of Changes. Sie hat mit *sehr gut gefallen*, und ich habe mich sehr darüber gefreut, als sie hier ankam. Ich bin absolut erfreut über diese Entwicklung Deines Stils. Und ich pflichte Dir darin völlig bei. Es ist gewiß das Stück, das mir von allen, die Du geschrieben hast, am besten gefällt. Und ich habe es hier allen jungen befreundeten Komponisten ausgeliehen. Jetzt stellt sich nur das Problem, sie hier aufzuführen – sei es mit Yvonne Loriod, sei es mit Yvette Grimaud. Das werde ich mit P. Souvchinsky arrangieren. Du kannst Dir gar nicht vorstellen, wie sehr ich mit Dir übereinstimme. Ich sage Dir das voller Begeisterung.
Zum Zweiten: Dein ausführlicher Brief hat mir wirklich Einblick in alles gegeben, was Du derzeit tust, und Du weißt ja, wie sehr es mich interessiert. Alles, was Du mir über die Musik auf Magnettonband sagst, interessiert mich brennend. Und wir werden Gelegenheit haben, ausführlich darüber zu sprechen. Besonders, da solche Untersuchungen jetzt auch in Deutschland angestellt werden[1]. Ich werde Dir auch über alles berichten, was ich dort gesehen habe.

Drittens: Du müßtest von Radio Köln (NWDR) einen Brief bekommen haben. Denn ich hatte ihnen von Dir erzählt und ihnen die Schallplatten geliehen, die sie sich überspielt haben. Sie wollen eine zweistündige Sendung über Deine Musik machen und hätten gerne jüngste Aufnahmen sowie erklärende Anmerkungen oder Texte von Dir selbst. Ich habe ihnen diese Nummer von »Trans/formations« gegeben und eine Notiz über Dich, die in einem Programmheft eines Festivals erschienen war, sowie den Text von Lou Harrison über das präparierte Klavier, der dem Schallplattenalbum für zwei Klaviere beiliegt. Wenn Du ihnen eine Aufnahme Deiner Music of Changes senden könntest, wären sie glücklich. Ich denke, es wird Karlheinz Stockhausen gewesen sein, der Dir geschrieben hat. Das ist ein junger deutscher Komponist, sehr bemerkenswert.
Viertens: Auch aus Belgien, aus Liège, müßtest Du Post bekommen haben, einen Brief von Froidebise. Sie ziehen dort eine »Kulturschock«-Zeitschrift auf, an der nur »Menschen mit den besten Absichten« mitarbeiten! Bitte gib ihnen eine Zusage, und wir rechnen mit einem Artikel von Dir.
Fünftens: *Am 11. November komme ich in New York an!* Und ich danke Dir für Dein Angebot, bei Dir zu wohnen. Wir bleiben bis zum 7. Dezember in N.Y., und falls es Verlängerungen gibt, bis zum 21. Ich möchte Dir keinesfalls Unannehmlichkeiten machen, und wenn Du ein Zimmer für mich finden würdest, wo ich in Ruhe arbeiten kann, wäre mir das am liebsten. Ich möchte Dich vor allem nicht stören. Wenn einer Deiner Freunde oder Bekannten mir ein Zimmer vermieten könnte, wäre es perfekt.
Für alle Fälle hat man (das Theater) ein Zimmer für mich (wie für die Schauspieler) im Great Northern Hotel reserviert (wo auch Milhaud absteigt, wie es scheint!!).
Ich bringe meine Structures und die musique concrète mit.
Ich denke mit großer Freude daran, daß wir uns bald wiedersehen und uns ausgiebig unterhalten können. Nach drei Jahren haben wir uns einiges zu sagen. Ich muß Dir auch meine neuesten Sachen zeigen: Structures pour deux pianos, und dann die A-cappella-Chöre für 12 Stimmen (12 Solisten), die hier von Marcel Couraud[2] aufgeführt werden. Die Chöre verwenden Gedichte von Gatti, die ich Dir auch mitbringe. Ich hoffe, möglichst lange Zeit in New York vor mir zu haben, damit wir uns recht oft sehen können. Ich glaube nicht, daß es Dir Ungelegenheiten

bereiten und Dich nur Zeit kosten wird. Ich habe einigen jungen Kollegen hier gesagt, sie sollten Dir ihre Musik zuschicken, denn ich möchte Dir auch das alles zeigen.
Und ich muß mit Dir sprechen über Techniken zur Unterteilung und Vervielfachung eines variablen einheitlichen Wertes mit zwei überlagernden Rhythmus-Reihen. Das würde einem rhythmischen Komplex entsprechen – so, wie man einen harmonischen oder einen Komplex der Textur hat. Ich muß Dir etwas zeigen, nämlich zur Frage, wie ich ungerichtete Klangkomplexe verwende.
Und Du mußt mir auch alles, was Du machst, erklären – vor allem Deine neuen Arbeiten auf Tonband. Vielleicht komme ich noch rechtzeitig zu Deinem Konzert für präpariertes Klavier und Orchester. Ich wünsche es mir sehr, oder sonst würde ich sehr gerne eine Aufnahme davon hören.
A propos, hast Du Schaeffers Buch erhalten[3]? Und hast Du auch die Nummer der »Revue Musicale«, in der mein Artikel[4] abgedruckt war, bekommen? Ich sehe Schaeffer übermorgen und frage nach.
Ansonsten werde ich Dir noch vom Schiff aus schreiben, wo ich sieben Tage in Ruhe verbringen kann, abgesehen von wahrscheinlicher Seekrankheit, wenn der Sturm weiterhin mit dieser Kraft anhält. Hoffen wir, daß ich diese eventuelle Prüfung bestehe.
Marianne Souvchinsky hat mir den »Harper's Bazaar« von Juli zukommen lassen, wo Du fotografiert bist und die Boza Mansion – wie es besser nicht sein könnte. Das ist wie ein Vorgeschmack auf das, was ich bald selbst sehen werde. Auf diese Weise werde ich mich kein bißchen fremd fühlen.
Ich gebe den Brief jetzt schnell zur Post, und ich denke, Du wirst kaum die Zeit haben, mir noch vor meiner Abreise zu antworten. Wir reisen am 6. Oktober hier ab (d.h. genau in fünf Tagen). Es ist also besser, Du schreibst mir direkt nach Montréal (Kanada), wo ich dann ab 14. Oktober bin.
Hier die Adresse:

Cie. Mad. Renaud – J.L. Barrault
Théatre His Majesty's – Montréal

Es gibt auch noch eine andere Anschrift (denn ich weiß die des Theaters nicht genauer, aber es soll sehr bekannt sein):

c/o Canadian Concerts & Artists
817/818 Castle Building – Montréal

Du kannst Dir also aussuchen, wohin Du lieber schreiben willst.
Bitte entschuldige diesen unzusammenhängenden und eiligen Brief, aber er muß unbedingt sofort noch zur Post.
Also, ich warte auf ein Wort von Dir, werde Dir vom Schiff aus schreiben. In jedem Fall treffen wir uns am 11. November.

Hoch sollen wir leben!
PB

Nr. 40 – Brief von Pierre Boulez an John Cage
[Ende Oktober 1952, Montréal]

Mein lieber John,
danke für Deinen wunderbaren Brief[1], den ich hier bereits vorfand, da wir erst vor zwei Tagen angekommen sind. Ich nehme Dein Angebot, in Deiner Wohnung zu wohnen, gerne an. Und ich finde die Vorzüge des Ausblicks, des Klaviers – ganz abgesehen von der Anziehung eines Hauses, das für den Abriß bestimmt ist (die romantische Nostalgie künftiger Ruinen!) – gar nicht zu vergleichen mit der Umständlichkeit einer Vierzig-Minuten-Fahrt quer durch die Stadt. Es ist mir lieber, eine gewisse Distanz zum Theater zu haben. Doch ich nehme nur unter der Bedingung an, daß es Dir wirklich keine Umstände macht. Und ich hoffe, daß wir dann, wie Du sagst, einige schöne Soireen im Zeichen von Monroe verbringen.
Es hat mich geärgert, daß Dein Concerto vom Orchester nicht gut gespielt wurde, und ich finde es sehr schade, daß man keine Aufnahme davon machen konnte[2]. Als Möglichkeit bleibt mir noch, die Partitur bei Dir zu lesen. Ich freue mich für Dich, daß die Tonband-Arbeit vorankommt. Aber wem erzählst Du das! Ich habe selbst auch Wochen gebraucht, um drei Minuten Musik zu montieren. Es ist eine Arbeit für Kunsthandwerker: die Klänge Stück für Stück zusammenkleben, die Montagen zusammenspielen, die Fehler herausfischen. Wir können uns bald mit den ausgefuchstesten Übungen in Fingerfertigkeit abgeben, wie die arabischen Kupferziseleure (im Fall eines Dritten Weltkriegs etwa).

Wir werden außerdem viel Zeit haben, miteinander zu sprechen, denn es gibt im Tourneeprogramm zwei Schauspiele ohne Musik (»La Répétition«[3] und »Occupe-toi d'Amélie«)[4]. So habe ich etwa eine Woche bis zehn Tage jeden Abend frei.
Eigentlich wollte ich Dir vom Schiff aus schreiben, aber Du weißt ja, wie es auf einem Schiff zugeht. Man flaniert, schaut sich ein wenig um, was so los ist, und hat nicht die leiseste Lust, auch nur den kleinsten Brief zu schreiben (zumindest geht es mir so). Dann erkläre ich Dir lieber mündlich alles, was ich im Augenblick mache, ich glaube, das ist sowieso besser. Ich hoffe ganz nebenbei, daß mein Englisch sich mit meinem New Yorker Aufenthalt entscheidend verbessert und ich damit bald, wenn nicht mit Leichtigkeit, so wenigstens korrekt sprechen kann.
Was meine Musik betrifft, so will ich es Dir überlassen, etwas damit zu arrangieren.
Ich würde gerne meine Stücke für zwei Klaviere mit David Tudor zusammen spielen. Sie sind sehr schwierig, man wird sich viel Zeit nehmen müssen, sie gemeinsam zu erarbeiten. Wenn wir sie nicht öffentlich aufführen können, machen wir daraus eine Aufführung unter uns.
Ich hoffe, er spielt mir Deine Music of Changes vor, die er inzwischen perfekt beherrscht, wie ich annehme.
Ich bringe konkrete Musik auf Schallplatten mit. Man wird mir bei Bedarf noch die Tonbänder aus Paris schicken. So habe ich die ganze Symphonie pour un Homme Seul von Pierre Schaeffer dabei, und ich hoffe, Du wirst sie (entsprechend) genießen. Und eine »vocalise« von Pierre Henry[5], die Dich nicht minder erfreuen wird. Ich habe diese zwei Sachen aus Unparteilichkeit eingesteckt, aber nicht ganz ohne Ironie. Sie haben dabei (ich meine die Urheber) nur die Unparteilichkeit gesehen, nicht die Ironie. Es tut mir leid für sie, aber wir werden etwas zu lachen haben. Außerdem habe ich einen Auszug aus der Etude von Messiaen mitgebracht.
Du hattest mir von Claude Jutras, den ich hier treffen könnte, erzählt, mir aber nicht seine Anschrift gegeben. Ich habe im Telefonbuch nachgesehen, wo es zwar viele »Jutras« gibt, aber keinen einzigen Claude (nur Charles und Camille unter C). Während unter den »Docteurs Jutras« keiner zu finden war, der mit dem Vornamen, den Du mir gegeben hast, zu tun hätte. Einer heißt Albert und beschäftigt sich – so steht es im Buche – mit Röntgenstrahlen am Hôtel-Dieu, und ein anderer, mit Vornamen Fernand, arbeitet in der Zahnheilkunde. Also, wenn Du seine

Adresse hast, schick sie mir bitte. Wir sind noch bis 2. November hier. Was für eine Freude, der Gedanke, daß wir uns so bald in New York treffen! Ich hatte die Absicht, McLaren zu besuchen. Aber als ich erfuhr, daß er in Vancouver lebt, hat mich das ziemlich abgekühlt (sozusagen). Und als man mir sagte, wie weit Vancouver von Montréal entfernt liegt, habe ich es ganz aufgegeben.
Die Stadt hier anzusehen hatte ich bisher noch nicht die Zeit. Ich bin vor allem in dem großen Park, der sich genau im Zentrum befindet, spazierengegangen. Herbstfarben in den Bäumen, die Stadt zu meinen Füßen, nächtliche Illumination, viele kleine, sehr wenig wilde Eichhörnchen: bildschönes Thema für einen Grundschulaufsatz. Das Vergnügen einer Fortsetzung dieser Beschreibung werde ich Dir ersparen.
Abgesehen davon glaube ich nicht, daß es hier viel zu sehen gibt. Kein einziges Museum, kein einziger alter Stein (hört, hört – ein aufgeklärter Liebhaber der Archäologie). Wir wollen versuchen, eine Tour in den hohen Norden zu machen, was Dir gewiß wie eine gewaltige Übertreibung vorkommen wird (und damit hast Du völlig recht) – aber immerhin bis in die Saint-Lawrence-Wälder, die etwa 50 km von hier beginnen. Wir haben uns gedacht, zu fünft oder sechst ein Auto zu mieten und anständig und bescheiden auf Abenteuertour zu gehen.
Hier hallt es wider in unseren Ohren: von Cartier und Champlain, von Religion und Zensur, Familie und Puritanismus. Und was den lokalen Akzent betrifft, so kann er sich ebenfalls hören lassen – (man vergnügt sich auf Reisen, wo man nur kann).
Immerhin leben wir jetzt schon in derselben Zeitzone, und das ist faktisch ein großer Schritt nach vorn auf dem Weg zum Wiedersehen.
Ich habe hier Bekanntschaft mit dem russisch-amerikanischen Impresario der Compagnie Renaud-Barrault gemacht, ein gewisser Mr. Hurok aus New York, den Du wohl auch kennst. Und der mir ganz nach einem rasenden Sensationsverkäufer aussieht. Ich habe mich gut und gerne eine Viertelstunde mit ihm auseinandergesetzt, weil er fand, 14 Musiker für Amphytrion (Schauspielmusik von Francis Poulenc)[6] seien viel zu viele. Schon um ihm zu widersprechen ergriff ich Partei für Poulenc und sagte, die Partitur sei für 14 Instrumente eingerichtet und klänge andernfalls sehr schlecht. Stell Dir vor! (Meiner Meinung nach würde es mit zwei Okarinas und einer Trillerpfeife genauso gut klingen.)

Das waren die letzten Nachrichten vom Beginn unserer Tournee. Abends nach der Vorstellung arbeite ich auf meinem Zimmer.
Und ich freue mich, bald mit der Monroe Street 326 Bekanntschaft zu schließen und sogar dort zu wohnen. Du kannst Dir gar nicht vorstellen, wie sehr ich Dir dafür danke. Aber das sage ich Dir dann alles noch einmal, wenn wir uns sehen. Wir könnten auch Essen und Treffen veranstalten; ich bekomme nämlich Tagesspesen (15 Dollar), um meinen vitalen Bedürfnissen zu genügen. Das werden dann zusammengelegte vitale Bedürfnisse sein, und so wird es viel vergnüglicher!
Ich zähle die Tage bis zum Wiedersehen.

Grüße bitte alle von mir. Es lebe Christoph Kolumbus!
PB

Nr. 41 – Brief von Pierre Boulez an John Cage
2. November [1952][1]

Mein lieber John,
nur noch eine Woche bis zu unserem Wiedersehen. Genau eine Woche, denn wir kommen wie vorgesehen am 11. September[2] in New York an. Wir fahren am 10. nachmittags aus Québec ab und kommen am 11. (Dienstag) um acht Uhr morgens an der Central Station an. Falls doch noch umdisponiert werden sollte, bekommst Du eine kurze Nachricht von mir.
Wie freue ich mich, Dich wiederzusehen! Auch ich beschreibe Dir jetzt nicht mehr die Einzelheiten eines ganzen Projekts, da wir das bald viel besser mündlich tun können.
Ich danke Dir sehr für Deinen Brief[3] mit der Anschrift von Claude Jutras. Wie Du sagtest, ist er ein junger Doktor, der mit erst 22 Jahren sein Medizinstudium abgeschlossen hat – Sohn eines Mediziners. Aber er ist nicht speziell Musiker. Er beschäftigt sich eher mit Film, besonders jetzt, seit er sein Studium abgeschlossen hat und den Arztberuf nicht ausüben will. Er wird sich fast ausschließlich dem Film und dem Schauspiel widmen. Er hat mir von Experimenten auf Tonband erzählt,

die er angestellt hat, doch er selbst fand sie nicht sehr interessant. Die Bänder sind stark beschädigt (der Kleber hat nicht gehalten, und so hat sich seine gesamte Montage nach allen Seiten aufgelöst). Er konnte sie mir nicht vorspielen. Aber ich glaube, das ist nicht so schlimm, denn sogar seiner Meinung nach ist das alles noch sehr unentwickelt. Er hat mir zwei Filme vorgeführt, einen »avantgardistischen« mit realen menschlichen Darstellern, der nicht besonders ist. Er hat ihn vor zwei Jahren gemacht. Und dann noch einen Film mit dem Titel »Abstractions«, der in Bewegung versetzte abstrakte Malerei zeigt, wobei sich die besten Momente der zufällig verträufelten Tinte auf nassem Papier verdanken. Denn vom eigentlich malerischen Standpunkt aus betrachtet ist das Ganze noch recht schwach.

Aber er ist ein begabter Junge, der seinen Weg sucht. Gleichzeitig, glaube ich, fehlt es ihm ganz furchtbar an Kontakten und Wettbewerb in dieser braven Stadt Montréal, wo es nicht den geringsten Maßstab gibt, dem zu trauen wäre.

Ich habe bei dieser Gelegenheit – und zwar zum erstenmal – einige Filme von McLaren gesehen. Ich muß sagen, ich war sehr enttäuscht. Sie zeugen von einem solchen Mangel an Geschmack und einer solchen Naivität, daß es schon wieder entwaffnend wirkt (besonders diese Art Fiddle-de-dee[4] usw.). Die Musik, selbst seine synthetische Musik, ist wirklich beliebig und hat vor allem keinen Begriff von dem, was die Musik heute ist. Hinsichtlich der Zeichentrickaufnahmen finde ich sie nicht weit entfernt von Walt Disney (siehe »Fantasia« – auf Musik von Bach)[5].

Soweit die Bilanz dieser Begegnungen.

Heute abend steht eine Vorstellung mit Musik von Sauguet (charmant!) an, und anschließend ein offizieller Empfang bei der französischen Botschaft (re-charmant!)

Aber bald wird Monroe Street uns sehen und hören. Sage bitte viele Grüße an David Tudor, auf dessen Bekanntschaft ich mich freue. Und daß er sich ein paar Schachteln Aspirin zurechtlegt, was ich ebenfalls tun werde, denn die Structures werden alles andere als gemütlich. Doch ich glaube, wenn er Deine Music of Changes[6] gespielt hat, ist er gut vorbereitet! Werde ich ihn zu hören bekommen? Ich hoffe, Maro Ajemian ist nicht böse, weil ich nichts für sie und ihre Schwester schreiben wollte.

Ich habe es eilig, Dich wiederzusehen. Und wenn ich daran denke, daß nach drei Jahren Getrenntsein nur noch eine Woche zu vergehen braucht bis dahin, werde ich unruhig wie ein Pferd, das aus seinem Stall darf und würde am liebsten – im Gegensatz zu Josua – die Tage abkürzen.

Bis dann und in Freundschaft
PB

Hast Du schon die letzten Neuigkeiten aus Belgien, anläßlich der Zeitschrift »Variation«?

Nr. 42 – Pierre Boulez über John Cage in: »Tendenzen« – 1957[1]

In der folgenden Generation kam ein amerikanischer Musiker, John Cage, zu der Auffassung, daß zum Großteil unsere Instrumente für die Mühe verantwortlich sind, die auf die Vermeidung alter tonaler Sprachklischees gewendet werden muß, da sie ja gerade auf die Bedürfnisse dieser tonalen Sprache zugeschnitten sind. Also wendet er sich wie Varèse dem Schlagzeug zu, einer Welt von Klängen mit nicht definierter Höhe, in der allein der Rhythmus ein architektonisches Element darstellt, stark genug, eine gültige und nicht improvisierte Konstruktion zu gestatten. Ganz abgesehen von den Klangfarbenverhältnissen und den akustischen Verhältnissen, die zwischen den verschiedenen Kategorien (Fell, Holz oder Metall) bestehen. [...]
Noch bleiben die nicht temperierten Welten zu entdecken. Warum sollte man die Temperierung als Tabu behandeln? Sie hat zwar ungeheure Dienste geleistet, inzwischen aber ihre Daseinsberechtigung verloren, weil die tonale Organisation, die diese Normierung forderte, praktisch zerstört ist. Gewiß, der instrumentale Faktor zählt nicht zu den geringsten Gründen, die die Entwicklung eines Musikdenkens behinderten, welches auf nicht temperierten Intervallen beruht und sich auf die Begriffe des komplexen Klanges und der Klangkomplexe beruft. All die akustischen Anpassungen, die sich im Verlauf der abendländischen Entwicklung allmählich summiert haben, müssen verschwinden, denn es

besteht für sie keine Notwendigkeit mehr. Wie aber soll man im Augenblick das Problem lösen, das die Klangproduktion stellt?

Das präparierte Klavier von John Cage bietet dafür einen werkzeuglichen und keimhaften, nichtsdestoweniger einleuchtenden Lösungsversuch. Auf jeden Fall hat das präparierte Klavier das unschätzbare Verdienst, schon jetzt jene Klangwelten konkret wiederzugeben, auf die wir wegen ihrer Realisierungsschwierigkeiten vorläufig noch verzichten müssen. So wird es zu einem Instrument, das mittels einer werkzeuglichen Tabulatur Frequenzkomplexe zu liefern vermag. Werkzeugliche Tabulatur deshalb, weil man zur Präparierung an bestimmten Schwingungsknoten unterschiedliche Materialien, aus Holz, Metall oder Kautschuk etwa, zwischen die Saiten klemmt. Diese Materialien modifizieren die vier Charakteristika des Tons, der von der Saite erzeugt wird: Dauer, Lautstärke, Tonhöhe und Klangfarbe. Wenn man sich vergegenwärtigt, daß über eine große Strecke des Manuals hinweg zu jeder Taste drei Saiten gehören, und wenn man sich die diversen Materialien an verschiedenen Schwingungsknoten der drei Saiten vorstellt, so erhält man einen Begriff von der Mannigfaltigkeit und der Komplexität der so erzeugten Klänge. In dieser Richtung muß der Weg zu einer zukünftigen Entwicklung der Musik verlaufen, bei der die Instrumente aufgrund von Tabulaturen, welche sich nach und nach vervollkommnen, zur Erschaffung einer Klangwelt beitragen können, die ihrer bedarf und sie sogar fordert. [...]

Nr. 43 – Brief von John Cage an Pierre Boulez
1. Mai 1953

Lieber Pierre,
meine Erkältung ist verschwunden, und Williams Mix[1] ist auf dem Weg zu Dir. Ich habe 9 Bänder abgeschickt: Eins ist die Zusammenspielung aller 8, und die anderen sind die 8 einzelnen Spuren. Am Anfang jeder der 8 Spuren ertönen zuerst die Synchronisationszeichen (Sinustöne vom Hörfrequenzoszillator): 1 Kiloperiode/sek., 1 Sekunde Stille, 400 Perioden/sek., 1 Sekunde Stille, 1 Kiloperiode/sek., 1 Sekunde Stille, 2,5 Kiloperioden/sek., 4 Sekunden Stille, dann setzt die Musik ein. Wir haben das Stück an der Universität von Illinois mit 8 Tonbandgeräten und 8 Lautsprechern aufgeführt. Die 8 Geräte standen gut sichtbar auf der Bühne, die 8 Lautsprecher waren um das Publikum herum (etwa 800 Leute) aufgestellt. Deine Etudes in Konkreter Musik haben wir ebenfalls vorgestellt, die eine über 2 und die andere über 3 Lautsprecher. Die andere Musik wurde aus allen 8 Lautsprechern zugleich übertragen, mit Ausnahme von Batterie Fugace[2] und Timbres-Durées[3], die wir beide von Lautsprecher zu Lautsprecher um das Publikum herum laufen ließen. Ich hätte sehr gerne noch weiter experimentiert, mit komplexerem Einsatz der Lautsprecher, aber die Zeit war dafür zu knapp. Earle Browns Musik wie auch meine verwendet 8 Bandgeräte und 8 Lautsprecher. Diese 8 Lautsprecher zu hören ist eine außergewöhnliche Erfahrung. Nichts hat Platz, außer dem unmittelbaren Zuhören. Die Luft war so belebt, daß man ein Teil davon wurde. Jedenfalls ist das unsere Reaktion und die einiger weniger Leute im Publikum gewesen. Die meisten waren nur beunruhigt und zogen sich auf die Vorstellung von den »Grenzen musikalischer Aktivität« zurück. Aber welche Mauern da

auch gebaut werden, es gibt immer jemanden, der darüber hinausgelangt. (Hier entwickelt sich zunehmend ein Konservativismus, der »Konsolidierung« genannt wird und nur besagt, daß die Neoklassizisten Zwölftonreihen verwenden, und vice versa: selbstverständliche Voraussetzung: technische Meisterschaft – expressive Kraft.) In New York haben wir die Tonbandmusik noch nicht aufgeführt. Warum, kann ich eigentlich gar nicht genau sagen. Nun ist allerdings meine wirtschaftliche Lage extrem schlecht. Ich weiß heute nicht, woher das Geld für morgen kommen soll. Ich hatte gehofft und habe meine Zeit damit verbracht, Unterstützung für die Tonbandmusik von Stiftungen und Universitäten zu bekommen. Ohne Erfolg. Die Ergebnisse meiner Arbeit, die mir selbst gefallen, sind offenbar nur dazu gut, ablehnende Reaktionen bei denen hervorzurufen, die ich um Hilfe bitte. Ich erzähle Dir das alles nicht, um Mitgefühl zu erwecken, sondern um zu erklären, warum ich hier noch keine Aufführung organisiert habe. Ich bin allerdings auch der Meinung, daß für ein wirklich gutes Hören eine andere Architektur als ein Konzertsaal erforderlich ist. Die um das Publikum gruppierten Lautsprecher sollten außerdem hoch gehängt werden, über die Köpfe. Vielleicht am besten überhaupt kein Gebäude: eine Aufführung im Freien, und die Lautsprecher auf den Hausdächern – ein Magnetrillion![4]
Seit Du hier warst, habe ich noch nicht wieder komponiert. Ich habe Earle Brown bei seinem Stück geholfen, und von Zeit zu Zeit kommen mir Ideen für meine nächste Arbeit, die, glaube ich, ziemlich umfangreich wird und immer »in progress« bleiben und nie fertig werden wird; aber es kann jeder Teil davon, sobald ich ihn komponiert habe, aufgeführt werden. Es wird Tonband und alle möglichen anderen zeitlichen Ereignisse einbeziehen, auch Geigen, und alles, worauf ich meine Aufmerksamkeit richte. Natürlich werde ich auch andere Musik schreiben, aber nur, wenn es erforderlich ist, so wie sich jetzt zum Beispiel etwas ergab: George Guy, ein französischer Dichter, der hier lebt, hat mich um Musik für eine Lesung von »Un Coup de Dés« gebeten. Ich hätte Lust, das zu machen, aber ich habe ihm gesagt, daß Du vielleicht schon eine entsprechende Musik geschrieben hast und daß er in diesem Fall Deine benutzen sollte. Er wird Dir deshalb schreiben. Ich fange nichts an, bis ich etwas von Dir darüber gehört habe. Er ist außerdem auch daran interessiert, daß eine Aufnahme Deiner Zweiten Klaviersonate mit David Tudor zustande kommt. Das klappt hoffentlich[5]. Ein Mann namens Evar (glaube ich), Chef einer kleinen Schallplattenfirma, ist derzeit auf

dem Weg nach Paris; er will versuchen, Dich oder Heugel deswegen zu treffen.
Ich habe einen sehr netten Brief von Alfred Schlee bei der Universal Edition bekommen, über eine mögliche Veröffentlichung meiner Music of Changes. Ich werde mich sehr freuen, wenn sie sich dafür entscheiden.
David möchte mehr Musik von Dir, von Stockhausen und Froidebise; bitte bring das alles und noch mehr, mehr Musik auf den Weg hierher!
Es ist mein Fehler, daß Du die Zeichnungen von Philip Guston noch nicht bekommen hast. Aber demnächst wirst Du sie haben. Es ist nur eine Frage des Hinausschiebens.
Christian hat ein neues Stück geschrieben, in dem er alle 88 Töne verwendet[6]. Ich habe den Eindruck, es ist ganz prächtig geworden, und er sagt, es sei das Ergebnis seiner Unterhaltungen mit Dir. David hat es vergangenen Sonntag in einem Programm in Harvard gespielt (wir sind in dem kleinen Ford hinaufgefahren). Es dauert etwa 12 Minuten. Christian wird in diesem Sommer in Europa sein, aber voraussichtlich nicht in Frankreich, weil es sich als unklar herausgestellt hat, ob er nun Franzose oder Amerikaner ist. Falls ersteres, könnte er zum Militär eingezogen werden, was er natürlich vermeiden will. So wird er den Sommer wohl in Italien, der Schweiz und in Deutschland verbringen. Wenn Du in Deutschland bist, wie ich annehme, bitte laß uns wissen, wo genau – damit er sich mit Dir treffen kann.
Ich glaube, die Universität von Illinois zieht in Betracht, Dich irgendwann nächstes Jahr einzuladen. Ich hoffe, daraus wird etwas, dann würden wir Dich bald wiedersehen!
Von Davids Konzert wurde eine Aufnahme gemacht, und so habe ich ein Band der Music of Changes, das ich an Eimert in Köln schicken kann. Sie haben auch eine Aufnahme Deiner Zweiten Klaviersonate, doch David ist da mit seinem Spiel nicht zufrieden.
Merce, David und M.C.[7] gehen für diesen Sommer alle zusammen ans Black Mountain College. Ich bleibe hier. Wir vier haben ein Festival »im Paket« organisiert – wir bewerben uns gerade damit bei vielen Colleges und Universitäten. Wenn wir genug Angebote bekommen, können wir hinreichend Geld verdienen, um damit die Tonbandmusik selbst zu finanzieren, ohne Unterstützung von außen. Wir bieten Konzerte, Lesungen, Diskussionen an usw. Ich lege eine unserer Broschüren bei.

Ich glaube, das ist alles. Ich habe keinen Versuch gemacht, Dir von dem Weg zu erzählen, den meine musikalischen Ideen einschlagen, weil alles noch recht unklar ist. Und das, was klar ist, wird von ganz entscheidenden blinden Flecken verunklart. Ich muß erst noch ein paar Tage allein verbringen.
Es war für uns alle eine große Freude, daß Du hier warst – »and soon again 'twill be«. Alle schicken Dir ihre Grüße und auch den Freunden in Paris

Immer Dein
John

Nr. 44 – Brief von Pierre Boulez an John Cage
[nach dem 18. Juni 1953]

Lieber John,
dies hier ist ein kleiner Vorbote. Ich überspringe die Mauer der Stille – man muß gegen seine Zeit anleben[1].
Es würde mir nichts nützen, mich zu entschuldigen, ich schäme mich in höchstem Maße, daß ich Dir seit meiner Abreise aus New York nicht geschrieben habe. Ich schäme mich so, daß ich schon Alpträume habe, in denen Du mir in Gestalt von Richtern und Rächern erscheinst, die mir meine Faulheit vorwerfen.
In Wirklichkeit schreibe ich aus zuviel Vorsicht nicht. Mein Leben stand in diesem Jahr andauernd kopf, und so habe ich den wichtigen Brief, den ich Dir schreiben wollte, immer wieder verschoben.
Selbst nach dem Erhalt Deines Williams Mix kam ich nicht dazu, denn ich war mitten in den Vorbereitungen zum Festival de Bordeaux mit »Christophe Colomb«[2]. Dann waren es schier endlose Korrekturen der Fahnen, bei denen ich schon das Gefühl hatte, ich komme da nicht mehr lebend heraus. Und anschließend ein Aufenthalt weit weg von Paris, in Metz, wo ich endlich ernsthaft arbeiten konnte, und danach eine Zeit im Süden, der durch den Streik von der Welt abgeschnitten war. Da fällt mir ein, ich habe mit großer Verspätung einen Brief von Christian Wolff

bekommen; ich glaube, er ist problemlos nach Frankreich eingereist. Und jetzt steht mir eine kurze Zeit in Venedig bevor, und es gibt weitere Proben zu »Christophe Colomb«. Aber mir ist, als dürfe das nicht mehr lange so gehen, soll die Stille zwischen uns nicht unerträglich werden. Demnächst schreibe ich Dir einen ausführlichen, bis ins Teufelsdetail genauen Brief – lang und breit und über alles, was in diesem Jahr passiert ist (Stockhausen hat sich ganz erstaunlich weiterentwickelt), sowie über einige Vorhaben am Marigny, die ich verwirklichen will – sehr ausgewählte Konzerte mit zeitgenössischer Musik[3].
Ich berichte Dir noch von den Auseinandersetzungen mit Schaeffer – das gäbe Stoff für einen riesigen Folianten! Und daß dieses Studio zunehmend Mist baut und Schaeffer eine Nervensäge ist und daß ich darauf zähle, bald zusammen mit Stockhausen im Studio für elektronische Musik am Rundfunk in Köln zu arbeiten.
Ich erzähle Dir dann auch, daß ich mein zweites Stück für zwei Klaviere[4] neu geschrieben habe, daß ich mittendrin zwischen allem etwas für Stimme und sechs Instrumente[5] schreibe und daß ich meinen A-cappella-Chor[6] von vorn bis hinten neu gefaßt habe.
Ich will mit Dir über die Tonbandmusik [Williams Mix] noch diskutieren. Das läuft wieder auf unsere früheren bewegten Diskussionen hinaus, und wir werden mit Sicherheit noch einmal auf die Notwendigkeiten des Zufalls zurückkommen.
Ich wollte auch noch sagen, daß ich mich mit Nabokov zerstritten habe, der gerade das x-te Festival mit Kongreß und Wettbewerb organisiert; ich habe seine Einladung abgelehnt. Ich habe ihm einen Brief geschrieben, in dem er als bestechlicher Katzbuckler sein Fett abbekommt.
Davon abgesehen: Im Konzertleben tut sich hier *nichts*. Es ist zum Verzweifeln. Was das betrifft, spielt sich zur Zeit alles in Deutschland ab.
Nur Scherchen ist hierhergekommen, um die erste Pariser Aufführung der letzten Variationen für Orchester von Webern zu dirigieren. Das ist für dieses Jahr auch schon alles (zusammen mit einer Premiere der »Ansichtskarten« von Berg[7] mit Horenstein).
Fast hätte ich vergessen, daß es auch noch die französische Premiere von The Rake's Progress[8] gab, zu der ich aber nicht gegangen bin. Voilà, so läßt sich das hiesige Musikleben zusammenfassen!! Ist es nicht großartig??
Ach, bevor ich es vergesse: Ich schicke Dir heute mit getrennter Post den Mallarmé in der Pléiade-Reihe[9]. (Ich habe abgewartet, bis ein paar

Taler dafür zusammenkamen.) Das soll Dir die Wartezeit bis zum nächsten Brief verschönern, der sehr bald folgen wird.
Ich hoffe, Du bist mir nicht gram wegen meines häßlichen und langen Stillschweigens und der transatlantische Dialog nimmt von neuem seinen Lauf. (Ich habe auch ein Foto von Dir, David und M.C.[10] und der ganzen Gruppe am Kai bei meiner Abfahrt aus New York.)

Bis bald, auf den nächsten Brief. Tausend und noch einmal tausend herzliche Grüße, und grüße bitte auch alle die anderen von mir,
PB

Nr. 45 – Brief von Pierre Boulez an John Cage
[Juli 1954]

Lieber John,
Deinen Brief[1] habe ich kürzlich erhalten und will ihn gleich beantworten.
Die Zeichnungen[2] sind wegen einer dummen Geschichte an Dich zurückgegangen.
Ich hatte in Paris einen Abholbescheid für die Bilder bekommen, sollte eine Gebühr bezahlen und sie beim Zoll abholen. Dann, wie es sich für solche Gelegenheiten gehört, hatte ich das Avis verlegt, und meine Abreise rückte näher. Kurz, vielleicht zwei, drei Tage vor der Abfahrt bekomme ich einen erneuten Aufruf. Zu diesem Zeitpunkt beauftrage ich Fano, zum Zoll zu gehen, um endlich die bekannten, vom Zoll gut bewachten Graphiken dort loszueisen. Und ich reise beruhigt ab. Doch so einfach konnte die Geschichte nicht gutgehen! In São Paulo finde ich einen Brief von Fano vor, in dem steht, er könne die Zollformalitäten nicht erledigen ohne unterschriebene und von einem französischen Konsul beglaubigte Vollmacht. Also stürze ich selbstverständlich zum nächstbesten französischen Konsulat, das mir sofort meine Unterschrift, Vollmacht usw. usw. beglaubigt ... und reise beruhigt weiter. Doch bitte sehr, in Montevideo wartet schon der nächste Brief von Fano, die Vollmacht sei zu spät angekommen. Als er beim Zoll vorgesprochen habe,

hätte man ihm verkündet, das Paket sei bereits nach New York zurückgegangen. Das hat mir zweifach leid getan, 1. und besonders wegen der Zeichnungen, 2. und nicht weniger besonders wegen der damit verbundenen Irritation. Doch ich hoffe, wir sind gut genug befreundet, als daß Du nicht eine Ablehnung oder willentliche Nachlässigkeit von mir vermutest.

Ich habe durch Philippe Heugel und Heinrich Strobel (vom Südwestfunk in Baden-Baden) von Deinen Europaplänen gehört. Was mich betrifft, so habe ich von einer Stiftung, ich weiß nicht genau welcher (Carnegie oder Guggenheim), ein Stipendium für Dich zugeschickt bekommen, um zu bestätigen daß … und daß … Meinst Du, dieses Stipendium, wenn ich hoffentlich alles möglichst richtig bestätigt habe, wird nutzen? Ich habe von Strobel erfahren, daß Du vielleicht am Festival von Donaueschingen[3] teilnehmen wirst. Und Philippe Heugel hat mit mir über Davids Konzert in der Musikhochschule gesprochen. Ich bin vollkommen einverstanden – sowohl mit dem Datum, dem Saal als auch dem Programm. Sehr gut und mehr als perfekt. Ich freue mich schon darauf, ihn wiederzusehen.

Mein armer John, ich hatte dieses Jahr zu wenig Zeit, um Dir öfter zu schreiben, und Du mußt mich schon für den Gipfel der Undankbarkeit halten. Wenn man bedenkt, wie gut Du mich in New York empfangen hast und daß ich Dir seither nie wieder geschrieben habe[4]. Aber wenn Du wüßtest, wieviel Arbeit ich dieses Jahr hatte! Die vier Konzerte im Petit Marigny zu organisieren war nicht gerade eine Kleinigkeit. Denn ich habe absolut alles selbst gemacht, von der Herstellung der Programme bis zur Instrumentenausleihe (ich überspringe so schöne Sachen wie: die Interpreten kontaktieren oder mich um die Abonnements kümmern). Zum Glück gab es von Barrault finanzielle Unterstützung. Denn wenn man Konzerte wie diese angemessen durchführt, spielt man ein beträchtliches Defizit ein. Wir wissen noch nicht, ob wir in der kommenden Saison weitermachen können. Pierre Souvchinsky und Madame Tézenas sind dabei, etwas zu planen, und wollen ein Komitee bilden. Wir brauchen etwa 1 1/2 Millionen, wenn nicht 2 Millionen [alte FF], damit wir auf einen Wiederbeginn hoffen können. So eine Summe ist nicht leicht aufzutreiben. Gleichzeitig muß man einen Sekretär finden, denn ich muß ehrlich zugeben, daß ich keine Lust habe, wie in diesem Jahr meine Zeit mit solchen Arbeiten zu verlieren. Praktisch konnte ich von Dezember bis April absolut nichts Eigenes machen. Und gegen Ende April sind wir dann zur Tournee aufgebrochen. Du kannst Dir die katastrophale Bilanz meiner Arbeit in dieser Saison gewiß mühelos vorstellen. Wie Du weißt, haben wir ein Heft der Theaterkompanie[5] über die Musik herausgebracht, das großen Erfolg hatte, denn die erste Auflage ist vergriffen. Wir hatten 4000 Exemplare gedruckt, eine gewagte Menge für eine so spezialisierte Zeitschrift, noch dazu mit der Tendenz, die Du kennst (auch wenn Du damit nicht so ganz einverstanden bist, wie Du es mit Deinem Brief damals[6] ausgedrückt hast. Den ich aus Zeitmangel nicht beantwortet habe. Aber wir werden darauf zurückkommen). Das hat Souvchinsky und mich angeregt, eine eigene Musikzeitschrift zu gründen. Sie nennt sich »Domaine Musicale«[7]. Ich hoffe, Du hast die erste Nummer erhalten, denn ich hatte Deinen Namen und Anschrift auf die Versandliste setzen lassen. Wie Du sehen wirst oder schon festgestellt hast, geht sie in dieselbe Richtung wie die erste. Ein wenig weiter gefaßt im Ansatz (etwa die Abteilung Musikethnologie, die ich sehr schätze)[8] und weniger komprimiert, weniger mit »Manifest«-Charakter als das Theater-Heft. Der Artikel von Stockhausen ist äußerst bemerkenswert: Nur schade, daß er unter solchem Zeitdruck übersetzt wurde und unvollständig ist. Zu den Glanzlichtern gehört auch der Artikel von Pierre Souvchinsky. Du siehst am Inhaltsverzeichnis, daß die Namen sich kaum geändert haben (ich muß sagen, abgesehen von den Möglichkeiten der Permutation … ist Veränderung schwierig). Da keiner von uns Lust hat, jeden Monat einen Artikel zu schreiben, und es auch nicht so einfach ist, nebenbei etwas wirklich Interessantes zustande zu bringen, und vor allem, so schnell einen ganzen Packen zusammenzubekommen, haben wir beschlossen, daß mehr als zwei Hefte pro Jahr nicht nötig sind. Eins im April-Mai, das andere im Oktober-November. Und diese ganze Vorrede dient nur dazu, Dir die Sache nahezubringen. Ich hatte die Absicht – und dieser Brief beschleunigt nun meine Anfrage – Dich für die Nummer 2, die im Oktober erscheinen soll, um einen Artikel zu bitten über ein Thema, das Du Dir aussuchen kannst. Als Redakteur dieser Hefte will ich den Mitarbeitern keinerlei Thema vorgeben. Doch damit jede Nummer einen gewissen inhaltlichen Zusammenhalt hat, ist es notwendig, daß ich einige Leitlinien gebe, damit dasselbe Thema nicht dreimal abgehandelt wird, oder wenn, dann sehr unterschiedlich. Was Dich betrifft, so fände ich es gut, wenn Du mir vorher etwas darüber sagen würdest, damit ich Deinen Beitrag dann gut integrieren kann. Meine Frage ist: Was sind Deine neuesten Experimente, und worüber denkst Du aktuell nach? Schlag mir zwei oder drei Themen vor, und ich werde Dir sagen, was am besten zum voraussichtlichen Inhalt der nächsten Nummer paßt (ich denke, vielleicht: Das *Verschwinden* des *Interpreten*). Bitte schreib mir bald, und ich hoffe, Du sagst zu. Sag mir bitte auch, was Du davon hältst und woran Du selbst denkst. Es muß vor Ende August nach Paris geschickt werden – wegen der Zeit für die Übersetzung! Dafür muß man sich einfach eine gewisse Zeit nehmen können.

Was mich betrifft, so bin ich nun noch einen Monat in Südamerika unterwegs. Dieselbe Route wie beim letztenmal – Rio, São Paulo (wo ich einige sehr interessante Leute kennengelernt habe), Montevideo (langweilig!) und diesmal auch Buenos Aires, danach Santiago de Chile. In Paris werde ich am 17. August zurück sein, dann fahre ich gleich am 19. nach Deutschland weiter: zuerst Darmstadt (dort soll, wie ich hoffe, Le Visage Nuptial[9] aufgeführt werden), dann Köln, wo ich zusammen mit Stockhausen an elektronischer Musik arbeiten werde. Ich will bis Ende September, Anfang Oktober dortbleiben. Dann komme ich für acht Tage nach Paris zurück, um mit Barrault die Saison zu eröffnen, danach fahre ich wieder eine Woche nach Baden-Baden und nach Donaueschingen, wo der Marteau sans Maître[10] aufgeführt werden soll, an dem ich gerade arbeite. Und ab dem 16. Oktober fahre ich wieder nach Hause, wo ich für die ganze Spielzeit bleibe.

Was soll ich Dir sonst über meine aktuellen Tätigkeiten berichten: Ich Milhaudiere[11] im Armumdrehen (wegen »Christophe Colomb« – was mich Amerika öfter, als ich wollte, entdecken läßt). Die meiste Zeit finde ich hier nur Amateurchöre, denen man erst einmal die musikalischen Grundbegriffe beibringen muß und dann die französische Aussprache. Sie sind sympathisch, aber das alles ist ganz schön lästig! Daneben versuche ich, so gut es geht, Zeit herauszuschlagen, um den Marteau sans Maître, wovon ich schon erzählt habe, zu schreiben. Es ist ein Stück für Altflöte, Xylorimba, Vibraphon, Schlagzeug, Gitarre, Bratsche und Altstimme. Ich versuche, immer tiefer zu gehen und weiter zu graben und gleichzeitig meine Perspektive zu erweitern. Zusammen mit den zwei A-cappella-Chören, die ich im vergangenen Jahr geschrieben habe, gehört diese zu den Arbeiten, die mir am meisten zu schaffen machen. Ich versuche, mich von meinen Ticks und meinen Tabus freizumachen, versuche, immer komplexer zu sehen – weniger an der Oberfläche, sondern mehr in der Tiefe gearbeitet. Ich versuche, die Reihe zu erweitern und

das Prinzip bis zu seinen äußersten Möglichkeiten zu treiben. Ansonsten ist dazu auch der Artikel, den ich in den »Cahiers«[12] geschrieben habe, aufschlußreich. Ich war gezwungen, das Ende zu kürzen[13], da es wegen des Satzspiegels zu lang geworden wäre, doch ich werde ihn demnächst wieder aufnehmen[14]. Allerdings werden wir in diesem Punkt nie übereinstimmen. Den Zufall als Bestandteil eines komponierten Werkes akzeptiere ich nicht und werde ihn, denke ich, auch in Zukunft nicht akzeptieren. Ich erweitere die Möglichkeiten von *festgelegter* oder *freier* Musik. Aber was den Zufall betrifft, so kann ich nicht einmal den Gedanken daran ertragen! Ich hoffe, wenn Du nach Europa kommst[15], kannst Du diesen Marteau sans Maître hören – sei es in Donaueschingen oder als Aufnahme, die der Südwestfunk[16] sicherlich mitschneiden wird.
Stockhausen wird immer interessanter! Er ist in Europa der beste von allen! Intelligent und begabt! Ich finde großes Vergnügen an den Diskussionen mit ihm, selbst wenn es manchmal notwendigerweise hart wird. Vor allem über die aktuellen Probleme. Er ist ein echter Gesprächspartner, und ich freue mich darauf, in Köln mit ihm zu arbeiten. Er ist jetzt ein Jahr im Studio und braucht keinen technischen Assistenten mehr. Wir werden allein in diesem Studio arbeiten, und ich hoffe, ich werde erstklassige Arbeit leisten, auch in kurzer Zeit. Ich habe sein erstes elektronisches Stück[17] gehört, und trotz einiger unbedeutender Einschränkungen ist es vom auditiven Standpunkt her das erste gelungene Stück dieser Art. Er ist extrem sensibel für Klangeigenschaften, für das Leben der Klänge, und nur deshalb konnte er beim ersten Anlauf so erfolgreich sein. Man muß aber auch sagen, daß er in Köln völlig ungestört arbeiten kann. Eimert, der Chef dieses Studios, ist sehr liberal und läßt ihn machen, was er will, wann und wie er will! (Was bei dem vielgeliebten Schaeffer mitnichten der Fall war. Mit ihm bin ich inzwischen völlig auseinander!! Ich habe mich außerdem *geweigert*, weiterhin mit ihm zusammenzuarbeiten, obwohl er mich mehrmals dazu aufgefordert hat. Nun vegetiert das Studio der Konkretion mal besser, mal schlechter vor sich hin, aber vorwiegend schlechter! Es ist kaum noch im Gespräch.)
Soweit meine Nachrichten. Bitte denk an eine Antwort, wegen des Artikels. Ich bin noch bis 14. Juli im Hotel Claridge, Buenos Aires

In Freundschaft
PB

Cher John –

Excuse-moi mille fois du retard que j'apporte à te répondre. Mais Christian Wolff a dû t'expliquer le curieux genre [?] de vie en pleine correction du matériel de ma Polyphonie – et ce n'est pas facile – j'y voyais sur des galaxies de mistakes.

Merci tout d'abord pour m'avoir transmis la lettre de Craft qui contenait un projet d'exécution de ma Polyphonie à New-York. Peut-être l'entendras-tu donc directement au printemps prochain.

Il y a si longtemps que je voudrais répondre longuement à ta lettre de Janvier. Elle m'a fait un tel plaisir que je diffère chaque fois l'instant de la réponse, pour que la réponse soit digne de ta lettre. Aussi m'excuses-tu encore cette fois-ci. Je ne t'écris qu'entre deux séances de correction et deux séances aux Folies-Bergère (car je suis pour un mois, jusqu'au 14 Septembre, dans cette époustouflante baraque.).

Je t'écris donc maintenant surtout pour le "statement" que tu m'as demandé pour Henry Cowell. Excuse-moi de l'écrire en français, mais il te faudrait le traduire! – Alors je ne sais plus de rien, ni de l'exactitude, ni du temps mis à l'envoyer. Je trouvai le courrier à Christian Wolff, mais je n'ai pas eu le temps de l'écrire avant qu'il parte d'ici.

Voici donc en petit ce que je te livre avant que tu ne le transmettes à H. Cowell.

Toute mon attention s'est basée cette année sur l'élargissement et l'homogénéité du champ sériel. Pensant que la musique est entrée dans une nouvelle forme de son activité [?] la forme sérielle, j'ai essayé de généraliser la notion même de série.

Une série est une suite de n sons, dont aucun n'est semblable à l'autre quant à la fréquence, formant une série de $n-1$ intervalles. L'engendrement sériel à partir de cette série initiale se fait par les transpositions b, c, ... n de toute la série, à partir de toutes les fréquences de cette série. Ce qui nous donne n séries. La série renversée donne également lieu à n séries transposées. Soit au total un nombre de séries égal à $2n$.

Si l'on conçoit une série entre une bande de fréquence F et la bande de fréquence double 2F, on peut faire des transpositions [illegible], en multipliant les fréquences, ou en les divisant, successivement par 2, 4 etc... jusqu'à la limite des fréquences audibles.

C'est le cas – simplifié à 12 – de la série dodécaphonique.

Dans ce cas, toutes les transpositions ont lieu entre des bandes de fréquences simples et doubles: $F_1 - 2F_1$, $F_2 - 2F_2$ etc....

Ce que graphiquement on peut représenter par:

Fréquences

a, b, c, d, e — a_1, b_1, c_1, d_1, e_1 — a_2, b_2, c_2, d_2

n1 · n2 · n etc...

ordre sériel

Brief von Pierre Boulez an John Cage, August 1951.

ici étant vraie, occupons-nous plus spécialement de la série dodécaphonique. Si nous la transposons, se posé, sans l'ordre de ses composantes, nous aurons un carré dont le sens horizontal sera le même que le sens vertical. Si nous numérotons toutes les notes sérielles, d'après leur ordre d'apparition dans la série initiale. Ainsi

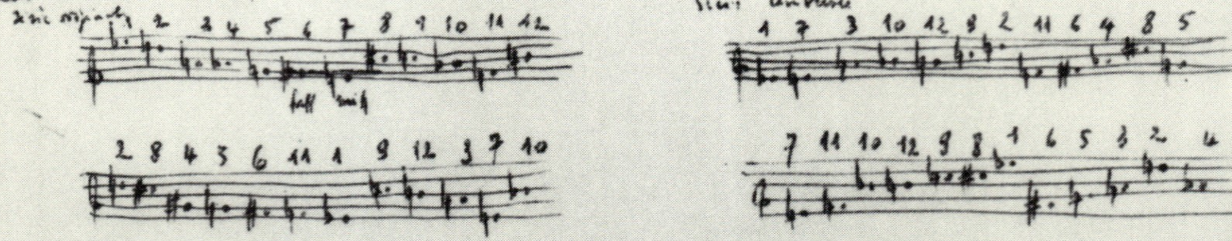

etc...

etc...

Ce qui donne, en ~~chiffres~~, l'organisation sérielle double(s) suivante :

A

1	2	3	4	5	6	7	8	9	10	11	12
2	8	4	5	6	11	1	9	12	3	7	10
3	4	1	2	8	9	10	5	6	7	12	11
4	5	2	8	9	12	3	6	11	1	10	7
5	6	8	9	12	10	4	11	7	2	3	1
6	11	9	12	10	3	5	7	1	8	4	2
7	1	10	3	4	5	11	2	8	12	6	9
8	9	5	6	11	7	2	12	10	4	1	3
9	12	6	11	7	1	8	10	3	5	2	4
10	3	7	1	2	8	12	4	5	11	9	6
11	7	12	10	3	4	6	1	2	9	5	8
12	10	11	7	1	2	9	3	4	6	8	5

B

1	7	3	10	12	9	2	11	6	4	8	5
7	11	10	12	9	8	1	6	5	3	2	4
3	10	1	7	11	6	4	12	9	2	5	8
10	12	7	11	6	5	3	9	8	1	4	2
12	9	11	6	5	4	10	8	2	7	3	1
9	8	6	5	4	3	12	2	1	11	10	7
2	1	4	3	10	12	8	7	11	5	9	6
11	6	12	9	8	2	7	5	4	10	1	3
6	5	9	8	2	1	11	4	3	12	7	10
4	3	2	1	7	11	5	10	12	8	6	9
8	2	5	4	3	10	9	1	7	6	12	11
5	4	8	2	1	7	6	3	10	9	11	12

Dans ce tableau, on peut donc se servir des chiffres, soit ~~comme~~ en tant que notes elles-mêmes portant ce numéro d'ordre, soit en tant que série transposée, ayant ce numéro d'ordre dans la transposition. D'autre part, ayant un chiffre comme origine sérielle, on n'est pas forcé de partir d'une note initiale sérielle, mais on peut partir d'une note quelconque. Pourvu que le procédé d'engendrement logique définisse ainsi une structure. Sans quoi, il n'y aura pas la garantie suffisante du procédé. On peut passer évidemment d'un tableau à l'autre, c'est-à-dire que si ~~[illegible]~~ au tableau B, je prends la ligne ~~[illegible]~~ horizontale commençant par 4, j'ai 4/3/2/1/7/11/5/10/12/8/6/9 — Je peux me reporter au tableau A et avoir les suites sérielles : 4/5/2/8/9/12/3/6/11/1/10/7 ; 3/4/1/2/8/9/10/5/6/7/1

etc....

Si dans une série initiale je définis chaque note par une ~~[illegible]~~ intensité unique, et une durée, il est clair que j'obtiendrai ainsi d'autres définitions sérielles. Si je prends pour les intensités

1	2	3	4	5	6	7	8	9	10	11	1[illegible]
pppp	ppp	pp	p	meno p quasi p	mp	mf	più f quasi f	f	ff	fff	ff[illegible]

les attaques :

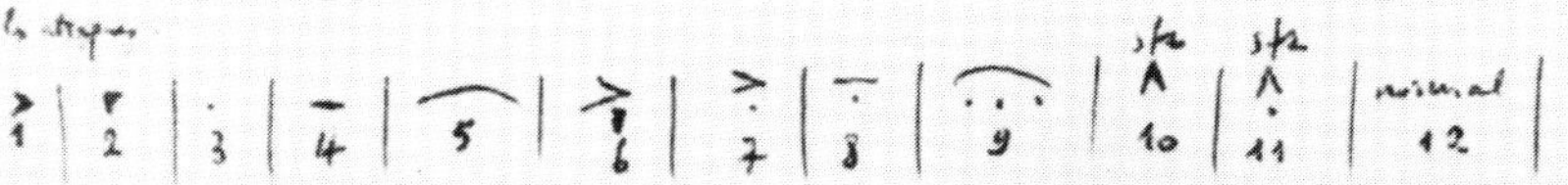

[notation] 1	[notation] 2	[notation] 3	[notation] 4	[notation] 5	[notation] 6	[notation] 7	[notation] 8	[notation] 9	sfz [notation] 10	sfz [notation] 11	normal 12

(Voir la pièce intitulée : Modes de valeurs et d'intensités, par Messiaen)

les durées :

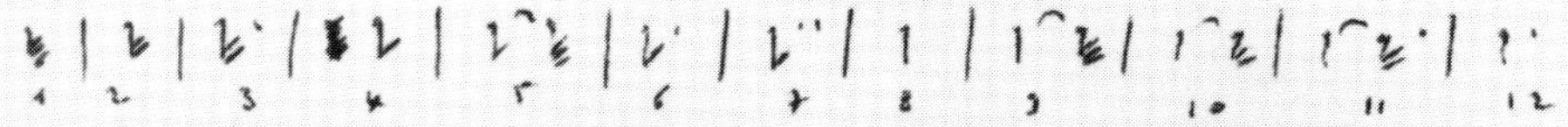

[notation] 1	[notation] 2	[notation] 3	[notation] 4	[notation] 5	[notation] 6	[notation] 7	[notation] 8	[notation] 9	[notation] 10	[notation] 11	[notation] 12

[illegible] des possibilités de rapporter les 3 structures à la structure sérielle proprement dite. Elles ne sont superposables. Il peut donc y avoir des plans de structures interchangeables, des contrepoints de structures. La structure sérielle définit donc entièrement un univers ; même celui du timbre, si l'on [illegible] possible de façon analogue.

Il est bien évident que pour le rythme, on peut utiliser des possibles rythmiques. Par exemple, si j'utilise les rythmes :

1 [notation] | 2 [notation] | 3 [notation] | [notation] | 4 [notation] | 5 [notation] | 6 [notation] | 7 [notation] |

avec des variantes sérielles dans le même nombre :

a/ [notation] etc. transformation simple — pouvant régir sur tous les autres —

b/ [notation] etc... valeurs exprimées.

c/ [notation] etc. par évidemment

d/ [notation] etc... augmentation par lui-même

e/ [notation] décomposition par ses éléments

(b/ à e/ :) étant régis par les autres

f/ 5 [notation] — silence de la ligne — pouvant régir sur tous les autres.

g/ [notation] — timbre de la brève. — pouvant régir sur tous les autres

Je peux faire également un tableau sériel d'indice 7 qui sera différent du tableau sériel des notes. Je peux considérer ces cellules comme des possibles. En ce sens que je peux m'en servir par augmentation ou diminution, régulière ou non.

De même pour les intensités, on peut avoir des plans variables d'intensité sur la seule dénomination d'un chiffre ; de même les attaques.

Le tempo lui-même peut adopter une structure sérielle. Si l'on pose par exemple sur 4 tempos, on aura un tableau sériel d'indice 4.

Il est évident que jusqu'ici nous n'avons envisagé les séries que comme définies arbitrairement. Il est possible de penser qu'une série, *en général*, pourra être définie par une fonction de la fréquence $f(F)$, se reportant sur la fonction de durée $f(t)$, de l'intensité $f(i)$ etc... où la fonction ne change pas, mais seule la variable change. En somme, une structure sérielle peut se définir globalement comme $\Phi[f(F), f(t), f(i), f(a)]$

Les symboles algébriques sont employés par convention de façon concise [pour] les différents phénomènes et non pas en vue d'une véritable théorie algébrique des ensembles, musicaux [illegible].

Si la fonction est réversible des durées à l'intensité, on peut dire que la structure sérielle est homogène. Si les fonctions ne sont pas réversibles (structure sérielle de la durée différente de la structure sérielle de l'intensité, etc...), la structure sérielle globale est hétérogène.

On peut donc concevoir la structure musicale d'un double point de vue. D'une [?]

côté les activités de combinaison sérielle, avec engendrement des structures par automatisme des rapports numériques; d'autre part, les combinaisons dirigées et interchangeables, ~~[illegible]~~ où l'arbitraire a un rôle beaucoup plus considérable. Cette double façon de voir la structure musicale fournit évidemment un moyen dialectique de développement musical, extrêmement efficace.

D'autre part, la structure sérielle des sons détruit la dualité horizontal-vertical, étant donné que ceux-ci varient et disposés suivant 2 coordonnées: la ~~[illegible]~~ durée et la fréquence, ~~[illegible]~~ sur les phénomènes sonores. On est donc débarrassé, jusqu'à plus ample informé, de toute mélodie, toute harmonie et de tout contrepoint, puisque la structure sérielle a fait disparaître ces trois entités essentiellement modales et tonales.

~~[illegible]~~

~~[illegible]~~ Je pense qu'avec les moyens mécaniques de reproduction — magnétophone en particulier — on pourra réaliser des structures qui ne dépendent plus des difficultés instrumentales et où l'on pourra travailler sur les fréquences données, avec engendrement sériel. Et ainsi chaque œuvre aura son propre univers, sa propre structure et son propre mode d'engendrement sur tous les plans.

On pourra aussi à l'intérieur d'un espace sériel, multiplier la série par elle-même. Soit i entre a et b, d'une série initiale, on peut reproduire la série en réduction, cela donne des étages de foisonnement du matériau sonore, à utiliser en rapport avec les autres fonctions séri[elles]

~~[illegible]~~

Voilà, cher John, ce que très vite, hélas, je t'écris pour te faire voir où j'en suis. Tu présenteras cela à [illegible], après l'avoir lu toi-même, et tu en extrairas ce que tu penses qu'il y aura de meilleur.

Les exemples sont tirés de mes *Polyphonies* et des pièces pour 2 pianos que j'écris en ce moment, intitulées : (je m'en excuse auprès de Feldman, mais j'y avais pensé avant!) Structures.

Je vais t'écrire très bientôt une longue lettre à propos de la [illegible].

Je te dirai tout de suite, que je n'ai pas beaucoup apprécié les essais de Feldman en carrés blancs. C'est beaucoup trop *imprécis* et trop *simpliste*. Du reste Ch. Wolff t'en a peut-être parlé. Mais je le lui écrirai moi-même. Je me suis toujours méfié de Mondrian, je préfère Klee à Mondrian! —

Dis-moi un petit mot juste pour savoir si tu as reçu ce papier.

Toujours bien amicalement.

ear Pierre:

hank you for sending the 'statement'; Henry Cowell's article ill be published in January and I hope (for that nd also for a possible performance by Fizdale and Gold December) you can send me a photostat of the piano work you are writing (which you will play England). Even if Fizdale & G. don't decide to play it, 'dor & some one else here could do it; in fact, the tter plan is better. In any event we are anxious See and hear.

hen I finish my 'Music of Changes' (sometime around ristmas) I shall send you a copy; and also I ant to send you a copy of the piece for radios and a recording of it. Feldman, who has great difficulty imagining that you do ot like his work, will send you a new Intersection on graph for piano. He is somewhat mollified knowing that you also do not like Mondrian. The difference of opinion seems to me

Brief von John Cage an Pierre Boulez, Sommer 1951.
(Paul Sacher Stiftung, Basel)

like one of distance. Close up or far away. (Far away, the entire earth is seen as a single poin
If, also, you talk to Feldman, I am sure you wil recognize his quality. His work is scarcely to be admired for its intellectual characteristics, but rather for his letting the sounds be and act.
I admired your criticism (via Christian) of his rhythm in the Intersections, that the endings of the sounds should also be free (at the discretion of the player), as are the beginnings. (But then I also admir Feldman's answer when he heard your criticism "That would be another piece."

I have not seen David Tudor since the beginning of the Summer. He may return in a week or so. When he does we shall try to get him to record your 2eme Sonate. He hopes to go to Europe next Spring for the purpose of meetin you. Then you will discover that his silence

s regards letter-writing and record-making is
uite the opposite of his friendliness and
iano-playing. I realize (and am impatiently
oking forward) that you may be coming
ere with J. L. Barrault; please let us know
hen any such plans mature, because it
ould be nonsensical for me to be off
a tour in California or David on a
oat to Europe with you here among
e sky-scrapers.

I am delighted with your charts; when I
d you the Changes I shall also send you
charts I used. As I see it, the problem
to understand thoroughly all the quantities
t act to produce multiplicity. These one
ll understand most nicely (fine differences)
hen aided technologically. I am enthusiastic

about your project with Schaeffer & the radio, and anxious to be working on a similar project here. I am 'pulling as many strings' as I can.

My present way of writing is very painstaking (measu[re] the distances); it took me six weeks to copy the second part of the Changes. Now I compose two pages and then copy them, then compose two more, etc.

I have also tried charts of words based on a gamut of vowels and then made poems by tossing. (Which means that I can extend the method to include vocal works).

Forgive this short hurried note; it only means to say thank you for sending the statement. When Christian told me of be[ing] with you and all the friends I became more 'homesick' than ever. Please say hell[o] for me to everyone. Always yours, John

Nr. 46 – Brief von Pierre Boulez an John Cage
[Ende Juli/Anfang August 1954]

Mein lieber John,
ich antworte Dir[1] mit dieser sehr eiligen, kurzen Nachricht, um so schnell wie möglich Deinen Artikel für die »Domaine Musical« Nr. 2 festzulegen.
Das Thema paßt gut. Wenn ich richtig verstanden habe, geht es um: das Material der Musik und die Bewegungen, die aus seiner Eigenart hervorgehen? Das heißt, eigentlich die Natur dessen, was man als das musikalische Material bezeichnet, welche Qualitäten es mitbringen muß und was daraus ausgeschlossen werden muß, damit es eine dialektische Entwicklung zuläßt, und so weiter …
Bitte schick also diesen Beitrag so bald wie möglich im August an meine Pariser Adresse.
Ich glaube, daß ich für diese zweite Nummer eine breite internationale Auswahl zusammenbekomme, und darüber freue ich mich.
Wann kommst Du in Europa an? Ich erinnere mich, Du hast es mir schon gesagt, und ich dachte, in den ersten Oktobertagen; aber ich bin mir nicht mehr ganz sicher.
Hier geht die Reise weiter, mit Milhaud als dem Kronzeugen meiner Ausdauer. Ich habe leider sehr wenig, um nicht zu sagen gar keine Zeit, um für mich selbst zu arbeiten.
Die Tournee ist in zehn Tagen zu Ende. Uff! Dann fahren wir nach Hause – aber vor allem sind wir dann mal fertig mit Christoph Kolumbus! Amerika zu entdecken ist wirklich alles andere als gemütlich.

In Freundschaft
PB

Nr. 47 Pierre Boulez, Artikel über John Cage in: »Encyclopédie Fasquelle«, 1958[1]

Cage, John. Amerikanischer Komponist (geb. in Los Angeles 1912). Studierte bei Cowell, Weiss und Schönberg; er hat sich zunächst stark mit Schlaginstrumenten beschäftigt, für die er eine Reihe von Werken komponierte (darunter eine *Construction in Metal* für eine große Anzahl ausschließlich an Metallschlaginstrumenten). Seine Untersuchungen im Bereich des Klangs erweiterten sich dann auch auf das Klavier. Er veränderte den Klang der Saiten mit Hilfe verschiedener »Präparationen« aus unterschiedlichen Materialien wie Gummi, Holz und Metall. Diese Materialien, die gezielt an bestimmten Punkten der Saiten angebracht werden, modifizieren das Klangergebnis vollkommen, sei es in der Klangfarbe oder der Lautstärke, ja, die Lautstärke wird dadurch weitgehend reduziert. Schon in Geist und Form seiner ersten Werke deutlich vom östlichen Denken beeinflußt, ist er jüngst zur Entdeckung des Zufalls in der Komposition aufgebrochen, und zur Unterstützung seiner Untersuchung bezieht er sich auf das chinesische Buch der Wandlungen *I Ging*. Er hat sich auch an nichtinstrumentalen Werken versucht, mit elektronischen und eigentlich außermusikalischen Klängen, indem er Tonbandmontagen mit [Geräusch-]Elementen ausführte. Der Zufall schlägt sich sogar in dem Material, mit dem er arbeitet, nieder. So komponierte er eine *Imaginary Landscape* für 12 Radios, wo der »Ton« durch die Sendungen der verschiedenen Sender zum Zeitpunkt der Aufführung erzeugt wird. Was es auch immer mit seinen abenteuerlichen Untersuchungen über den Zufall auf sich haben mag, Cage bleibt deshalb mit seinen Werken für Schlagzeug oder für präpariertes Klavier nicht weniger ein sehr begabter Musiker, der Erkundungen im Bereich des Klangs betreibt. Von seinen Werken seien genannt: mehrere *Imaginary Landscapes* für verschiedene Klangquellen, *A Book of Music* für zwei präparierte Klaviere, *Sonatas and Interludes* für präpariertes Klavier, *Music of Changes* für Klavier (unpräpariert), *Construction in Metal* für Schlagzeug – Stücke im allgemeinen für kleine Besetzung.

PB

Nr. 48 – Brief von Pierre Boulez an John Cage[1]
[5. September 1962]

Baden-Baden, Kapuzinerstraße 9

Mein lieber John,
Deinen Brief[2] habe ich erst heute, am 5. September, erhalten, denn er war an die schöne rue Beautreillis adressiert – in der ich schon lange nicht mehr wohne, weil ich vor einiger Zeit Paris verlassen habe (bald werden es 4 Jahre!). Um ehrlich zu sein, ich hatte die Nase voll von dieser Stadt, in der man nichts machen kann und wo die »politische« Situation so unangenehm geworden ist, daß man besser anderswo zu leben versucht!
Schließlich bin ich hier gelandet, aus verschiedenen Gründen, wovon der hauptsächlichste meine Verbindung mit dem Südwestfunk[3] ist.
Auch habe ich beinahe jeden Kontakt zu allem verloren, was sich in der noblen Stadt des Lichts und der Aufklärung ereignet, die drauf und dran ist, zur Stadt der Düsternis und des Obskurantismus zu werden. Ich fahre lediglich viermal im Jahr wieder hin, um die Konzerte des Domaine zu dirigieren, und bleibe keinen Tag länger als unbedingt nötig!
Damit will ich auch sagen, daß meine Möglichkeiten der Einflußnahme, um Dich dorthin zu holen, recht begrenzt sind.
Wäre Dein Brief früher gekommen, hätte ich Dich noch gut für ein Domaine-Musical-Konzert einladen können, aber leider liegen unsere Programme für diese Spielzeit jetzt fest, und die Verträge sind unterzeichnet. Dein Europaaufenthalt fällt mit der Zeit um Ostern herum außerdem auf ein schlechtes Datum. Wir können auch angesichts unserer knappen Rücklagen in der Zeit kurz vor oder nach diesem schwierigen Termin, der Ostern hier ist, keine Konzerte veranstalten.
Wir haben, wie Du dir vorstellen kannst, wirklich nur beschränkte finanzielle Möglichkeiten, und wenn erst einmal das Budget für die laufende Spielzeit aufgestellt ist, sind wir, weil zusätzliche Mittel fehlen, einfach gezwungen, die Türen zu schließen.
Ich schreibe aber an Philippot, den Du vielleicht schon einmal in Paris getroffen hast und der inzwischen einen offiziellen Posten beim Radio bekleidet. Und an François Bayle, einen Stockhausen-Schüler, der bei dem sich ständig erneuernden und dabei immer gleichen Team von Schaeffer ist.

Ich hoffe, ohne allzuviel versprechen zu wollen, daß diese beiden Schreiben, zumindest das eine, ein gewisses Ergebnis zeitigen werden.
Du fragst mich, was es Neues gibt in Europa. Das landläufige Leben, im landläufigsten Sinne. Ich lebe jetzt sehr abgeschnitten von der Welt in dieser hyperprovinziellen Kleinstadt und treffe die Kollegen nur bei seltenen Anlässen.
Ich versuche, das, was ich mache und denke, zu vertiefen ... das ist nicht immer einfach und erfordert eigentlich noch mehr Abkapselung. Vielleicht werde ich meine Tage in irgendeiner Klosterzelle beschließen und dabei weiterhin versuchen, hinter den inexistenten Spiegel zu blicken? Um das Denken in flagranti zu ertappen?
Wenn Du nun 50 wirst, so bin ich bei 37 angekommen – Deinem Alter, als wir uns zum erstenmal in Paris begegnet sind ... was mir, Deinem Beispiel folgend, die Hoffnung läßt, daß ich noch vieles entdecke, bis ich die 50 erreicht habe und Du 63 bist! Und weiter in diesem Stil, bis wir (was ich bezweifle) mehrere hundert Jahre alt sind und der relative Altersunterschied gegen Null tendiert, während der absolute Unterschied konstant bleibt.
Etwas anderes – betreffs der Relativität des Räumlichen, nicht mehr des Zeitlichen: Ich bin gegen Ende Januar erst einmal in New York (im Prinzip, weil ich das N.Y. Philharmonic dirigieren soll)[4], danach, vom 15. Februar bis zum 30. Juni[5], in Harvard. Dann weiß ich noch nicht genau, was ich tun werde ... Ich hätte Lust, nach Mexiko zu fahren, und sei es nur, um mir ein Messer aus Obsidian zu kaufen, in changierendem Schwarz und gefährlich gezackt. Doch die Notwendigkeit, etwas Geld zu verdienen und bestimmte Freundespflichten nicht zu verletzen (darunter Darmstadt) werden mich mit Sicherheit wieder auf unseren sehr alten Kontinent mit seiner »blassen Badeheizungs-Sonne« zurücktreiben. Und der Obsidian wird mir entgangen sein, auch diesmal ... Die schwarzen Sonnen werden mich, ein weiteres Mal, nicht zum Sohn des Lichts machen! Da siehst Du einige Zeilen meiner »Ballade« ... weder: es war einmal, noch kürzlich erst, noch erst seitdem, noch einmal bald – sondern zur aufgeronnhobenen Zeit, fix-explodiert, spiegelscheinreflektiert, gekerbtisoliert, verzauberstrahlend, narkotisierterwählt, gefundenundwiederverloren, verloren! verloren? was? Ja!
Ja gut, zu Deinem fünfzigsten Geburtstag (was, um auf meine Berechnungen zurückzukommen, bedeutet, daß Du 1938 genau doppelt so alt warst wie ich – in diesem gespenstischen Jahr, denn es hat München

mitgebracht, und Chamberlain und Daladier, die sich vom König Adolf der völkischen Schlaumeier über den Tisch ziehen ließen …[6] Eine Zeit, zu der Du 26 warst und ich 13 – nicht eigentlich erschreckend, eine hübsche Algebra-Aufgabe, wie wir sie in jeder guten populärwissenschaftlichen Zeitschrift finden. Doch längst gibt es noch bessere: Wie alt ist der Raumfahrer X … wenn er bis zum Uranus fliegt und wieder zurückkommt, mit konstanter dreizehnfacher Lichtgeschwindigkeit! Die Antwort ist verzwickter, als sie auf den ersten Blick scheint. Doch das ist noch gar nichts: Ich habe vor kurzem gelesen, daß man Zeitcontainer herstellen wird, in denen die Teilchen aufgrund ihrer Geschwindigkeit diesem verdammten Zwang, älter zu werden, entgehen! Was mir erlaubt, ganz sachte und in geordnetem Übergang auf Deinen nahenden Fünfzigsten zurückzukommen) wünsche ich Dir, daß Dir ein Zeitcontainer geschenkt wird (vielleicht von Kennedy? Er liebt »die Künste«, wie es heißt, aber es heißt ja so viel, und man ist schlecht informiert – Rimbaud ist um Lichtjahre überholt, es ist nicht die Liebe, die es neu zu erfinden gilt, und alle wissen es, sondern die Nachrichten, und niemand weiß es). Im Innern des Zeitcontainers soll sich alles enorm schnell drehen und eine phantastische Spannung haben (was man in der Musik oft gesucht hat): einige Milliarden Volt und keine faces[7] und ach, die göttlichen Wortspiele! Es kommt aber darauf an, Nonsens ohne Programm zu machen. Was! Wie! Programme aus Nonsens? Gerade recht für die Allesfresser! Danken wir dem Herrn, daß er uns so intelligent geschaffen hat und so gut, so begabt, so kraftvoll, so einsam, so solitär, so mittendrin, so schwarzflimmernd und: so sechs Sägen sechs Zypressen sägen, sägen sechshundertsechs Sägen sechshundertsechs Zypressen. Es gibt eine weniger verträumte Variante als die zitierte, die scheußlich materiell ist, und ich gebe sie hier nur zum besten, damit Du meine Abneigung dagegen verstehst: So sechs Sägen sechs Würste sägen, sägen sechshundertsechs …[8] Doch ich schäme mich fast, Dir diese niveaulose Abwandlung aufgeschrieben zu haben. Selbst die Rechnerei muß absichtslos bleiben – wo kämen wir sonst hin? Ich für meinen bescheidenen Teil habe mich unwiderruflich entschieden: zwischen Zypresse und Wurst neige ich eindeutig dieser großen pflanzlichen Wurst zu, die man wenigstens nicht ißt … die der Malerei vorbehalten bleibt … siehe Vincent. (Während die Säge sein muß, ohne sie hätte der Spaß keinen Biß.) Und voilà, M'sieurs-dam's! Hätte ich Dich zum Schmunzeln gebracht im Hinblick auf die Rundung des halben Jahrhunderts?

In Erwartung – nicht, daß ich erwarte, Dein Lächeln mit der Post geschickt zu bekommen, es sei denn, Du hättest gewisse Fähigkeiten der Edamer Katze aus Alices Wunderland angenommen … An diesem Brief kannst Du vielleicht sehen, daß ich beträchtlich älter geworden bin, oder – daß ich wieder in die Kindheit zurückklettere. Das ist meine Spätnachricht in diesen harten Zeiten der Relativität.

Wie immer, trotz des Fehlens der rue Beautreillis, bleibe ich
ein Kapuziner[9], der freundschaftlich, wenn nicht sogar wirksam an
Dich denkt,
PB

Bemerkung der Übersetzerinnen

Der deutschen Übersetzung liegt die Originalausgabe des Briefwechsels in englischer und französischer Sprache zugrunde:
Jean-Jacques Nattiez, *Correspondance Pierre Boulez – John Cage*, Basel und Winterthur: Paul Sacher Stiftung/Amadeus Verlag 1990.
Zur Übersetzung des Briefes Nr. 35, der für die Originalausgabe nur in kleinen Teilen rekonstruiert werden konnte, wurde die englische Ausgabe dieses Briefwechsels herangezogen:
Jean-Jacques Nattiez/Robert Samuels (Herausgabe und Übersetzung), *The Boulez-Cage Correspondence*, Cambridge/New York/Melbourne: Cambridge University Press 1993.
Darüber hinaus wurden diejenigen Texte, die bereits in gültiger deutscher Übersetzung existieren, hier aufgenommen:
Josef Häusler (Hg. u. Übers.): Text Nr. 42: »Tendenzen – 1957« (Auszug), in: Pierre Boulez, *Werkstattexte*, Berlin und Frankfurt: Ullstein/Propyläen 1972, Text Nr. 37: »Möglichkeiten« (Auszug), ebenda;
Ulrich Mosch: Brief Nr. 26 und Nr. 31 (Auszüge über die Kompositionsverfahren Boulez'), in der Zeitschrift: Cahn/Danuser u.a., *Musiktheorie*, Nr. 1/1987, Laaber Verlag. Mit einem Dank an Dr. Mosch.
Brief Nr. 28 wurde ausgehend von der deutschen Übersetzung von Jörg von Stein, in: *Anarchic Harmony*, Mainz und Frankfurt: Schotts Söhne 1992, deutsch bearbeitet. Mit einem Dank an J. von Stein.
In diesem Brief wie in Text Nr. 32 und überall dort, wo John Cage seine mit der *I Ging*-Tabelle operierende Kompositionsweise beschreibt, wird eine Situation, die in der deutschen *I Ging*-Übersetzung mit »veränderlich« bzw. »unveränderlich« bezeichnet ist, mit »beweglich« bzw. »unbeweglich« übersetzt. De facto sind beide Bezeichnungen im Denken des *I Ging* beinahe identisch, denn »Bewegung« wird vor allem als Übergang von einem Zustand in einen anderen gefaßt und Nichtbewegung als die Beibehaltung eines Zustandes. Bei Cage kommen – unersichtlich, weshalb – abwechselnd beide Begriffe vor. Es schien uns aber angezeigt, um die Verwirrung von Lesern, die weder mit dem chinesischen *I Ging – Buch der Wandlungen* noch mit Cages Zufalls-

methode vertraut sind, nicht noch zu steigern, hier einen einzigen zutreffenden Begriff durchzuhalten.

Auf die Wiedergabe sprachlicher Fehler der bisweilen in französisch-englischer Mixtur verfaßten Briefe wurde verzichtet, obwohl beide Schreiber damit ein virtuoses Spiel treiben, das seinen eigenen Reiz hat. Einzelne Augenblickseingebungen, wie etwa »frenchicism« und »friendicism«, haben wir einigermaßen ins Deutsche herüberzuretten versucht.

Nicht wiederzugebende Wortspiele – wie etwa »boulezversant!«, das eigentlich »bouleversant« heißt und soviel wie »umwerfend« bedeutet – und versteckte Anspielungen sind in numerierten Anmerkungen erklärt.

Was die Erläuterungen der Autoren zu ihren Kompositionen betrifft, möchte ich darauf hinweisen, daß, was John Cage als »silences« bezeichnet, hier als »Stillemomente« oder »Stille« wiedergegeben wird, um seinem Musikdenken entsprechend zu formulieren. (Üblicherweise sagt man »Pausen«.)

Wenn es zur Orientierung sinnvoll erscheint, werden die ursprünglichen amerikanischen bzw. französischen Begriffe in Klammern hinter die deutsche Übertragung gesetzt.

Unterschiedliche Ausdrucksweisen, die aber ein und dasselbe Phänomen meinen – z.B. Boulez' »Frequenzkomplexe«, wenn es sich um Cagesche »Klangaggregate« handelt – werden im Deutschen beibehalten.

Die Anmerkungen des Herausgebers Jean-Jacques Nattiez wurden an einigen Stellen, wo es für den deutschen Sprachraum angebracht erschien, vorsichtig bearbeitet, mit einem Dank für viele hilfreiche Hinweise an Robert Piencikowski.

Im Text auftauchende eckige Klammern [...] enthalten erklärende Einschübe des Herausgebers Jean-Jacques Nattiez.

Im Text vorkommende runde Klammern (...) stammen von den Autoren.

Anmerkungen

Nr. 1 – Pierre Boulez, Einführung *Sonatas and Interludes* von John Cage

1 Suzanne Tézenas war auch die Organisatorin des Mäzenats, mit dessen Unterstützung Boulez ab 1953 die Konzertreihe *Domaine Musical* für Werke neuer Musik, deren Leitung sie übernahm, ins Leben rufen konnte. Die Paul Sacher Stiftung besitzt außer dem Manuskript dieser Vorstellung von John Cage auch den Entwurf dazu.

2 Zum Begriff »Frequenzkomplex«: Frequenz bezeichnet die Zahl der Schwingungsperioden in einem bestimmten Zeitraum. Je länger die Periode, desto niedriger ist die Frequenz, hörbar als tieferer Ton. Ein »musikalischer Ton« von bestimmter Tonhöhe und Klangfarbe besteht aus einem Grundton und seinen Obertönen, deren Perioden einfache Unterteilungen der Periode des Grundtons sind (z.B. 1/2, 1/3, 1/5 usw.). Auch ein solcher Ton ist ein »Frequenzkomplex«, allerdings ein Spezialfall, bei dem die kürzeren Schwingungsperioden eines Obertons sich jeweils zu der längsten, derjenigen des Grundtons, summieren. Bei den »Frequenzkomplexen« des präparierten Klaviers aber erklingen verschiedene Schwingungsperioden gleichzeitig, die **nicht** einfache Teilwerte voneinander sind. Dadurch entstehen eigenartige Klangfärbungen, Reibungen, Verhältnisse von Tonhöhen, die *nicht* der chromatischen Skala entsprechen, Pulsationen, auch Geräusche, Töne von unbestimmter Tonhöhe [A.d.Ü.].

3 Der Entwurf merkt an: »So daß jeder Ton individuell ist und zumindest neun Töne zwischen den Wiederholungen vorkommen.«

4 Entwurf: »Zusammentreffen mit den Ideen Schönbergs: die Töne nicht wiederholen«. Der Entwurf erwähnt auch, daß Cage bei Adolph Weiss, einem Schüler von Arnold Schönberg, Tonsatz studierte.

5 Die beiden ersten genannten Werke sind *Metamorphosis* für Klavier (1938) und *Music for Wind Instruments* für Bläserquintett (1938). Auf welche Komposition sich die »vier Sätze für Klavier« beziehen, läßt sich nicht genau sagen. Für Klavier entstanden in dieser Zeit: *Music for Xenia* (1934), *Quest* (1935), *Two pieces for Piano* (1935, überarbeitet 1974). Für zwei Flöten waren 1935 *Three Pieces for Flute Duet* entstanden.

6 Der Entwurf merkt an: »Die Reihe kam in den Stücken nie (ganz) vor.«

7 Der Entwurf führt aus: »Ideen von rhythmischer Struktur beginnen 1938. Dirigiert und schreibt Musik für Ballett an der Cornish School (Elektronisches Studio, ein Stück für elektronisches Instrument und Schlagzeug).«

An der Cornish School (Seattle) begegnete Cage dem Tänzer Merce Cunningham. Bei dem angeführten Werk handelt es sich vermutlich um *Imaginary Landscape Nr. 1* für zwei Plattenspieler mit variablen Geschwindigkeiten, Meßplatten, gedämpftes Klavier und Becken (1939).

8 William Russell, amerikanischer Komponist der vierziger und fünfziger Jahre.

9 *Quartet* für vier Schlagzeuger (1935), *Trio* für drei Schlagzeuger (1936), jedoch in drei Sätzen, nicht in neun.

10 Die drei *Constructions* sind folgende: *First C.* (*in Metal*) für sechs Schlagzeuger und einen Assistenten (1939), *Second C.* für vier Schlagzeuger (1940) und *Third C.* für vier Schlagzeuger (1941).

11 Zu *Imaginary Landscape Nr. 1* siehe hier Anm. 7. *Imaginary Landscape Nr. 2* ist für 5 Schlagzeuger und *Nr. 3* für 6 Schlagzeuger (beide 1942) geschrieben.

12 Für 4 Schlagzeuger (1941).

13 Der Entwurf dieser Einführung weist außerdem auf das Schlagzeugorchester hin, das Lou Harrison gegründet hatte, und auf das Schlagzeugkonzert von John Cage mit Amateuren im Museum of Modern Art, New York.

14 »Aufgrund der internationalen und gesellschaftlichen Ereignisse«, führt der Entwurf aus.

15 Der Rückgriff auf das präparierte Klavier (1943) wird im Entwurf mit der Schwierigkeit erklärt, zur Begleitung von Ballettaufführungen professionelle Musiker zu engagieren.

16 Im Entwurf: »Entdeckung des präparierten Klaviers durch Zufall, im Laufe experimenteller Untersuchungen. Eine schwarze Ballettänzerin wollte einen von der afrikanischen Tradition inspirierten Tanz aufführen, der auf elementaren Rhythmen gründete. Das Theater hatte keinen Orchestergraben, man benutzte ein Klavier.«

17 »Da die Saitenvibration die Gegenstände verschob«, heißt es im Entwurf.

18 *A Book of Music* für zwei präparierte Klaviere (1944).

19 *Three Dances* für zwei präparierte Klaviere (1945).

20 Geschrieben zwischen 1946 und 1948.

21 Es handelt sich um *The Seasons* (1947), das auch in einer Fassung für Klavier existiert.

22 Der Entwurf nennt »Kammermusikstücke«: *Amores*, zwei Solostücke für präpariertes Klavier mit 2 Trios für Schlagzeug, und *A Room* für Klavier oder präpariertes Klavier (beide 1943) sowie *The Perilous Night* für präpariertes Klavier (1944).

23 Der Entwurf formuliert: »Jeder Ton muß eine Individualität erlangen. Dies kommt von Debussy: Freiheit der Skalen.«

24 Im Entwurf wird folgender Schluß gezogen: »Funktion der Musik: Integration der Person. Es ist schwieriger, Musik zu hören, als Musik zu schreiben.«

25 Der letzte Satz ist mit Bleistift angefügt. Außerdem sind im Manuskript an einigen Stellen eckige Klammern mit Bleistift eingezeichnet, die in dieser Ausgabe nicht wiedergegeben wurden.

Nr. 2 – Pierre Boulez, Brief an John Cage [zwischen 20. und 24. Mai 1949]

1 Unter diesen Aufnahmen befinden sich zumindest die *(First) Construction in Metal*, über die Boulez verfügte, und die *Three Dances* für zwei präparierte Klaviere (siehe Nr. 6 und Nr. 8, Anm. 4). Bis 1949 waren bereits 35 Werke von John Cage aufgenommen worden (siehe: Gena/Brent, *A John Cage Reader*, New York/London/Frankfurt/M.: Edition Peters 1982, S. 202–207).

Nr. 3 – Pierre Boulez, Brief an John Cage [November 1949]

1 Dieser Brief wurde erst im Januar 1950 an Cage abgeschickt. Die Datierung erfolgte entsprechend dem Hinweis von Pierre Boulez im Brief Nr. 6.
2 »Trajectoires…«, zuerst in: *Contrepoints Nr. 6*, 1949, S. 122–142, aufgenommen in: Pierre Boulez, *Relevés d'apprenti*, Paris: du Seuil 1966. Deutsche Fassung: »Flugbahnen – Ravel, Strawinskij, Schönberg«, in: *Anhaltspunkte*, siehe Auswahlbibliographie. In der Fassung, die in *Anhaltspunkte* aufgenommen wurde, hat Boulez alles gestrichen, was dem Artikel von 1949 den Charakter des aktuellen Berichts gab, und ist vom »ich« zum »wir« übergegangen.
3 Als musikalischer Leiter und Dirigent der Theaterkompanie Madeleine Renaud – Jean-Louis Barrault von 1946 bis 1956.
4 Es handelt sich um die *Deuxième Sonate pour piano* oder *Zweite Klaviersonate*, die 1950 bei Heugel verlegt wurde.
5 Boulez vertonte erst 1958 die *Poésie pour pouvoir* des belgischen Dichters Henri Michaux. Das Gedicht war 1949 in einem Band bei den Editions Drouin veröffentlicht worden.
6 *Le Soleil des Eaux* hat vier Varianten (Werkeliste von Dominique Jameux, Nr. 9a, 9b, 9c, 9d). Die erste Version, als Hörstück für Radio im April 1948 gesendet, enthält noch nicht die beiden weiteren Gedichte von René Char, die in spätere Fassungen aufgenommen wurden: »La complainte du lézard amoureux« (in dem Gedichtzyklus: *Les matinaux*, Paris: Gallimard 1950; dt. in: *Wanderer in den Morgen*, zuerst in: René Char, *Dichtungen/Poésies II*, Frankfurt/M.: S. Fischer 1968, aktuell in: René Char, *Die Bibliothek in Flammen*, Frankfurt/M.: Fischer TB 1992) und »La Sorgue. Chanson pour Yvonne« (in: *Fureur et mystère*, Paris: Gallimard 1948; dt. in: René Char, *Zorn und Geheimnis*, zuerst in: René Char, *Dichtungen/Poésies I*, Frankfurt/M.: S. Fischer 1959, aktuell in: René Char, *Zorn und Geheimnis*, Frankfurt/M.: Fischer TB 1991).
Es ist anzunehmen, daß Boulez zum Zeitpunkt dieses Briefes in der Sammlung von René Chars *Le Poème pulverisé* (Paris: Fontaine 1947; dt.: *Das pulverisierte Gedicht*, zuerst in: *Dichtungen/Poésies I*, a.a.O., akt. in: *Zorn und Geheimnis*, a.a.O.) auf der Suche nach Texten für seine zweite Konzertversion von *Le Soleil des Eaux* war, die am 18.7.1950 uraufgeführt wurde.
7 *Le Visage Nuptial* existiert in einer ersten Fassung mit zwei Sätzen für Sopran, zwei Ondes Martenot [elektrisches Tasteninstrument, ähnlich der

Hammond-Orgel], Klavier und Schlagzeug von 1946/47, uraufgeführt in Paris 1947, die aber unveröffentlicht blieb. Die Version, auf die Boulez hier anspielt (für Sopran, Alt, Frauenchor und Orchester), wurde später, am 4.12.1957, uraufgeführt. Diesem Brief sowie Nr. 13 und Nr. 24 zufolge müßten die Entstehungsdaten dieses Werks gegenüber der Jameux-Werkeliste (Nr. 7 mit 1951/52 ausgewiesen) vorverlegt werden. Vier der insgesamt fünf Sätze dieses Werkes wurden 1986/87 neu bearbeitet und am 25.1.1988 in London uraufgeführt. Die neu bearbeitete Gesamtfassung wurde am 17.11.1989 beim Festival d'Automne in Paris uraufgeführt.
Le visage nuptial, dt.: *Das bräutliche Antlitz*, ist ein weiterer Gedichtzyklus von René Char, der in der Sammlung *Fureur et mystère*, a.a.O.; dt.: *Zorn und Geheimnis*, a.a.O., erschien [A.d.Ü.].

8 *Symphonie concertante pour piano et orchestre* (1947), verloren 1954 (Werkeliste Jameux Nr. 8). Pierre Boulez hat vier Takte daraus in seinem Artikel »Propositions« (1948) zitiert, in *Relevés d'apprenti*, siehe hier Anm. 2; deutsch: »Vorschläge«, in: *Werkstattexte*, siehe Auswahlbibliographie. Vier Seiten der Entwürfe und zwei Seiten des Particells befinden sich bei der Paul Sacher Stiftung (in: *Inventare der Paul Sacher Stiftung*, Bd. 3, Winterthur: Amadeus 1988). Eine einzelne Seite des Entwurfs dieser *Symphonie* liegt zusammen mit dem Manuskript der *Deuxième Sonate* in der Northwestern Library.

9 William Shakespeares *Hamlet* wurde in einer Übersetzung von André Gide (1869–1951) seit dem 17.10.1946 von der Compagnie Renaud-Barrault im Theatre Marigny gespielt. In seinen Erinnerungen, den *Souvenirs pour demain* (Paris: du Seuil 1972, S. 192) erwähnt Jean-Louis Barrault, daß die Bühnenmusik aus einer Mischung von Tonbandmusik und Live-Musik von Maurice Jarre und Boulez produziert worden war. [Hinweis von Robert Piencikowski: Die Bühnenmusik war von Arthur Honegger für Orchester (auf Tonband) und Onde Martenot sowie Schlagzeug live. A.d.Ü.]

10 Es handelt sich um die französische Bühnenversion des Romans von Franz Kafka, die Gide und Barrault 1947 bei Gallimard veröffentlichten. Das Stück wurde am 10.10.1947 im Theatre Marigny von der Compagnie Renaud-Barrault uraufgeführt.

11 Siehe auch Quelle Nr. 1

12 Die *Turangalila Symphonie* von Olivier Messiaen erlebte am 2.12.1949 ihre amerikanische Erstaufführung durch das Boston Symphony Orchestra unter der Leitung von Leonard Bernstein als Dirigent und mit Yvonne Loriod am Klavier.

13 Das *Concerto pour ondes Martenot* von André Jolivet entstand 1947.

Nr. 4 – John Cage, Brief an Pierre Boulez vom 4. Dezember 1949

1 Gerald Bennett gibt in seinem Aufsatz »The early works« (in: W. Glock [Hg.], *Pierre Boulez, a Symposium*, London: Eulenburg Books 1986, S. 41–84) an, daß eine Passage der ersten Hörstückfassung des *Soleil des Eaux* schon

früher als Satz für zwei Klaviere (*Passacaille. Variations*) existierte, der in Kombination mit den beiden Sätzen des *Quatuor pour quatre ondes Martenot* von 1945/46 die *Sonate pour deux pianos* (1948) bildete. Die beiden Stücke wurden (Werkeliste Jameux Nr. 4) zurückgezogen.

2 Die *Deuxième Sonate* (Jameux Nr. 11) oder *Zweite Klaviersonate* entstand zwischen 1946 und 1948 und wurde von Yvette Grimaud am 29.4.1950 an der Ecole Normale de Musique in Paris uraufgeführt. Das Werk war noch nicht öffentlich aufgeführt worden, als John Cage bereits die amerikanische Erstaufführung ins Auge faßte. Boulez schenkte ihm seine Entwürfe und das Manuskript.

3 Es handelt sich um die Musik zu dem Film *Works of Calder* von Herbert Matter, der beim Woodstock Film Festival 1951 mit dem Ersten Preis für die Musik ausgezeichnet wurde.

4 Wahrscheinlich bezieht sich Cage hier auf die Versuche zum Klang-Raum bei den ersten Experimenten mit konkreter Musik, über die Boulez ihm dann berichtet. Siehe Nr. 6, Anm. 4 sowie Nr. 35 und Nr. 44 über die Arbeit im Studio bei Pierre Schaeffer, dessen experimentelle *musique concrète* in den fünfziger Jahren international bekannt wurde.

Nr. 5 – John Cage, Aufsatz: Vorreiter der Modernen Musik

1 In: *Silence*, amerikanische Ausgabe, siehe Auswahlbibliographie, S. 62–66. [Von dieser Fassung ausgehend wurde ins Deutsche übersetzt. A.d.Ü.] Die Anmerkungen 2–9 und 11–17 in diesem Text sind von John Cage.

2 Jeder Versuch, das »Irrationale« auszuschließen, ist irrational. Jede Kompositionsstrategie, die völlig »rational« ist, ist äußerst irrational.

3 Klang hat vier Charakteristika: Tonhöhe, Klangfarbe, Lautstärke und Dauer. Die Stille ist dem Klang entgegengesetzt und kommt notwendig mit ihm zusammen vor. Von den vier Charakteristika des Klangs trifft nur die Dauer sowohl auf Klang als auch auf Stille zu. Von daher ist eine Struktur, die auf Dauern gründet (rhythmisch: Phrasen, Zeit-Längen), korrekt (entspricht dem Wesen des Materials), wogegen harmonische Struktur unkorrekt ist (hergeleitet aus Tonhöhen, die in der Stille nicht vorkommen).

4 Dies ging im Jazz und in der folkloristischen Musik nie verloren. Andererseits hat es sich hier auch nie entwickelt, da beides nicht kultivierte Spezies sind, die am besten gedeihen, wenn sie wild wachsen.

5 *Tala* basiert auf Pulsation, westliche rhythmische Struktur auf Phraseologie.

6 Einen interessanten, detaillierten Beweis dafür bietet [Alfredo] Casellas Buch über die Kadenz [*L'evoluzione della musica attraverso la storia della cadenza perfetta*, London 1924. A.d.Ü.]

7 Der Begriff »Atonalität« hat keinen Sinn. Schönberg ersetzt ihn durch »Pantonalität«, Lou Harrison durch (den meiner Meinung und Erfahrung nach vorzuziehenden Begriff) »Proto-Tonalität«. Letzterer drückt aus, was eigentlich der Fall ist: Sogar in einer zufällig vorkommenden Ansammlung

von Tönen, oder besser: Klängen (um auch Geräusche einzuschließen), gibt es eine Gravitation, original und natürlich, »proto«, der speziellen Situation entsprechend. Grundsätzlich besteht Komponieren zunächst im Entdecken des Untergrunds der Klänge, die verwendet werden, und dann darin, Leben entstehen zu lassen – auf dem Boden und in der Luft.

8 Weder Strawinskij noch Schönberg taten dies. Die Zwölftonreihe bietet kein strukturelles Mittel. Sie ist eine Methode (control), und zwar nicht der größeren und kleineren Teile einer Komposition, sondern nur des sehr kleinen Fortschreitens von Note zu Note. Sie erobert den Platz des Kontrapunkts, der – wie Carl Ruggles, Lou Harrison und Merton Brown gezeigt haben – in einer chromatischen Situation glänzend zu funktionieren vermag. Sich zur Vergangenheit zurückwendend, umgeht der Neoklassizismus die derzeit gegebene Notwendigkeit einer anderen Struktur, indem er sich weigert, sie zur Kenntnis zu nehmen. Er verleiht statt dessen der strukturellen Harmonik den Anstrich des Neuen. Damit geht er des Gefühls des Abenteuerlichen verlustig, das wesentlich zum schöpferischen Tun gehört.

9 Die Zwölftonreihe bietet Ziegelsteine, aber keinen Plan. Die Neoklassizisten raten zum Bau wie früher, nur mit modischer Fassade.

10 Das Zitat wurde aus der amerikanischen Fassung rückübersetzt, da diese deutlich das Verständnis Cages wiedergibt.
Die deutsche Übertragung (a.d. Lateinischen) lautet: »Indessen: man muß hier ja in ein überformtes Wissen kommen, und zudem darf dieses Unwissen nicht aus Unwissen kommen, sondern: aus Wissen muß man in ein Unwissen kommen. Dann werden wir wissend werden mit dem göttlichen Wissen, und dann wird unser Unwissen mit dem übernatürlichen Wissen geadelt und geziert werden. Und hierin, wo wir uns leidend verhalten, sind wir vollkommener, als wenn wir wirkten.« In: *Meister Eckehart – Deutsche Predigten und Traktate*, hg. und übers. von Josef Qint, München: Hanser 1963 [A.d.Ü.].

11 Measure [Takt, aber auch: Maß] ist buchstäblich Maß, nichts weiter als beispielsweise der Inch auf dem Lineal – und erlaubt so jedwede Dauern, alle möglichen Verhältnisse von Lautstärken (Meßgerät, Akzent), jedwede Stillemomente.

12 Dies ist das Wesen des Tanzes, der Aufführung von Musik oder jeder anderen Kunst, die einer Aufführung bedarf. Daher wurde hier der Begriff der »Sand-Zeichnung« genommen: Denn es gibt eine Tendenz in der Malerei (dauerhafte Farben) wie in der Dichtung (Druck, Buchbindung), die Dinglichkeit eines Werks sicherzustellen und damit die Ekstase des Augenblicks zu übersehen, ihr beinahe unüberwindliche Hindernisse in den Weg zu legen.

13 24 oder n Abschnitte pro Sekunde ist das »Grundmuster«, über welchem diese Musik geschrieben ist; so veranschaulicht das Material selbst auf sehr offensichtliche Weise die Notwendigkeit von Zeit- (rhythmischer) Struktur. Das Magnettonband als Mittel befreit von diesem Rahmen, den der Film als Mittel vorgibt, das Prinzip der rhythmischen Struktur sollte

jedoch bestehen bleiben, da in dem geometrischen Verfahren ein elementares Theorem erhalten bleibt, das eine Voraussetzung darstellt, die das Gewinnen von fortgeschritteneren [Theoremen] ermöglicht.

14 »Ich möchte so sein, als wäre ich gerade geboren, möchte nichts, absolut nichts über Europa wissen.« (Paul Klee)

15 Füllt die Kinos von neuem (sie sind von den Fans des heimischen Fernsehers verlassen worden und zu zahlreich für Hollywood, dessen einzige Alternative die »Ernsthaftigkeit« ist), macht sie zu neuen Konzertsälen.

16 Die Malerei, indem sie (zur Zeit) buchstäblich realistisch wird – (das ist das zwanzigste Jahrhundert), die von oben gesehene Erde, mit Schnee bedeckt, eine Komposition der über das »Spontane« gelegten Ordnung (E.E. Cummings) oder des ersteren, das die Ordnung geschehen läßt (von oben, solchermaßen vereint, verschmelzen die Gegensätze; man muß nur fliegen (Highways, Autobahnen und Topographie, Milarepa, Henry Ford), um es zu erkennen) –, wird von selbst (Schritt für Schritt) denselben Punkt erreichen, an den die Seele gesprungen ist.

17 Die Maschinerie der Väter Mütter Helden Heiligen der mythologischen Ordnung funktioniert nur, wenn sie auf stillschweigende Zustimmung trifft (vergleiche *The King and the corpse* [Der König und die Leiche] von Heinrich Zimmer, hg. von Joseph Campbell).

Nr. 6 – Pierre Boulez, Brief an John Cage [vom 3., 11. und 12. Jan. 1950]

1 Siehe Nr. 3, Anm. 5.

2 Siehe Nr. 5.

3 Es geht um *Le Soleil des Eaux* (siehe Nr. 3, Anm. 6).

4 Boulez schreibt in der Tat zwei Stücke im Sinne der Konkreten Musik. Eine *Etude sérielle sur un son* – [Etüde über einen Klang] und *Etude sérielle sur un accord de sept sons* – [Etüde über einen Akkord aus sieben Tönen] (Jameux, Werkeliste Nr. 13a und 13b). Die zweite Studie wurde auf Schallplatte aufgenommen (bei Barclay). Zur Vorstellung dieser Stücke in Frankreich siehe Nr. 36, in den Vereinigten Staaten siehe Nr. 40. Über Strukturen des ersten Stücks siehe Nr. 35.

5 *(First) Construction in Metal*, für sechs Schlagzeuger und einen Assistenten von 1939.

6 Es handelt sich um das *Livre pour Quatuor* (Jameux, Werkeliste Nr. 10a), das 1948/49 entstand.

7 »Moment de Jean-Sebastien Bach«, in: P.B., *Relevées d'apprenti*, Paris: du Seuil 1966; deutsch: »Bach als Kraftmoment«, in: P.B., *Anhaltspunkte*, siehe Auswahlbibliographie.

8 Siehe Nr. 4, Anm. 3.

9 Jean Mollet, genannt »der Baron« (1877–1964), war Sekretär bei Guillaume Apollinaire.

Nr. 7 – John Cage, Brief an Pierre Boulez vom 17. Jan. [1950]

1 Anspielung auf Cages meist unpräparierten Hausflügel [A.d.Ü.].
2 Siehe Nr. 6, Anm. 6.
3 Zur Musik des Films über Alexander Calder siehe auch Nr. 4, Anm. 3.
4 Anspielung auf bestimmte Werke von Darius Milhaud: *Saudades do Brazil* (1920/21) oder *Scaramouche* (1937).
5 Es handelt sich um das *String Quartet in Four Parts* (1950).
6 Am 29.1. und am 5.2. 1950 veröffentlichte Virgil Thomson tatsächlich den zweiteiligen Artikel »Atonality today« in der *New York Herald Tribune*: »Das Ideal nichtmetrischer Rhythmik ist wie das der Atonalität eine Symmetrie. Pierre Boulez bezeichnet dies als ›éviter la carrure‹ – ›die Quadratur vermeiden‹, das heißt die Vermeidung alles Quadratischen. Das bedeutet, daß metrische Wiederholungsmuster überholt sind und sogar der rhythmische Umkehrungskanon, der von allen rhythmischen Imitationen am schwierigsten zu hören ist, die Verletzung seiner Genauigkeit erfordert (mit dem zusätzlichen Hindu-Punkt). Es gibt außerdem Probleme der rhythmischen Konstruktion, die einer Lösung bedürfen, selbst wenn konservative Zwölfton-Komponisten wie René Leibowitz sie als den Tonbeziehungen untergeordnet und als nicht unabhängig lösbar bezeichnen. John Cage bedient sich in jedem Stück eines numerischen Verhältnisses zwischen der Phrase, der Periode und dem Ganzen, wobei die Phrase einen Zeitraum einnimmt, der die Quadratwurzel des Ganzen ist, und die Zeiträume der Perioden jeweils proportional sind zu denen der verschiedenen rhythmischen Motive in der Phrase. Auch wenn sie eine Symmetrie zwischen der Phrase und der Periode zuläßt – was an die alten Wiederholungsmuster denken lassen könnte –, bringt diese Prozedur eine straffe Symmetrie der gesamten Komposition hervor und bildet daher eben nicht spontane Bewegtheit ab, wie sie die europäischen Atonalisten zu erreichen hoffen.«
(In: Virgil Thomson, *A Virgil Thomson Reader*, Boston: Houghton Mifflin Comp. 1981, S. 339–440)
7 Im folgenden geht Cage ausdrücklich auf die Anfrage nach Informationen zur *Construction in Metal* von Pierre Boulez im vorausgehenden Brief ein.
8 Daisetsu Suzuki gab an der New Yorker Columbia University Kurse über Zen-Buddhismus, die Cage 1945 und 1946 besuchte.
9 In den USA hatte die Kommunistenverfolgung unter Innensenator McCarthy begonnen [A.d.Ü.].

Nr. 8 – Pierre Boulez, Brief an John Cage [April 1950]

1 Anspielung auf die Figur des *Ulysses* von James Joyce.
2 Anspielung auf den spanischen Bürgerkrieg 1936/37, der für den anarchistisch orientierten Gatti eine gewisse Bedeutung hatte. Später schrieb er ein Stück über die Kolonne Durruti [A.d.Ü.].

3 Es handelt sich um ein älteres Werk von Aaron Copland, die *Piano Variations* (1930), das 1931 in New York uraufgeführt wurde.

4 Das erste bekanntgewordene Stück von John Cage für Schlagzeugensemble, *(First) Construction in Metal*, wurde auf Schallplatte (New Music Distribution Service) mit dem Manhattan Percussion Ensemble aufgenommen, dirigiert von Paul Price. Was die *Three Dances* angeht, siehe Nr. 1, Anm. 19.

5 Dieser Versuch wurde von Boulez nicht weiter ausgeführt. Die Paul Sacher Stiftung besitzt Entwürfe dazu und eine Handschrift. Nach persönlicher Mitteilung von Pierre Boulez verwendete er dessen rhythmische Organisation später in seiner Vertonung des Gedichts von Gatti, *Oubli signal lapidé* (siehe Nr. 36, Anm. 6).

6 Die Klammer ist oberhalb der Zeile eingefügt.

7 Dieser Bericht von Frédéric Goldbeck erschien in *Musical Quarterly* Nr. 2/April 1950, Bd. XXXVI, S. 291–295. Nachdem Goldbeck Boulez als den exzentrischsten und gleichzeitig unprätentiösesten jungen französischen Komponisten beschrieb, sagte er anläßlich des Manuskripts der *Zweiten Klaviersonate*: »Seine Handschrift ist charakteristisch (...) und würde selbst einen tauben Graphologen befähigen, eine ausreichende Beschreibung seines Stils zu geben: Noten wie Stecknadelköpfe, winzige Zeichen zwischen den Notenlinien; kein einziger Großbuchstabe auf der Titelseite, nicht einmal für die Initialen des Komponisten; eine kleine, drahtige, geneigte Handschrift, die schwer zu entziffern und doch ungewöhnlich präzise ist. Kein Fett, wenig Fleisch und viel Sehnen. Ein spiritueller Charakter, und doch seltsam sachlich. Ein zielstrebiger, unermüdlicher Ariel, vielleicht mit einem gewissen Sinn für Humor und zweifellos einem ausgeprägten Sinn für Geometrie.«

8 Unseres Wissens hat Boulez Cage nie einen ganzen Artikel gewidmet, doch er schrieb sehr bald den Artikel »Möglichkeiten«, worin ein Abschnitt Cages Innovationen gilt (siehe Quelle Nr. 37).

9 Es handelt sich um die Uraufführung der *Zweiten Klaviersonate*, die am 29.4.1950 im Konzertsaal der Ecole Normale de Musique in Paris stattfand (siehe auch Nr. 13, Anm. 5).

10 Es handelt sich um die Uraufführung der später zurückgezogenen Fassung von *Le Soleil des Eaux* (Jameux Nr. 9b) für Sopran, Tenor, Baß und Kammerorchester am 18.7.1950 im Théatre des Champs-Elysées. Solisten waren: Irène Joachim, Pierre Mollet, Joseph Payron, es spielte das Orchestre National unter der Leitung von Roger Désormière (siehe auch Nr. 24 und 25 sowie deren Anm. 6).

11 Zu diesem Zeitpunkt befindet er sich mit dem Theater Renaud-Barrault auf Südamerikatournee.

Nr. 9 – John Cage, Brief an Pierre Boulez [zwischen Jan. und 6. März 1950]

1 Es handelt sich um die *Sonate pour deux pianos* (1948), siehe Nr. 4, Anm. 1.
2 Es handelt sich um das *String Quartet in Four Parts* (1950).
3 »Propositions«, in: P.B., *Relevés d'apprenti*, siehe Brief 3, Anm. 2; deutsch: »Vorschläge«, in: P.B., *Anhaltspunkte*, siehe Auswahlbibliographie.
4 Das *Concerto for Prepared Piano and Chamber Orchestra* (1951).
5 Es handelt sich um die Pianistin Maro Ajemian.
6 Es muß sich um den Artikel »Trajectoires ...«, in: P.B., *Relevés d'apprenti*, siehe Brief 3, Anm. 2; deutsch: »Flugbahnen«, in: P.B., *Werkstattexte*, siehe Auswahlbibliographie, von Boulez handeln, da Cage im Brief Nr. 12 angibt, »Moment de Jean-Sebastien Bach« in: *Relevés d'apprenti*, a.a.O.; deutsch: »Bach als Kraftmoment«, in: *Werkstattexte*, siehe Auswahlbibliographie, nicht erhalten zu haben.

Nr. 10 – John Cage, Brief an Pierre Boulez [vor April 1950]

1 Im Brief Nr. 12 teilt Cage mit, daß er diese Studie schließlich doch nicht schreiben wird.
2 Es handelt sich um die *Six Melodies for Violin and Keyboard* [Sechs Melodien für Geige und Tasteninstrument].
3 Siehe Nr. 9, Anm. 2.

Nr. 11 – Pierre Boulez, Brief an John Cage [Mai 1950]

1 Anspielung auf Darius Milhaud, siehe Nr. 7, Anm. 4
2 Ein kurzer Bericht dieser turbulenten Premiere wurde von Joan Peyser aus einem Freundesbrief in ihrer *Boulez*-Biographie, New York/London: Schirmer Books 1976, S. 63f zitiert. Siehe auch Nr. 13, Anm. 5.
3 *Illusion* für Klavier (1949). Im Werkeverzeichnis Morton Feldmans findet sich kein Oboenquintett, aber *Projection II* (1951) für Flöte, Trompete, Klavier, Geige und Cello.
4 Siehe deutsch »Bach als Kraftmoment«, in: P.B., *Anhaltspunkte*, siehe Auswahlbibliographie.

Nr. 12 – John Cage, Brief an Pierre Boulez [5. Juni 1950]

1 Es handelt sich um das bereits erwähnte *Concerto for prepared Piano and Chamber Orchestra*.
2 Am Ende von Brief Nr. 10 bereits erwähnt.
3 Seit 1946 beschäftigte sich Cage mit indischer Philosophie und klassischer indischer Musik bei Gita Sarabhai.

Nr. 13 – Pierre Boulez, Brief an John Cage [Juni 1950]

1 Boulez meint hier mit Sicherheit *Un Coup de Dés*, ein für Chor und großes Orchester geplantes Werk auf das gleichnamige Poem von Stéphane Mallarmé, wovon in den Briefen Nr. 26 und 28 noch die Rede ist. Dieses Projekt wurde von Boulez später aufgegeben.
2 Wahrscheinlich meint Boulez hier unter anderen auch den Choral *Vor Deinen Thron tret' ich hiermit*, über den er in seinem kurz vorher verfaßten Artikel »Bach als Kraftmoment«, in: P.B., *Anhaltspunkte*, siehe Auswahlbibliographie, spricht.
3 Diese Bemerkung steht umgekehrt am Briefkopf.
4 »Dante« ist der eigentliche Vorname von Armand Gatti.
5 Joan Peyser zitiert in ihrer Biographie, siehe Brief Nr. 11, Anm. 2, den Brief eines Freundes von Boulez, der diese turbulente Premiere noch unter dem Eindruck des Ereignisses beschreibt und den anschließenden Versuch einer kleinen Gruppe von Freunden, dieses für sie niederschmetternde Erlebnis bei »1 bis n« Gläsern Wein zu vergessen, humorvoll nachzeichnet.
6 Pierre Mollet, sang u.a. die Partie für Bariton in der Uraufführung des *Soleil des Eaux*.
7 Siehe hier Anm. 1
8 Anspielung auf die Komödie *Le voyage de Monsieur Perrichon* (Die Reise des Herrn Perrichon) von Eugène Labiche.

Nr. 15 – John Cage, Brief an Pierre Boulez [Juni 1950]

1 Am Briefrand sind folgende Notizen zugefügt: Goldbeck: 12, rue Emile Duchaux; de Schloezer: 5, rue de l'Assomption.

Nr. 17 – John Cage, Brief an Pierre Boulez vom 2. Juli 1950

1 Das Plakat, das die Uraufführung von *Le Soleil des Eaux* ankündigte.

Nr. 18 – John Cage, Brief an Pierre Boulez [26. Juli 1950]

1 Es handelt sich um den *Soleil des Eaux*. Der Erfolg der Aufführung wird in den USA nicht zuletzt durch eine kleine Notiz von Frédéric Goldbeck in *Musical Quarterly* (Nr. 4/Oktober 1950, Bd. XXXVI, S. 598) bekannt: »Pierre Boulez' konziser *Soleil des Eaux* für Stimmen und kleines Orchester ist vielleicht das bedeutendste Stück Musik, das in den letzten Jahren in Frankreich geschrieben wurde. Hier gründet technische Komplexität und Raffinesse in der Vorstellungskraft – aus der Notwendigkeit (mit oder ohne Zwölftonreihe) neue Flaschen in phantastischen Formen für einen neuen und höchst wirksamen Wein mit tragischem Geschmack zu erfinden. Als Hörer wird man aufgewühlt und verunsichert.«

Nr. 19 – John Cage, Brief an Pierre Souvchinsky [nach dem 18. Juli 1950]

1 Die Uraufführung von *Soleil des Eaux* am 18.7.1950.
2 Das *Concerto for Prepared Piano and Chamber Orchestra.*

Nr. 23 – John Cage, Brief an Pierre Boulez [Anfang September 1950]

1 Das Telegramm von Boulez befindet sich in der Briefesammlung der Northwestern Library. Es datiert vom 1.9.1950 und lautet: »Kommen unmöglich – Traurig – Freundschaftlich – Boulez«.
2 Das *Concerto for Prepared Piano and Chamber Orchestra.*
3 Das *Livre pour Quatuor.*

Nr. 24 – Pierre Boulez, Brief an John Cage [Ende Sommer 1950]

1 Siehe Nr. 3, Anm. 7.
2 Wahrscheinlich handelt es sich um das später aufgegebene Projekt *Un Coup de Dés* nach Stéphane Mallarmé.
3 Siehe Nr. 11, Anm. 3.

Nr. 25 – John Cage, Brief an Pierre Boulez [Dezember 1950]

1 David Tudor spielte Boulez' *Zweite Klaviersonate* am 17.12.1950 als amerikanische Erstaufführung, nahm aber nie eine Schallplatte davon auf. Dieser Brief datiert sehr wahrscheinlich vom 18.12., dem Tag nach dieser Erstaufführung, über die Cage hier berichtet.
2 Die Original-Handschrift und mehrere Entwürfe zur *Zweiten Klaviersonate* wurden zusammen mit den Briefen von Pierre Boulez in der Northwestern Library hinterlegt. Diese Quellen zeigen, daß der dritte Satz im Mai 1946 beendet und als *Variations-Rondeau* überschrieben wurde. Dieser Satz wurde damals von Boulez seiner Lehrerin Andrée Vaurabourg-Honegger gewidmet. Das Partiturpaket enthält die folgende Widmung: »Für John Cage, zum Andenken an unsere Begegnung in Paris, die für uns beide sehr interessant war. In Freundschaft«. Das Originalmanuskript enthält in eckigen Klammern außerdem eine Passage, die nicht in die verschiedenen Editionen des Werks aufgenommen wurde.
3 Frau des amerikanischen Dichters E.E. Cummings, von dem Boulez zwischen 1968 und 1970 mehrere Texte vertonte: *Cummings ist der Dichter* für Kammerchor und Orchester (Werkeliste Jameux Nr. 30); 1988 entstand noch eine zweite Fassung des Stücks.
4 Möglicherweise eine Anspielung auf den Koreakrieg, in dem Frankreich und die USA in eine gespannte Kontrastellung gerieten [A.d.Ü.].

5 Es handelt sich um *Sixteen Dances* (für die im Brief angegebene Besetzung).
6 In Klammern über die Briefzeile gesetzt.
7 Es handelt sich um *Le Soleil des Eaux*. Die Aufnahme dieser Premiere, die auch in Brief Nr. 24 erwähnt wurde, ist 1986 noch einmal aufgelegt worden (INA-Caisse des dépôts et consignations: Concerts des Champs Elysées). Im nächsten Brief, Nr. 26, gibt Boulez über die Entstehungszeiten des *Soleil des Eaux*, des *Livre pour Quatuor* und der *Zweiten Klaviersonate* genauer Auskunft.

Nr. 26 – Pierre Boulez, Brief an John Cage [30. Dezember 1950]

1 Es handelt sich um das *Livre pour Quatuor* (Werkeliste Jameux Nr. 10a).
2 Siehe Nr. 13, Anm. 1.
3 Es handelt sich um *Polyphonie X*. Eine Partiturskizze der ersten Version für 49 Instrumente (17 Seiten) befindet sich im Besitz der Paul Sacher Stiftung. In der zweiten Fassung sind nur noch 18 Instrumente verwendet. Es ist diese zweite Fassung, die Boulez in seinem Aufsatz »Möglichkeiten«, in: P.B., *Werkstattexte*, siehe Auswahlbibliographie, als Beispiel zitiert und deren Instrumente er dort auflistet, ohne das Stück zu nennen. Am 6.10.1951 wurde das Werk in Donaueschingen mit Hans Rosbaud als Dirigent uraufgeführt.
4 Paul Griffiths wies darauf hin, daß Boulez hier zum erstenmal in der Korrespondenz eine musikalische Form nennt, die den Zufall einbezieht, bzw. in gewissem Grad »offen« genannt werden kann.
5 Die folgenden ausführlichen Beschreibungen der Kompositionsverfahren zu *Polyphonie X* erschienen zuerst gesondert in der französischen Ausgabe der *Points de repère*, Paris: Bourgois 1981(neueste Auflage), aber nicht in der deutschen Ausgabe *Anhaltspunkte*.
Die deutsche Übersetzung dieser Passagen von Dr. Ulrich Mosch erschien in der Zeitschrift *Musiktheorie* Nr. 1/1987, hg. von P. Cahn, H. Danuser u.a., Laaber: Laaber Verlag 1987, S. 87–97. Der folgende Abschnitt übernimmt diese Übersetzung [A.d.Ü.].
6 Boulez hält sich im Notenbeispiel Dd nicht durchgängig an die beschriebene Transformationsregel: Zwischen 2. und 3. Ton ist zwar das richtige Intervall (Quart) abgetragen, aber in falscher Richtung. Statt ♭g erhält er deshalb ♭f. Das hat Folgen: Wendet man, ausgehend von ♭f als drittem Ton, die Regel konsequent auf alle folgenden Intervalle an, so erscheinen in der resultierenden Reihe zwei Töne doppelt, ♭c als zweiter und siebter Ton, und d als erster und neunter Ton.

Boulez war also gezwungen, die reguläre Abfolge der Intervalle ein zweites Mal zu verändern, um doppelte Töne zu vermeiden; z.B. durch Vergrößerung des Intervalls zwischen dem vierten und fünften Ton bzw. Verkleinerung des komplementären Intervalls um einen Halbton, wie in der Reihe Dd (Vergrößerung um einen Viertelton hätte zu anderen Tonverdoppelungen geführt).

Daß das Intervall zwischen fünftem und sechstem Ton in der Reihe Dd, bezogen auf das reguläre, um einen Tritonus zu klein ist, geht womöglich auf einen Irrtum zurück: Geht man, anstelle der geforderten zwei Quinten abwärts plus ein Viertel des Ergebnisses, zwei Quarten aufwärts plus ein Viertel des Ergebnisses, so erhält man genau das Viertelton-Intervall (die Oktave abgerechnet) wie zwischen fünftem und sechstem Ton der Reihe Dd. (U.M.)

7 Die beschriebene Operation, deren Resultat fφ sein soll, vermag ich nicht nachzuvollziehen, da es sich bei β, γ, δ, η jeweils um vollständige Zwölftonreihen handelt, alle Reihen also alle Töne gemeinsam haben. (U.M.)

8 Vergleiche hierzu den Aufsatz »Möglichkeiten«, in: P.B., *Werkstattexte*, siehe Auswahlbibliographie.

9 Rückläufiger bzw. nicht rückläufiger Rhythmus meint immer in-sich-rückläufig bzw. nicht in-sich-rückläufig. Dieser präzisen Übersetzung wurde vor dem von Josef Häusler benutzten »umkehrbar bzw. nicht umkehrbar« der Vorzug gegeben, da Boulez am Ende seiner methodischen Erläuterungen hier bezüglich des Rhythmus das Fehlen zweier Dimensionen feststellt: der Umkehrung und des Krebses der Umkehrung. Andernfalls müßte Umkehrung in zweierlei Sinn verwendet werden. (U.M.)

10 Es handelt sich um die in Quelle Nr. 1 von Boulez in Frankreich vorgestellten *Sonatas and Interludes* für präpariertes Klavier von 1946/48 und um *A Book of Music* für zwei präparierte Klaviere von 1944.

11 Ende des von U.M. übersetzten Abschnitts.

12 Dieser »Hinweis« ist dem Gedichtzyklus »La sieste blanche«/»Wache Mittagsruhe« vorangestellt. In: *Les matinaux* von René Char, Erstausgabe: Paris: Gallimard 1950, und: René Char, *Œuvres complètes*, Paris: Gallimard/La Pléiade 1983, S. 291.
Deutsch zuerst als: *Wanderer in den Morgen*, in: René Char, *Dichtungen/Poésies II*, Frankfurt/M.: S. Fischer 1968, übersetzt von Gerd Henniger. Zitiert nach: *Die Bibliothek in Flammen und andere Gedichte*, Frankfurt/M.: Fischer TB 1992 (zweisprachig).

13 Wahrscheinlich irrt sich hier Boulez, denn der fragliche Film über Alexander Calder wurde von Herbert Matter gedreht.

14 Weiter in der Übersetzung von Ulrich Mosch [A.d.Ü.].

15 Ende des Abschnitts von U.M. [A.d.Ü.]

16 Es handelt sich um den Aufsatz »Bach als Kraftmoment«, der zuerst 1951 in der Nummer 7 über J.S. Bach von *Contrepoints* erschien. Die

Zeitschrift kämpfte tatsächlich um ihr Überleben. Während die ersten fünf Nummern 1946 und die Nummer 6/1949 bei den Editions du Minuit erschienen, ging sie mit der Nummer 7 zu Richard Masse Editeurs über und stellte mit der Nummer 8 ihr Erscheinen 1951 ein.

17 Es handelt sich um den Aufsatz »Stravinsky demeure«, zuerst in: Pierre Souvchinsky (Hg.), *Musique russe*, Paris: P.U.F. 1953, Bd. 1, S. 151–224; aufgenommen in: Pierre Boulez, *Relevés d'apprenti*, siehe Brief 3, Anm. 2; deutsch: »Strawinskij bleibt«, abweichend von der französischen Ausgabe aufgenommen in: P.B., *Anhaltspunkte*, siehe Auswahlbibliographie, S. 163–238.

Nr. 27 – Pierre Boulez, Brief an John Cage [zwischen 7. und 21. Mai 1951]

1 Spitzname für John Cage, von Armand Gatti verliehen.

2 Die *Cantos*, das Hauptwerk von Ezra Pound, entstand sukzessive zwischen 1919 und 1959. Eine erste (unvollständige) Ausgabe erschien 1948 in New York. Deutsch: Ezra Pound, *Cantos*, Hamburg/Zürich: Arche 1986.

3 Fehlt in der Sammlung der Briefe John Cages an Pierre Boulez.

4 Es handelt sich um *Polyphonie X*, siehe Brief Nr. 26, Anm. 3.

5 Es handelt sich um das erste Buch der *Structures pour deux pianos* (*Strukturen für zwei Klaviere*) (1951/52; Werkeliste Jameux Nr. 14); das zweite Buch wurde zwischen 1956 und 1961 geschrieben (Jameux Nr. 25), wobei Boulez noch zwei weitere Bücher komponieren wollte, was aber nie zur Ausführung kam.

6 *Le Consul* von Gian Carlo Menotti (geb. 1911) war noch nicht lange zuvor am 1.3.1950 in Philadelphia uraufgeführt worden.

7 Siehe Biographisches Glossar

8 »Möglichkeiten«, in: P.B., *Werkstattexte*, siehe Auswahlbibliographie.

9 »Primeur«, die Bezeichnung für neuen Wein, charakterisiert hier ironisch die Art der Erstaufführung (frz. première) [A.d.Ü.].

10 Die Uraufführung hatte am 9.3.1951 in Boston mit Charles Munch als Dirigenten stattgefunden; Munch dirigierte auch die französische Erstaufführung mit dem Orchestre National am 7.5.1951.

Nr. 28 – John Cage, Brief an Pierre Boulez [22. Mai 1951]

1 Cage hatte wohl tatsächlich auf den Brief vom 30. Dezember 1950 nicht geantwortet, weshalb Nr. 27 von Boulez mit einer Erinnerung eingeleitet wurde.

2 Brief Nr. 26.

3 Es handelt sich um die *Music of Changes* (1951).

4 Siehe Cages Definitionen in Quelle Nr. 5, »Vorreiter der Modernen Musik«.

5 Hier antwortet Cage auf den Brief (Nr. 26) vom 30. Dezember 1950.

6 *Imaginary Landscape Nr. 4 for 12 Radios (24 players and conductor)* von 1951 (wie alle hier zitierten Werke von John Cage nach dem Werkeverzeichnis in: Peter Gena/Jonathan Brent, *A John Cage Reader*, New York/London/ Frankfurt/M.: Edition Peters 1982.
7 Siehe Nr. 13, Anm. 1.
8 Es kann nach unseren Recherchen nicht angegeben werden, um welches Konzert von Ernst Krenek es sich handelte. Das vom Herausgeber genannte *Konzert für zwei Klaviere* dürfte kaum für eine Pianistin [Maro] und eine Violinistin [Anahid Ajemian] geschrieben worden sein [A.d.Ü.].

Nr. 29 – Pierre Boulez, Brief an John Cage [zwischen 22. Mai und 17. Juli 1951]

1 Wenn man von Cages Antwort (Nr. 30) ausgeht, ist dieser kurze Brief eher im Juli geschrieben worden.
2 Brief vom 22. Mai 1951 (Nr. 28), in dem Cage viele Einzelheiten über seine Komposition mitteilt.
3 Boulez wird tatsächlich im August (siehe Nr. 31) antworten, und zwar, um der Anfrage nach einem Beitrag nachzukommen (siehe Nr. 30).

Nr. 30 – John Cage, Brief an Pierre Boulez [17. Juli 1951]

1 Es handelt sich um einen Bericht über das New Yorker Musikleben in *Musical Quarterly* (Nr. 1/1952, Bd. XXXVIII, S. 123–136), wo vor allem von Cage, Feldman und Boulez die Rede ist (zum Schluß noch von Busoni). Henry Cowell hat dem folgenden Brief von Boulez (Nr. 31) einige grundlegende Ideen zum athematischen Komponieren und zum Rhythmus entlehnt sowie die beiden Beispiele einer ursprünglichen Reihe, die Reihen für Lautstärken, für Anschlagsarten und für Dauern sowie die sieben Beispiele möglicher Rhythmen. Außerdem findet sich in diesem Artikel das verblüffende Statement von Cage über den Einfluß Cage-Boulez-Cage: »Cage sagt: ›Boulez hat mich mit seiner Idee von der Beweglichkeit beeinflußt; mein Einfluß auf ihn besteht darin, daß er meine Idee vom Klangaggregat akzeptiert.‹« (Siehe auch Nr. 37, wo Boulez sich äußert: »Wir haben John Cage auch die Idee der Klangkomplexe zu danken.«)

Nr. 31 – Pierre Boulez, Brief an John Cage [August 1951]

1 Nachdem das Stück am 6.10.1951 bei den Donaueschinger Musiktagen (siehe Nr. 26, Anm. 3) aufgeführt und vom Südwestfunk Baden-Baden aufgezeichnet worden war, beschloß Boulez nach dem Abhören des Bandes, die *Polyphonie X* zurückzuziehen (siehe auch Dominique Jameux, *Pierre Boulez*, Paris: Fayard 1984, S. 66).

2 Es handelt sich um Brief Nr. 28 vom 22. Mai 1951, der wohl erst im Juni in Paris ankam.
3 Boulez arbeitete für kurze Zeit als »ondiste«, das heißt, er spielte im Musik- und Tanztheater Folies-Bergère Onde Martenot als Showbegleitung.
4 Der folgende Abschnitt bis fast zum Ende dieses Briefes wurde von John Cage zusammen mit den Statements von Morton Feldman, Christian Wolff und ihm selbst in der Kulturzeitschrift *Trans/formations* Nr. 3/1952 (Bd. I), S. 168ff veröffentlicht. Diese Statements sind nachfolgend hier als Quelle Nr. 32 aufgenommen. In französischer Sprache erschien dieser Abschnitt von Boulez zuerst in: Pierre Boulez, *Points de repère,* siehe Brief 26, Anm. 5. Die angeführten Beispiele sind aus *Polyphonie X* und den *Structures* für zwei Klaviere entnommen, wie Boulez an anderer Stelle angibt. Genauer gesagt: Die Reihen der Tonhöhen, der Lautstärken, Anschlagsarten und Dauern sind die der *Structures*, während die Beispiele für rhythmische Möglichkeiten der *Polyphonie X* entstammen. Siehe auch Nr. 26 und den Aufsatz »Möglichkeiten«, in: P.B., *Werkstattexte*, siehe Auswahlbibliographie.
Die deutsche Fassung des folgenden Abschnitts wurde der Übersetzung von Dr. Ulrich Mosch entnommen, in: *Musiktheorie* Nr. 1/1987 (a.a.O., siehe Brief Nr. 26, Anm. 5).
5 Im französischen Text heißt es »un tableau sériel d'indice f«, was keinen Sinn ergibt. Es kann sich hierbei um einen Lesefehler in der Transkription aus dem Original des Briefes handeln. In der englischen Übersetzung (siehe Anm. 4) heißt es an dieser Stelle: »a serial table with the index of 7«. (U.M.)
6 Ende des von Ulrich Mosch übersetzten Abschnitts [A.d.Ü.].
7 Morton Feldman schrieb 1951 ein Streichquartett mit dem Titel *Structures*.
8 Was Boulez' Haltung zu den Kompositionen von Feldman (und Wolff) angeht, deutet er dies in Nr. 27 bereits an, um in Nr. 35 seine ausführliche Kritik von Feldmans *Projections* und *Intersections*, die in Quelle Nr. 32 erläutert werden, abzugeben.

Nr. 32 – Morton Feldman, John Cage, Christian Wolff [1951/1952]

1 Diese Statements erschienen zuerst in: *Trans/formations* Nr. 3/1952 (Bd. I.), New York, unter dem Titel »Four Musicians at Work«. Der Beitrag von John Cage wurde in die amerikanische Ausgabe von *Silence*, siehe Auswahlbibliographie, S. 57ff aufgenommen, jedoch ohne die hier abgedruckten Notenbeispiele.

Nr. 33 – John Cage, Brief an Pierre Boulez [Sommer 1951]

1 Damit sind Boulez' methodische Erläuterungen in Nr. 31 gemeint.
2 Es handelt sich um *Structures* für zwei Klaviere [A.d.Ü.].
3 Es handelt sich um *Imaginary Landscape Nr. 4*, siehe Nr. 28, Anm. 6.

4 Das Stück heißt *Intersection II* für Klavier (1951).
5 Worüber Boulez in Brief Nr. 35 ausführlich berichtet.

Nr. 34 – John Cage, Brief an Pierre Boulez [nach dem 6. Oktober 1951]

1 Siehe Nr. 30, Anm. 1.
2 Siehe Nr. 32, Anm. 1.

Nr. 35 – Pierre Boulez, Brief an John Cage [Dezember 1951]

1 Dieser Brief hat eine bewegte Geschichte. In der ersten Ausgabe dieser Korrespondenz (1990 bei der Paul Sacher Stiftung, Basel) konnten nur wenige auf Französisch erhaltene sowie einige teilweise schwierig zu rekonstruierende Passagen abgedruckt werden, dank der Rekonstruktionsarbeit von Robert Piencikowski. Im selben Jahr tauchte jedoch, von John Holzaepfel bei der Recherche für seine Doktorarbeit im Archiv von David Tudor zutage gefördert, eine amerikanische Übersetzung des gesamten Briefes von John Cage auf. Wahrscheinlich hatte Cage, wie bei Nr. 31 geschehen, daran gedacht, auch diese Ausführungen von Boulez in den USA zu veröffentlichen. So konnte bereits für die Ende 1990 bei Christian Bourgois, Paris, erschienene französische Ausgabe der Korrespondenz der ganze Brief, teilweise aus dem Amerikanischen rückübersetzt, aufgenommen werden.
1993 brachte die englische Cambridge University Press die Korrespondenz Boulez-Cage in der Übersetzung von Robert Samuels bzw. in der leicht korrigierten Cage-Originalversion und nahm diesen Brief ebenfalls in Cages Worten auf. Daher wurde die deutsche Übersetzung für alle nicht auf Französisch erhaltenen Abschnitte ausgehend von dieser englischen Ausgabe vorgenommen. Die Anmerkungen für diese Passagen sind ebenfalls aus der englischen Ausgabe übernommen. Die Abkürzungen in Klammern hinter einem Anmerkungstext bedeuten:
JH = John Holzaepfel, Musikwissenschaftler.
RS = Robert Samuels, Übersetzer und Lektor der englischen Ausgabe dieser Korrespondenz.
Alle nicht bezeichneten Anmerkungen sind vom Herausgeber Jean-Jacques Nattiez.
2 Gemeint ist Brief Nr. 28 vom 22. Mai 1951.
3 Es handelt sich um *Imaginary Landscape Nr. 4*, siehe unten, Anm. 6, und Nr. 28, Anm. 6.
4 Wegen seines Artikels »Propositions«, zuerst erschienen in: *Polyphonie*, Nr. 2/1948, aufgenommen in: P.B., *Relevés d'apprenti*, siehe Brief 3, Anm. 2; deutsch: »Vorschläge«, in: *Werkstattexte*, siehe Auswahlbibliographie.
5 Es handelt sich von der Beschreibung her sehr wahrscheinlich um Jacques Monod, über den Cage in einem früheren Brief berichtete [A.d.Ü.].

6 *Imaginary Landscape Nr. 4* wurde am 10.5.1951 im MacMillin Theater der Columbia University/New York aufgeführt (Programm im David Tudor Archiv) uraufgeführt. Calvin Tomkin schreibt, daß das Stück »trotz Cages Einwänden als letztes auf das Programm gesetzt wurde als das *pièce de résistance*« (in: *The Bride and the Bachelors*, New York: Viking Press 1968, S. 113). Diese Entscheidung stellte sich als sehr unklug heraus, da das Programm, das 12 Stücke umfaßte, um 20.30 Uhr begann, so daß bis zur Aufführung von *Imaginary Landscape* zur vorgerückten Stunde die meisten Radiosender in Reichweite nicht mehr sendeten, was eine schwach strukturierte Aufführung auf niedrigem dynamischem Niveau bewirkte. Siehe auch Henry Cowells Kritik des Konzerts in: *Musical Quarterly* Nr. 38/1952, S. 123–135. (JH)

7 Die Fragezeichen gehen auf Cage zurück, der den französischen Begriff »création« – hier: »Erstaufführung« – vielleicht nicht übersetzen konnte. (RS)

8 John Cages Aufsatz »Vorreiter der Modernen Musik«, der in der Zeitschrift *Contrepoints* Nr. 6/1951 in der Übersetzung von Frédéric Goldbeck als »Existenzberechtigung der modernen Musik« erschien, ist hier als Quelle Nr. 5 zu finden.

9 Siehe Quelle Nr. 1.

10 Siehe Quelle Nr. 1, für *Construction in Metal* Anm. 10 und für *Three Dances for two [prepared] Pianos* Anm. 19.

11 Siehe Feldmans Statement zu *Intersection* in Quelle Nr. 32. In den Briefen Nr. 11 und 27 erwähnt Boulez Notenhandschriften, die Feldman ihm geschickt habe. Dabei handelte es sich wahrscheinlich um *Illusion* (1949) und *Projection II* (1951). Siehe auch Nr. 11, Anm. 3.

12 Hier sowie an weiteren Stellen dieses Briefs mit dieser Nummer in Klammern konnte Cage die Handschrift von Boulez nicht entziffern.

13 Aus der laufenden Diskussion und aus der Kritik geht nicht klar hervor, auf welche Kompositionen von Feldman sich Boulez hier bezieht. Den Takt gibt Feldman in den *Intersections I* und *II* in Metronom-Werten an (»72 oder ähnlich« – wie auch in *Projection II* – »158«). *Illusions* ist in Standardnotation verfaßt (siehe Nr. 11). (JH)
In der vorausgegangenen Passage scheint Cage »unity« nicht ganz zutreffend aus dem französischen »unité« übersetzt zu haben. »Unité« hat hier eher die Bedeutung von »unit« – Einheit, Zeiteinheit, und nicht »unity« – Einigkeit, Einheitlichkeit. (RS)

14 Diese Übersetzung von Cage wirkt uneindeutig; es könnte sich um das französische »bandes«, also Frequenzbänder, gehandelt haben, vielleicht aber auch um »pavés«, was auch soviel wie »Schichtungen« bedeuten kann [unter Verwendung der Vermutung von Robert Samuels, dem Hinweis von Robert Piencikowski folgend, A.d.Ü.].

15 Der französische Ausdruck »accord parfait« bedeutet hier »Dreiklang«. (RS)

16 Die damals von Boulez oft gebrauchte Wendung »le noyau infracassable de nuit«, offenbar ein literarisches Zitat, ist auf Französisch unmißverständlich, trotz des Neologismus »infracassable« (von fracasser – zerstören), bereitete Cage aber Schwierigkeiten (Cage: »infinite« – unendlich). (RS)

[Zitat von André Breton, aus seinem Vorwort zu den *Contes bizarres* von Achim von Arnim. Hinweis von Robert Piencikowski]

17 Siehe Brief Nr. 33. (RS)

18 Siehe Brief Nr. 6, Anm. 7.

19 Deutsch: »Schönberg ist tot«, in: P.B., *Anhaltspunkte,* siehe Auswahlbibliographie, S. 294 und 296f.

20 Diese Bemerkung bestätigt, daß der Artikel im wesentlichen als Angriff gegen René Leibowitz geschrieben wurde.

21 Diese Oper von Igor Strawinskij wurde am 11.9.1951 in Venedig uraufgeführt, wovon Boulez offenbar eine Radioübertragung hörte. (JH)

22 *Billy Budd* von Benjamin Britten (Opus 50) wurde am 1.12.1951 in Covent Garden uraufgeführt.

23 Es handelt sich um *Polyphonie X*, siehe Nr. 26, Anm. 3.

24 Es handelt sich um das *Livre pour Quatuor*.

25 Dies bezieht sich auf *Structures* für zwei Klaviere, deren Aufführung für England geplant war, wie Brief Nr. 33 zeigt. Möglicherweise, da Boulez dies in keinem seiner Briefe erwähnte, wurde diese Information mündlich durch Christian Wolff übermittelt. Die BBC hatte das Projekt tatsächlich abgelehnt.

26 Siehe auch Brief Nr. 33, wo Cage schrieb, er wolle David Tudor, sobald er zurück sei, zu einer Aufnahme der *Zweiten Klaviersonate* bewegen. Wie aus Gesprächen mit David Tudor und Earle Brown hervorging, scheiterte ein erster Anlauf 1951 an vertraglichen Problemen; und sehr viel später, als Earle Brown eine Reihe mit Neuer Musik bei Time/Mainstream Recordings produzierte und Tudor aufforderte, die *Zweite Klaviersonate*, die *Music of Changes* sowie Charles Ives' *Concord Sonata* für die Reihe aufzunehmen, hatte er die beiden ersten Werke zu lange nicht mehr gespielt, die *Concord Sonata* überhaupt noch nie, um damit ins Studio zu gehen und war außerdem bereits viel mehr mit eigenen Kompositionen und elektronischen Experimenten beschäftigt. Es kam daher nie zu einer Aufnahme der *Zweiten Klaviersonate* mit David Tudor. (JH)

27 Boulez erzählte bereits im Brief Nr. 6 (siehe auch dort Anm. 4) von Experimenten im Studio für konkrete Musik bei Pierre Schaeffer. Er nahm vom 19. Oktober bis 13. Dezember 1951 an einem Kursus dort teil.

28 Allerdings wendete Boulez das serielle Verfahren dann auf alle vier Parameter an, wie im folgenden deutlich wird.

29 *Etude sérielle sur un son* (Werkeliste Jameux Nr. 13a), siehe auch Nr. 6, Anm. 4.

30 Boulez' Interesse für das westafrikanische Daumenklavier, *sanza*, zeigt sich auch in seiner Einführung in Cages *Sonatas and Interludes*, siehe Quelle Nr. 1.

31 Die Zahlen in den Kästchen der Graphik sind kaum zu entziffern, jedoch aus Boulez' Erklärungen rekonstruierbar. (RS)

32 Damit meint Boulez eine Laufgeschwindigkeit von 77cm pro Sekunde, was zu dieser Zeit außergewöhnlich schnell war für ein Tonbandgerät. Möglicherweise irrtümlich für 7,7 cm eingesetzt. (RS)

33 Anspielung auf seine vorausgehende Kritik an Feldmans Kompositionen.
34 Boulez meint hier »Klang 1 mit Geschwindigkeit N«, »Klang 7 mit Geschwindigkeit 4N« usw. (RS)
35 Gemeint ist die Umkehrung der Bandlaufrichtung; Cage könnte hier »à l'envers« (umgekehrt) mit seinem »on the wrong side« falsch übersetzt haben, das ebensogut musikalische Umkehrung meinen kann. (RS)
36 Im Brief Nr. 26 vom 30. Dezember 1950.
37 Brief Nr. 31 vom August 1951.
38 Eine Darlegung seines Kompositionsverfahrens nimmt Boulez erst viel später und in kleinerer Form vor: *Musikdenken heute*, 2 Bände (Reihe: Darmstädter Beiträge), New York/Mainz: Schott's Söhne 1963, übersetzt von Josef Häusler und Pierre Stoll. (Originaltitel: *Comment pense-t-on la musique aujourd'hui?*)
39 Dieses Vorhaben scheint nicht ausgeführt worden zu sein. Binnen kurzem zerstritt sich Boulez mit Schaeffer (siehe Nr. 44).
40 Dies meint das Stück *Soixante-quatre durées*, im *Livre d'orgue* die Nr. 7, das 1952 von Olivier Messiaen in Mailand uraufgeführt wurde.
41 Der Begleitbrief zur Notensendung an Boulez datierte vom 27.11.1951 [Hinweis von Robert Piencikowski].
Der junge belgische Komponist ist Henri Pousseur, geb. 1929 bei Liège. Er wurde in den fünfziger Jahren neben Boulez einer der bedeutenden Vertreter der seriellen Schule.
42 *Trois chants sacrées* für Sopran, Geige, Bratsche und Cello, uraufgeführt 1952 in Salzburg.
43 Dies erklärt die lange Pause zwischen diesem und dem darauffolgenden Brief Nr. 36.
44 Dieses Vorhaben sollte tatsächlich zustande kommen; Boulez sah Cage am 11. November 1952 in New York wieder (siehe Brief Nr. 39).
45 Gemeint ist die New Yorker Freiheitsstatue des französischen Bildhauers F.A. Bartholdi (1834–1904) [A.d.Ü.].

Nr. 36 – Pierre Boulez, Brief an John Cage [vor dem 21. Mai 1952]

1 Siehe Quelle Nr. 32.
2 In: »Möglichkeiten«, siehe Auswahlbibliographie; der entsprechende Auszug ist hier als Quelle Nr. 37 aufgenommen.
3 Dieses Projekt scheint nicht realisiert worden zu sein.
4 Am 4.5.1952.
5 Das erste Buch der *Structures* (für zwei Klaviere) wurde am 13.11.1953 von Yvette Grimaud und Yvonne Loriod in Köln aufgeführt. [Damals war noch ein zweites »Buch« geplant, das erst später (1956–61) realisiert wurde.]
6 Es handelt sich um *Oubli signal lapidé*, das am 3.10.1952 nicht in Berlin, sondern in Köln mit dem Vokalensemble Marcel Couraud uraufgeführt wurde.

7 Dieses Konzert, das im Saal des Ancien Conservatoire in Paris stattfand, stellte u.a. folgende Werke vor: André Hodeir, *Jazz et Jazz*; Pierre Boulez, *Etude sérielle sur un son, Etude sérielle sur un accord de sept sons* [Etüden über einen Klang und über sieben Klänge]; Pierre Henry, *Vocalises*, und Olivier Messiaen, *Timbres-Durées*; Michel Philippot, *Le joueur des bruits*; Rollin, *Etude vocale*.

Nr. 37 – Pierre Boulez über John Cage in: »Möglichkeiten« [Auszug]

1 Dieser Artikel erschien französisch als »Eventuellement...« zuerst in *La Revue musicale* Nr. 212/April 1952; er wurde aufgenommen in: *Relevés d'apprenti*, siehe Brief 3, Anm. 2; deutsch: *Werkstattexte*, siehe Auswahlbibliographie. Der hier abgedruckte Auszug über John Cage wurde aus der deutschen Übersetzung von Josef Häusler übernommen [A.d.Ü.].

Nr. 38 – John Cage, Brief an Pierre Boulez [Sommer 1952]

1 Es handelt sich hier wahrscheinlich nicht um den vorigen Brief Nr. 36, sondern um Nr. 35, auf den Cage noch nicht geantwortet hatte.
2 Es handelt sich um *For Magnetic Tape* von 1952.
3 *Williams Mix* für Tonband, siehe Brief Nr. 43.
4 Die *Two Pastorales* für präpariertes Klavier datieren von 1951.
5 Dieses Stück wurde am 2.5.1952 in der New School for Social Research in New York, deren Anschrift *66 West 12th Street* war, uraufgeführt. Es erhielt später den unveränderlichen Titel: *Water Music* (for pianist who also uses radios, whistles etc. – für einen Klavierspieler, der außerdem Radios, Pfeifen usw. benutzt) (siehe: Gena/Brent: *A John Cage Reader*, siehe Brief 28, Anm. 1).
6 Pierre Schaeffer, *A la recherche d'une musique concrète*, Paris: du Seuil 1952. Eine kurze deutsche Einführung in die Konkrete Musik erschien 1974 in der Übersetzung von Josef Häusler: Pierre Schaeffer, *Musique Concrète*, Stuttgart: Klett 1974 [A.d.Ü.].
7 *Symphonie pour un Homme Seul*, von Pierre Henry und Pierre Schaeffer, uraufgeführt an der Pariser Ecole Normale de Musique am 18.3.1950.
8 Uraufgeführt 1946 mit Yvette Grimaud; David Tudor spielte das Werk tatsächlich am 12.8.1952 im Black Mountain College, dann am 29.8. in der Maverick Concert Hall sowie bei weiteren Konzerten in den USA.
9 Siehe dazu die Erläuterungen von Boulez in Brief Nr. 35.

Nr. 39 – Pierre Boulez, Brief an John Cage [1. Oktober 1952]

1 Damit meint Boulez das Studio für elektronische Musik beim Nordwestdeutschen Rundfunk in Köln, das 1951 von Herbert Eimert gegründet

wurde und zu einem der wichtigen europäischen Zentren für die Entwicklung der elektronischen Musik in den fünfziger Jahren wurde.

2 Es handelt sich um *Oubli signal lapidé*, siehe Nr. 36, Anm. 6.

3 Siehe Nr. 38, Anm. 6.

4 »Möglichkeiten«, siehe Auswahlbibliographie, und Quelle Nr. 37.

Nr. 40 – Pierre Boulez, Brief an John Cage [Montréal, Ende Oktober 1952]

1 Dieser Brief fehlt in der Sammlung von Pierre Boulez.

2 Es handelt sich um das *Concerto for Prepared Piano and Chamber Orchestra* von 1951.

3 *La répétition, ou l'amour puni* von Jean Anouilh, Uraufführung durch das Theater Renaud-Barrault im Théatre Marigny am 27.10.1950.

4 *Occupe-toi d'Amélie* von Georges Feydeau war seit dem 4.3.1948 im Programm der Compagnie Renaud-Barrault.

5. Dieses Stück von Pierre Henry war auch Bestandteil des Konzertes mit konkreter Musik, von dem Boulez in Brief Nr. 36 spricht. S. a. Nr. 36, Anm. 7.

6 Die Komödie *Amphytrion* von Molière war seit dem 5.12.1947 im Repertoire des Theaters Renaud-Barrault.

Nr. 41 – Pierre Boulez, Brief an John Cage [2. November 1952]

1 Boulez hatte zuerst »Sept.« geschrieben, dann ausgestrichen und korrigiert.

2 Ein weiteres Mal: Er schreibt September, gemeint ist aber November.

3 Dieser Brief von John Cage fehlt in der Sammlung von Boulez.

4 *Fiddle-de-dee*, ein Film von Norman McLaren, wurde 1947 produziert.

5 In *Fantasia* von Walt Disney wird u.a. die *Toccata und Fuge* in D-Moll, B.W.V.565 von Johann Sebastian Bach als Filmmusik verwendet.

6 Im Brieforiginal erscheint anstatt einer Klanginterferenz eine Buchstabeninterferenz über den Worten »of changes«: Jo C h A n G E s
of c h a n g e s

7 Dieser Artikel erschien zuerst als »Vers une musique expérimentale« (»Zu einer experimentellen Musik«) in der von Pierre Schaeffer herausgegebenen *Revue musicale* Nr. 236/1957 und war ursprünglich für eine Veranstaltung von Schaeffers Gruppe *recherches de musique concrète* (Untersuchungen konkreter Musik) beim französischen Rundfunk vom 8.6. bis 18.6.1953 in Paris verfaßt worden. Aufgenommen unter dem Titel »Tendences de la musique récente« in *Relevés d'apprenti*, siehe Brief 3, Anm. 2; deutsch: »Tendenzen – 1957«, in: *Werkstattexte*, siehe Auswahlbibliographie.
Die zwei Notenbeispiele fehlen in der Sammlung der *Werkstattexte*.
Bei dem ersten Notenbeispiel handelt es sich um das vorletzte System des *Klavierstück IV* von Karlheinz Stockhausen, S. 12, Universal Edition 1954;

bei dem zweiten Beispiel um einen kurzen Abschnitt aus der *Music of Changes* von John Cage, Edition Peters (4 Bände) 1951.

Nr. 43 – John Cage, Brief an Pierre Boulez [1. Mai 1953]

1 *Williams Mix* für Tonband von 1952. Es existiert eine Fassung auf 8 einzelnen Tonbändern für 8 Tonbandgeräte und Lautsprecher, die von Cage hergestellt wurde.
2 *Batterie Fugace* von Pierre Henry, uraufgeführt in Paris am 29.4.1951.
3 *Timbres–Durées* von Olivier Messiaen, siehe Nr. 36, Anm. 7.
4 Zusammengesetzt aus *magnet*ophone – Tonbandgerät und car*illion* – Spieldose [A.d.Ü.].
5 Dieses Projekt kam nie zustande, siehe auch Nr. 35, Anm. 26.
6 Es handelt sich um *For pianoforte I* von 1952.
7 Es handelt sich hier um die Dichterin Mary Caroline Richards.

Nr. 44 – Pierre Boulez, Brief an John Cage [nach dem 18. Juni 1953]

1 Im Französischen ist die *mur du silence* – Mauer der Stille (oder hier eher des Schweigens) gleichzeitig das, was im Deutschen als *Schallmauer* bezeichnet wird. »Gegen seine Zeit« lebt Boulez dann wohl dadurch an, daß er diese Mauer überspringt (indem er Cage wieder schreibt), anstatt sie zu durchbrechen, wie es damals höchst medienwirksam den ersten US-amerikanischen MilitärpilotInnen gelang.
2 Es handelt sich um das Bühnenstück *Christophe Colomb* von Paul Claudel mit der Musik von Darius Milhaud. Die Uraufführung mit der Theaterkompanie Renaud-Barrault fand am 21.5.1953 im Théatre Marigny statt.
3 Die anfänglichen »Concerts du Petit Marigny«, die Boulez wie beschrieben 1953 initiiert hatte, wurden bald zu der berühmten Konzertreihe *Domaine Musical* (siehe auch Quelle Nr. 1, Anm. 1 zu Suzanne Tézenas).
4 Es handelt sich um eine Neufassung der *Structure Ib* aus: *Structures* für zwei Klaviere.
5 Daraus wird zwischen 1952 und 1955 die Komposition *Le Marteau sans Maître* (Werkeliste Jameux Nr. 16).
6 Es handelt sich um *Oubli signal lapidé,* siehe Nr. 36, Anm. 6.
7 Es handelt sich um die *Fünf Orchesterlieder nach Ansichtskarten-Texten von Peter Altenberg,* Op. 4 von Alban Berg, 1912 (Universal Edition).
8 Diese Oper von Strawinskij (siehe auch Nr. 35) erlebte am 18.6.1953 an der Opéra-Comique ihre französische Erstaufführung. Uraufführung am 11.9.1951 in Venedig.
9 Die erste Ausgabe der Gesammelten Werke von Stéphane Mallarmé erschien 1946 in Paris bei Gallimard/La Pléiade, hg. von H. Mondor/G. Jean-Aubry.
10 Hier: Merce Cunningham.

Nr. 45 – Pierre Boulez, Brief an John Cage [Juli 1954]

1 Dieser Brief ist nicht in der Sammlung von Pierre Boulez erhalten. Er befand sich zu dieser Zeit auf der zweiten Südamerikatournee des Theaters Renaud-Barrault.

2 Es handelt sich um Zeichnungen des amerikanischen Malers Philip Guston, siehe auch Nr. 43.

3 Gemeint sind die Donaueschinger Musiktage, die nach dem Zweiten Weltkrieg zu einem der wichtigen internationalen Festivals für Neue Musik wurden [A.d.Ü.].

4 Boulez hatte offenbar seinen vorausgehenden Brief Nr. 44 völlig vergessen.

5 Diese 1963 neu aufgelegte Nummer 3/1954 der *Cahiers de la Compagnie Renaud-Barrault* (Hefte des Theaters R-B) hatte zum Thema: »La musique et ses problèmes contemporains« (»Die Musik und ihre aktuellen Probleme«). Das Heft enthält ein bekanntgewordenes Boulez-Porträt von Jean-Louis Barrault, dann Boulez' Artikel »Nahsicht und Fernsicht« (deutsch in: *Werkstattexte*, siehe Auswahlbibliographie) sowie Texte von Descartes, Barraqué, Fano, Philippot, Artaud, Martenot, Pousseur, Stockhausen, Michaux, Gatti, Schaeffer, Couraud, Souris, Goléa, Char, de Schloezer und Souvchinsky.

6 Dieser Brief ist nicht erhalten.

7 Allerdings erschien nur eine erste Nummer (im ersten Halbjahr 1954 bei den Editions Grasset/Paris), die Texte von Boulez, Barraqué, Philippot, Hodeir, Joffroy, Fano, Jacobs, Mallarmé, Le Roux, Brailoiu, Rouget, Dupin, Souvchinsky, Stockhausen, Goléa, Vallas und Barrault enthielt.

8 In dieser Nummer befanden sich zwei musikethnologische Beiträge: »Elargissement de la sensibilité musicale« von Constantin Brailoiu und »Notes d'ethnographie musicale« von Gilbert Rouget.

9 *Le Visage Nuptial* in der Fassung für Chor und großes Orchester wurde jedoch erst am 4.12.1957 in Köln, von Boulez selbst dirigiert, uraufgeführt (Werkeliste Jameux Nr. 7b).

10 Eine Uraufführung des unvollständigen *Marteau sans Maître* wurde am 18.6.1955 in Baden-Baden von Hans Rosbaud dirigiert.

11 Darius Milhaud schrieb die Musik zu dem Stück *Christophe Colomb* von Paul Claudel, das während der Südamerikatournee sehr oft aufgeführt wurde.

12 »Nahsicht und Fernsicht«, in: P.B., *Werkstattexte*, siehe Auswahlbibliographie, und hier Anm. 4.

13 Dieser letzte Abschnitt wurde in die französischen und deutschen Ausgaben der *Relevés d'apprenti / Werkstattexte* aufgenommen, denn es geht darin als Quintessenz der Boulez'schen Konzeption vom Komponisten und seiner »Verantwortlichkeit« um die Notwendigkeit der Auswahl, die der Künstler aus einem Meer an Möglichkeiten treffen muß – auch als ästhetische Gegenposition zur New Yorker Methode der »Zufallsoperation«.

14 Dieses »bald« sollte noch einige Jahre dauern, denn »Alea« (in: *Werkstattexte*, siehe Auswahlbibliographie) erschien erst 1957.

15 Cage kam tatsächlich wieder nach Europa. Er besuchte zusammen mit David Tudor im Herbst 1954 Donaueschingen, Köln, Paris, Brüssel, Stockholm, Zürich, Mailand und London. Wie es scheint, traf er Boulez auf dieser Reise nicht. Seinem Kölner Konzert wird ein gewisser Einfluß auf Stockhausen und dessen *Klavierstück XI* zugesprochen, andererseits hatte dieser bereits David Tudor seine *Klavierstücke IV* bis *VIII* gewidmet, in denen aleatorische Elemente eine Rolle spielten.
16 Siehe hier Anm. 9.
17 Dabei könnte es sich um *Etüde I* (Tonband, 1952) oder um *Elektronische Studien* von 1954 (die erste von 1953 blieb unveröffentlicht) handeln.

Nr. 46 – Pierre Boulez, Brief an John Cage [Ende Juli/Anfang August 1954]

1 Dieser Brief von Cage ist nicht erhalten.

Nr. 47 – Pierre Boulez über John Cage, in: »Encyclopédie Fasquelle« 1958

1 *Encyclopédie Fasquelle Musique*, Paris: Grasset & Fasquelle 1958, Band 1, S. 474.

Nr. 48 – Pierre Boulez, Brief an John Cage [5. September 1962]

1 Dieser Brief von Boulez, der als einziger der Sammlung mit der Schreibmaschine geschrieben wurde, verwendet keinerlei Großbuchstaben. [Die deutsche Übersetzung hat auf Nachahmung verzichtet (A.d.Ü.).]
2 Dieser Brief von John Cage ist nicht erhalten.
3 Auf die Initiative von Heinrich Strobel wurde Boulez im Juni 1958 zur Mitarbeit beim Südwestfunk eingeladen und lebte ab Januar 1959 in Baden-Baden.
4 Dieses Vorhaben wurde nicht verwirklicht; Boulez hat das New York Philharmonic Orchestra als Gastdirigent zum erstenmal am 13.3.1969 dirigiert; seine erste Aufführung als dessen Chefdirigent fand am 15.4.1971 statt.
5 In diesen Monaten hielt Boulez im Rahmen der »Appleton Lectures« der Harvard University sechs Vorlesungen zur »Notwendigkeit einer ästhetischen Orientierung«. Sie wurden im darauffolgenden Sommer 1964 bei den Darmstädter Ferienkursen noch einmal gehalten. Der zweite Teil dieser Vorträge ist veröffentlicht in: *Revue de musique des universités canadiennes*, Nr. 7/1986, S. 46–79.
6 Anspielung auf Hitlers »Münchner Abkommen« 1938 [A.d.Ü.].
7 Wortspiel mit *volteface* – Kehrtwende, Umschlag, auch: Purzelbaum, sowie

mit *face* als Gegenstück zu *pile* – Kopf oder Zahl – beim Münzenwerfen [Hinweis Robert Piencikowski, A.d.Ü.].

8 Französischer Zungenbrecher à la »Fischers Fritze«: Si six scies scient six cyprès sixcentsix scies scient sixcentsix cyprès, und, weniger »verträumt«: »six saucissons« [A.d.Ü.].

9 Anspielung auf die Kapuzinerstraße in Baden-Baden, wo Boulez seinen Wohnsitz hatte.

Boulez und Cage
– ein Kapitel der Musikgeschichte

Jean-Jacques Nattiez

Danksagung des Herausgebers

Mein herzlicher Dank gilt

Françoise Davoine, die mit der finanziellen Unterstützung der Musikfakultät der Universität Montréal die Transkriptionen der Briefe von Pierre Boulez an John Cage vornahm;

Robert Piencikowski, der diese Arbeit sorgfältig durchgesehen hat und korrigierte;

Pierre Boulez, John Cage, Francis Dhomont, Dominique Jameux, Jean Nattiez, Marianne Souvchinsky sowie den Archivdiensten der Editions Gallimard, Paris, und des New York Philharmonic Orchestra, die mir zur Vervollständigung des kritischen Apparates unverzichtbare Informationen bereitstellten;

Paul Griffiths und nochmals Robert Piencikowski, die mir hilfreiche Hinweise gaben, Ergänzungen und Berichtigungen einbrachten und entscheidende Informationen beisteuerten – sowohl für meine Einleitung als auch für die Anmerkungen;

Célestin Deliège, dem ich wichtige Beobachtungen verdanke, die mir halfen, dieser Einleitung ihre aktuelle Gestalt zu geben und den kritischen Apparat zu ergänzen;

Hans Oesch, der meine Transkription der Briefe John Cages an Pierre Boulez durchgesehen, den Index erstellt und mir Dokumente aus dem Fundus Boulez der Paul Sacher Stiftung zugänglich gemacht hat.

Es gibt in der Kulturgeschichte Begegnungen, die durch die Persönlichkeiten und die Denkrichtungen, die aufeinandertreffen, Symbolcharakter annehmen oder sogar zum Mythos, zur Legende werden. Wie etwa die Besuche Nietzsches bei Wagner in Triebschen und Bayreuth oder der Handschlag Jean-Paul Sartres und Raymond Arons auf den Stufen des Elyséepalastes. Die Begegnung von John Cage und Pierre Boulez ist viel weniger bekannt[1], zweifellos auch deshalb, weil ihre sichtbaren Spuren der Öffentlichkeit nur sehr bruchstückhaft zugänglich gemacht wurden[2]. Doch weil diese beiden Komponisten heute zwei radikal entgegengesetzte Strömungen der Musiktradition nach dem Zweiten Weltkrieg verkörpern, gewinnt ihr damals intensiver Austausch heute eine erstaunliche und zugleich bedeutende Dimension.

An welchem Punkt ihrer Entwicklung befanden sich die beiden Musiker, als sie sich kennenlernten?

Im Jahr 1949 ist der jüngere Pierre Boulez gerade 24 Jahre alt[3]. Sein Studium am Pariser Conservatoire war kurz gewesen: Zwischen 1943 und 1945 hatte er Harmonielehre bei Georges Dandelot studiert und die berühmten Analysekurse bei Olivier Messiaen besucht. Privat studierte er Kontrapunkt bei Andrée Vaurabourg-Honegger und »ein wenig Klavier« bei der Repetitorin von Jean Doyen, Madame François. Boulez war vielleicht nicht begabt genug für dieses Instrument, um die Meisterklasse des Conservatoire besuchen zu dürfen, doch immerhin genügte seine Begabung, um später seine *Dritte Klaviersonate* (*Troisième Sonate*) uraufzuführen und zusammen mit David Tudor, Olivier Messiaen oder Yvonne Loriod seine *Structures pour deux Pianos* zu spielen. Wenn er auch vor 1949 einige Stücke geschrieben hatte, die er später aus seinem Werkkatalog herausnahm (*Trois Psalmodies pour piano* [1945], *Variations pour la main gauche* [1945], *Quatuor pour ondes Martenot* [1945–46], das zu der *Sonate pour deux pianos* [1948] wurde), so zählt er auf seiner »Haben-Seite« zu diesem Zeitpunkt immerhin fünf Stücke von einer gewissen Bedeutung, die heute noch aufgeführt werden: *Sonatine pour flûte et piano* (1946), *Erste Klaviersonate* (*Première Sonate pour piano*) (1946), *Le Visage Nuptial* (1946/47) in der ersten Version (Dominique Jameux, Werkeliste Nr. 7a), *Le Soleil des Eaux* in der Radiofassung (Jameux, Nr. 9a), *Le Livre pour Quatuor* (1948/49, Jameux, Nr. 10a) und die *Zweite Klaviersonate* (*Deuxième Sonate pour piano*) (1946–48).

John Cage ist 1949 bereits 36 Jahre alt. Er hatte von 1920 bis 1928 Klavierunterricht und befaßte sich als junger Mann zunächst mit Dichtung, dann mit Architektur, bevor er sich schließlich ganz der Musik zuwandte. Zwischen 1931 und 1934 studierte er Komposition bei Richard Buhlig in Los Angeles, dann bei Adolph Weiss, einem Schüler Arnold Schönbergs, und Henry Cowell in New York. Von 1934 bis 1935 nahm er Unterricht in Kontrapunkt und Analyse bei Schönberg selbst. Damit kann man sich schon besser vorstellen, was Pierre Boulez und John Cage damals einander nahebrachte: Sie schöpften zum Teil aus denselben Quellen. So entwickelte Cage im Lauf der dreißiger Jahre ein Kompositionsverfahren, bei dem die Wiederholung jedes einzelnen Tons einer Reihe von fünfundzwanzig Tönen möglichst vermieden wird. Zusammen mit dem Filmregisseur Oskar von Fischinger beschäftigte er sich mit Geräuschen, mit der Notation von Schlagzeugklängen und mit Rhythmus. An der Cornish School in Seattle, wo er als Musiker arbeitete, traf er den späteren Choreographen Merce Cunningham, mit dem er sein ganzes Leben lang zusammenarbeitete. 1939 komponierte er mit *Imaginary Landscape No. 1* ein Stück, in dem er ein gedämpftes Klavier, ein Becken und zwei Plattenspieler mit variablen Geschwindigkeiten, auf denen Meß-Schallplatten [mit verschiedenen Frequenzen] abgespielt werden, kombiniert und für dessen Aufführung ein Tonstudio erforderlich war. Es ist das erste elektroakustische Live-Stück der Musikgeschichte, mit aleatorischen Elementen aufgrund der Instrumentenbesetzung. Im selben Jahr beendete er seine *(First) Construction in Metal* für sechs Schlagzeuger. 1940 (Manuskriptdatum) entstand sein erstes Stück für präpariertes Klavier, *Bacchanale*. Cage versuchte, in Los Angeles ein Zentrum für experimentelle Musik ins Leben zu rufen. 1941 lehrte er an der Chicago School of Design, wo sich eine Reihe aus Deutschland emigrierter Künstler des Bauhauses gesammelt hatte. 1942 entstand das erste Werk für Merce Cunningham: *Credo in Us*. Für sein im selben Jahr komponiertes Stück *The Wonderful Widow of Eighteen Springs* verwendete er Textstücke aus *Finnegan's Wake*. Er begegnete Marcel Duchamp und veranstaltete 1943 ein Konzert für Schlagzeugensemble im Museum of Modern Art in New York. Am Ende des Zweiten Weltkriegs wandte er sich der indischen Musik und der Zen-Philosophie zu. Zwischen 1946 und 1948 komponierte er *Sonatas and Interludes* für präpariertes Klavier und wurde 1949 mit einem Stipendium der Guggenheim-Stiftung sowie einem Preis der American Academy and National Institute of Arts and Letters ausgezeichnet, die ihm einen sechsmonatigen Europaaufenthalt ermöglichten. Merce Cunningham begleitete ihn.

Daß Cage sehr bald nach seiner Ankunft in Paris bei Boulez in der rue Beautreillis anklopft, geschieht der amerikanischen Boulez-Biographin Joan Peyser zufolge auf Empfehlung von Virgil Thomson, Pierre Boulez selbst meint, über Roger Désormière. Die beiden werden Freunde. Boulez stellt Cage Messiaen vor. John geht bald im Kreis der engsten Freunde Pierres ein und aus: bei dem Maler Bernard Saby, dem Dramatiker Armand Gatti, dem Romanschriftsteller Pierre Joffroy und bei Pierre Souvchinsky, der Boulez die Begegnung mit Suzanne Tézenas, der späteren Präsidentin des Boulez'schen *Domaine Musical*, ermöglicht. Cage seinerseits führt Boulez bei seinen beiden ersten Verlegern ein: Amphion wird die *Sonatine pour flûte et piano* und die *Erste Klaviersonate*, Heugel *Le Visage Nuptial*, *Le Soleil des Eaux*, *Le Livre pour Quatuor* und die *Zweite Klaviersonate* veröffentlichen.

Die vorliegende Textsammlung wird mit einer bedeutenden Quelle eingeleitet (Nr. 1): der Vorstellung von Cages *Sonatas and Interludes* für präpariertes Klavier, mit der Boulez 1949 im Salon von Suzanne Tézenas die Aufführung einleitete[4]. Joan Peyser hat von dieser Veranstaltung aufgrund mündlicher Berichte, die sie einholte, eine farbige Beschreibung gegeben:

»Am Mittag vor der Aufführung verbrachte John Cage drei Stunden damit, eine Reihe von Gegenständen vorsichtig zwischen den Saiten des Flügels, den er für das Vorspiel ausgesucht hatte, anzubringen. Irgend etwas war mit dem una-corda-Pedal nicht in Ordnung, und Suzanne Tézenas sah ängstlich zu, wie Cage Cognac in ihren Bechstein goß, um den festgefressenen Zug wieder gangbar, das Pedal funktionsfähig zu machen, um so den Effekt, den er im Sinn hatte, erreichen zu können. Cage arbeitete immer mit Pappe unter seinen Präparationsmaterialien, um den Resonanzboden nicht zu beschädigen. Er behauptete, er hinterlasse einen Flügel immer in besserem Zustand, als er ihn vorgefunden habe. Am Abend der Aufführung war der Salon überfüllt. Die Stühle waren eng zusammengestellt worden, und Cunningham lag ausgestreckt auf dem Fußboden zwischen Vorraum und Salon.«[5]

Boulez bewahrte den Text seiner einführenden Worte auf. Vielleicht hatte er ihn sogar vor Augen, als er im Sommer 1951 (siehe Brief Nr. 27) seinen Artikel »Möglichkeiten« verfaßte, in dem er die Theorie der auf alle Parameter angewandten Reihe entwickelte. Dort spricht er in Begriffen über Cage, die mit denen von 1949 identisch sind (siehe Quellen Nr. 1 und Nr. 37).

In der Zeit nach der Rückkehr John Cages nach New York, wahrscheinlich im November 1949, und vor dem Besuch von Pierre Boulez dort ab dem 11. November 1952 – er begleitete das Theater von Madeleine Renaud und Jean-Louis Barrault als musikalischer Leiter auf dessen zweiter Amerikatournee – ergibt sich ein intensiver Briefwechsel, der den Hauptteil dieser Sammlung ausmacht.

Die Briefe beschreiben das Klima der Musikwelt jener Zeit, das für die beiden gefeierten Vertreter der Avantgarde schwierig war. Etwa die musikalische Einsamkeit Boulez': Bei den Kompositionen, die bereits hinter ihm liegen, und bei seiner Arbeit an der Verallgemeinerung des Prinzips der Reihe sowie an den Kompositionen *Polyphonie X, Structures pour deux pianos* und dem *Marteau sans Maître* zwischen 1950 und 1952, wie die Briefe bestätigen – bei dieser grundsätzlich neuen Klangwelt, die er in sich trägt, liegt es nahe, daß er sich nicht nur von Copland, sondern mindestens ebenso unmißverständlich etwa von Leibowitz, Jolivet oder Dallapiccola distanziert. Er tut es in dem polemischen Ton, den man allgemein von ihm kennt und der so schneidend, aber auch so klar wie Kristall klingen kann. Wie Boulez selbst, der wegen seiner Südamerikatournee mit Barrault dem Ereignis nicht beiwohnt, wird auch der Leser dieser Briefe zum indirekten Zeugen der mittelmäßigen Uraufführung seiner *Zweiten Klaviersonate* in Paris, über die er sich lustig zu machen scheint (Nr. 13), oder etwa der Aufführung von *Le Soleil des Eaux* in der ersten Fassung, die allerdings nicht unbemerkt bleibt und deren Erfolg bis nach New York weitergetragen wird.

Die Briefe von John Cage spiegeln die amerikanischen Verhältnisse wider, wo Neoklassizismus tonangebend war. Cage ist nicht mehr ganz jung und bereits relativ bekannt, aber es gibt in seiner unmittelbaren Umgebung keinen Gesprächspartner vom Format eines Boulez.

»Das große Problem in unserem Leben hier ist das Fehlen eines geistigen Lebens. Niemand hat eine Idee«, schreibt er im Januar 1950 (Nr. 7). Cage hat einige Freunde und Schüler, die im Verlauf der Korrespondenz vorgestellt werden: Earle Brown, Morton Feldman, David Tudor, Christian Wolff – wobei er dies mit der ihm eigenen, in allen Briefen spürbaren Feinheit nirgends hervorkehrt. Im Gegenteil, er, der Ältere, versetzt sich Boulez gegenüber in die Position des Schülers. Er gesteht, daß er es in Paris nicht gewagt hatte, Boulez sein Quartett vorzustellen (Nr. 7).

Da er selbst auf der Suche nach Verfahren zur Organisation seiner Musik ist, vor allem, was den Rhythmus betrifft, verleiht er seiner Bewunderung für die haargenauen technischen Erklärungen, die Boulez ihm auf seinen Wunsch hin schickt, deutlichen Ausdruck (Nr. 26, 31 und 35).

»Dein langer Brief mit den Ausführungen über Deine Arbeit war großartig.« (Nr. 28) Und der zweite technische Brief Boulez' (Nr. 31) beeindruckt ihn so, daß er den wichtigsten Abschnitt daraus übersetzt und in der Zeitschrift *Trans/formation* veröffentlicht – zusammen mit Statements von Feldman, Wolff und eigenen Kommentaren, die in das vorliegende Buch aufgenommen wurden, um den geistigen Austausch in seinem Zusammenhang darzustellen (Nr. 32).

Darüber hinaus wird John Cage zum aktiven Anhänger von Pierre Boulez in den USA: Er organisiert die erste amerikanische Aufführung der *Zweiten Klaviersonate*, die zunächst mit William Masselos geplant, schließlich aber mit David Tudor[6] realisiert wurde, den Boulez später zu Aufnahmen im Rahmen seiner Konzertreihe *Domaine Musical* einlädt; er versucht erfolglos, das *Livre pour Quatuor* zur Aufführung zu bringen, initiiert aber noch ein Konzert mit der *Ersten Klaviersonate* und den zwei Studien in *musique concrète* [konkreter Musik] von Boulez. Man sieht ihn auch die kleinste Entdeckung des Freundes mitverfolgen, immer bereit, ihn zu unterstützen.

John Cage tut noch mehr: Er bemüht sich, Boulez im Anschluß an die Südamerikatournee in die Vereinigten Staaten zu holen. Eine ganze Reihe von Briefen (Nr. 12 bis 24) beschreibt die dramatischen Wendepunkte dieser Versuche, die mit einer Niederlage enden. Man kann die Erbitterung Cages ahnen, die er versteckt andeutet (Nr. 23); trotzdem bleibt der Gedanke an ein Wiedersehen weiterhin lebendig. Als 1952 die Möglichkeit dazu, dank einer Renaud-Barrault-Tournee nach Kanada und in die USA, zur Gewißheit wird, drückt sich in Boulez' Briefen unverhohlene Begeisterung aus (Nr. 36, 39, 40 und 41).

Cage arbeitet währenddessen an verschiedenen Stücken, zu denen er bisweilen ausführliche Erklärungen gibt: Musik für einen Film über den Bildhauer und Maler Alexander Calder (Nr. 28), das *String Quartet in four parts* (Nr. 9 und 28), das *Concerto* für präpariertes Klavier und Kammerorchester (Nr. 28), die *Six Melodies* für Geige und Tasteninstrument (Nr. 28), die *Sixteen Dances* für Flöte, Trompete, vier Schlagzeuger, Klavier, Geige und Cello (Nr. 28), *Imaginary Landscape No. IV* (Nr. 28), die *Music of Changes, Imaginary Landscape No. V* (Nr. 38) und *Williams Mix* (Nr. 43). Außerdem spricht Cage im Brief Nr. 7 über seine *(First) Construction in Metal*, die auf 1939 zurückgeht. Vergleichen wir diese Informationen mit dem, was Cage in seiner ersten Textesammlung *Silence*[7] veröffentlichte, dann liefern die Briefe grundlegendes und zum technischen Verständnis dieser Werke unverzichtbares Hintergrundwissen.

Es gibt also ein vergleichbares Bedürfnis zu erfahren, woran der andere arbeitet, was er denkt und erfindet. Angesichts ihrer späteren, so radikal verschiedenen Orientierungen stellt sich allerdings die Frage, was sie überhaupt einander nahegebracht haben mochte.

Dominique Jameux[8] schreibt: »Diese Tatsache erscheint mindestens kurios, wenn nicht gar als Irrtum. Wir können nicht sehen, was Cage an seiner (Boulez') Organisationswut interessiert haben könnte, noch verstehen wir Boulez' Duldsamkeit gegenüber den *Sonatas and Interludes*, einer kontemplativen Bastelarbeit.«

Jameux zählt anschließend die wesentlichen Gründe für diese gegenseitige Neugier auf[9]. Aber die vorliegende Korrespondenz und der Vergleich mit bestimmten Artikeln und Statements beider Komponisten erlauben eine nuanciertere Analyse und machen deutlich, daß von Anfang an bei Boulez kein ungetrübtes Einverständnis vorherrschte, wie wir auch an seiner Einführung zu den *Sonatas* … 1949 (Nr. 1) zeigen werden.

Das Boulez'sche Musikdenken dreht sich um relativ wenige Achsen, die sich sehr bald ausbilden und die man an seiner musikalischen Laufbahn nachzeichnen kann, bis sie eine zufriedenstellende musikalische Vollendung finden.

Zu diesen Achsen gehört die Infragestellung traditioneller Klangvorstellungen: »John Cages präpariertes Klavier hingegen bietet anstelle dessen, was wir reine Töne nennen könnten, Frequenzkomplexe«, sagt Boulez 1949 im Salon von Suzanne Tézenas. In diesem Zusammenhang mußte auch die herkömmliche Verwendungsweise der Musikinstrumente in Frage gestellt werden. Im Jahr 1951 denkt er in seinem Artikel »Möglichkeiten«[10] noch genauso. Er schreibt: »... so hat er [Cage] den Beweis erbracht, daß es sogar mit den vorhandenen Instrumenten möglich ist, nichttemperierte Klangräume zu schaffen.«[11] Und es sollte nicht vergessen werden, daß Boulez in seinem früheren Stück *Le Visage Nuptial* sowie in dem späteren *Polyphonie X* selbst mit Mikrointervallen (Reihen von Vierteltönen) spielt. Er schreibt in »Tendenzen – 1957«[12]: »Vorerst bleiben die nichttemperierten Klangwelten noch zu entdecken. (...) Wie aber soll man im Augenblick das Problem lösen, das die Klangproduktion stellt? Das präparierte Klavier von John Cage bietet dafür einen werkzeuglichen und nur ansatzweisen, nichtsdestoweniger einleuchtenden Lösungsversuch. Auf jeden Fall hat das präparierte Klavier das unschätzbare Verdienst, schon jetzt jene Klangwelten konkret wiederzugeben, auf die wir wegen ihrer Realisierungsschwierigkeiten vorläufig noch verzichten müssen. (...) In diese Richtung muß der Weg zu einer zukünftigen Entwicklung der Musik verlaufen, bei der die Instrumente aufgrund von Tabulaturen, welche sich nach und nach vervollkommnen, zur Erschaffung einer Klangwelt beitragen können, die ihrer bedarf, sie sogar fordert.«[13] Schon für das nicht realisierte Projekt *Un Coup de Dés* nach Stéphane Mallarmé im Jahr 1951 träumt Boulez vom Bau einer Maschine (Nr. 26). Viele Jahre später, 1972, benutzt er das Halaphon für sein Stück *explosante/fixe* (Jameux, Werkeliste Nr. 31b) und den 4X-Computer des IRCAM [Institut de Recherche et de Coordination Acoustique/Musique] für *Répons*.

Es ist nicht abwegig, die Gründung des IRCAM 1974 in Paris, die Studios in Köln und Mailand (schon Edgard Varèse hatte eine derartige Idee) oder das Institut von Iannis Xenakis als eine sehr viel spätere Realisierung der Initiative von Cage zur Gründung eines Zentrums für experimentelle Musik anzusehen, auf die Boulez 1949 in seiner Einführung (Nr. 1) ausdrücklich aufmerksam macht. Cage selbst sprach bereits 1937 davon: »Zentren für experimentelle Musik müssen eingerichtet werden. In diesen Zentren müssen die neuen Maschinen – Oszillatoren, Plattenspieler, Generatoren, Verstärker für leise Töne,

Tonbandgeräte usw. – zur Verfügung stehen. Zeitgenössische Komponisten verwenden die Mittel des 20. Jahrhunderts, um Musik des 20. Jahrhunderts zu machen. Organisation von Klängen auch für andere als rein musikalische Zwecke (Theater, Tanz, Radio, Film).«[14]

Bei seiner Vorstellung Cages in Paris 1949 sagt Boulez weiter: »Anstatt reiner Töne verwendet er Frequenzkomplexe.« Cage wiederum äußert sich gegenüber Henry Cowell über Boulez[15]: »Mein Einfluß auf ihn hat darin bestanden, daß er meine Idee vom Klangaggregat akzeptierte.«

Ähnlich Boulez im Artikel »Möglichkeiten«: »Wir haben John Cage auch die Idee der Klangkomplexe zu verdanken ...« Und 1953: »So wird das Klavier zu einem Instrument, das mittels einer werkzeuglichen Tabulatur Frequenzkomplexe zu liefern vermag.«[16] Eine Passage in seinem Brief vom Januar 1950 (Nr. 6) ist noch expliziter. Boulez versichert hier im Zusammenhang mit *Le Soleil des Eaux*: »Ich will darin aus Deinen Werken abgeleitete Verfahren anwenden und was ich Dir über die komplexen Töne erklärt habe. (...) Du bist der einzige, der mir hinsichtlich des Tonmaterials, das ich verwende, eine zusätzliche Anregung gegeben hat. (...) habe ich noch nichts erforscht, es bleibt noch alles herauszufinden auf diesen so unterschiedlichen Gebieten wie dem Klang, dem Rhythmus, dem Orchester, den Stimmen oder der Architektur.«

Und es ist eine Erinnerung an Cage, die in seinem Artikel »Akkord« für die *Encyclopédie Fasquelle* durchscheint, wenn er schreibt: »In neuerer Zeit verlor der Akkord allmählich seine überlieferten strukturellen Funktionen; er ist zu einem Klangaggregat geworden, das um seiner selbst willen gewählt wird, seiner internen Spannungs- und Lösungsmöglichkeiten wegen, je nach den Registern, die er einnimmt, und den Intervallen, welche er ins Spiel bringt. Seine strukturelle Funktion hat sich also gleichzeitig vermindert und verschärft: Daran erwies sich, daß die eigentlich harmonische Ära in der abendländischen Musik abgeschlossen ist.«[17]

Ein zweiter Brennpunkt von Boulez' Interesse an Cage: »Als Cage sich der Zwölftonreihe entledigt hat, wird ihm eine ausgearbeitete rhythmische Struktur als Gerüst für die musikalische Gestaltbildung unverzichtbar.« (Nr. 1)

Von Anfang an tritt hier eine Differenz zutage, die sich vertiefen wird. Cage hat »den Willen, jedem Klang eine ausgeprägte Individualität zu geben«. Zu diesem Zeitpunkt nimmt Boulez an, Cage könne die Tonhöhen nicht organisieren, weil diese durch die Präparierung des Klaviers gerade verzerrt werden. Er weiß, daß Cage an einer Art Ersatz-Organisation arbeitet. Was aber vor allem das jeweilige Interesse an den Untersuchungen des anderen zwischen 1949 und 1952 erklärt, ist zweifellos dies: Cage kann nicht unbeeindruckt bleiben von der Komplexität der sich herausbildenden Verallgemeinerung des Prinzips der Reihe (Nr. 26, 31 und 35), mit deren Hilfe Boulez die Klangaggregate zu organisieren sucht. Und umgekehrt sieht Boulez, daß Cage in dieser Phase, als er noch nicht den Zufall an die erste Stelle setzt und seine Konzerte in *happenings* verwandelt, viel Nachdenken darauf verwendet, Verfahren für die Organisation des zeitlichen Verlaufs zu entwickeln.

Man sollte bei diesem Aspekt, der Aufmerksamkeit von Boulez für die Suche und Versuche Cages, kurz verweilen. Boulez hebt sein Interesse an den ausführlichen Beschreibungen hervor (Nr. 29), die Cage von seinem Quartett, von seiner Musik zu dem Film über Alexander Calder, den *Six Melodies* für Violine und Klavier, dem *Concerto* für präpariertes Klavier und Kammerorchester, den *Sixteen Dances* und der *Imaginary Landscape Nr. IV* (Nr. 28) gegeben hat. Anläßlich der *Music of Changes* schreibt Boulez: »Ich bin absolut erfreut über diese Entwicklung Deines Stils. Und ich pflichte Dir darin völlig bei. Es ist gewiß das Stück, das mir von allen, die Du geschrieben hast, am besten gefällt. (...) Du kannst Dir gar nicht vorstellen, wie sehr ich mit Dir übereinstimme. Ich sage Dir das voller Begeisterung.« (Nr. 39) Dieser Brief straft die Behauptung Joan Peysers Lügen, die *Music of Changes* sei »das Stück, das Boulez' Bruch mit Cage herbeigeführt« habe[18]. Es ist im Gegenteil das einzige Werk von Cage, das Boulez in seine Konzertreihe *Domaine Musical* aufnimmt – und zwar am 15. Dezember 1956, als die Verbindung zwischen den beiden Freunden bereits loser war.

Man kann dennoch fragen, was Boulez an diesem Stück »erfreut«. Es erscheint im Zusammenhang der Arbeiten von Cage als ein Werk des Übergangs, und Boulez wird davon gerade das aufnehmen, was Cage in der Folge hinter sich läßt. Obwohl die Anordnung von Stillemomenten und Klangaggregaten mittels Zufallsoperationen vorgenommen wird, hat sich Cage in diesem Stück noch nicht von der Idee der Strukturierung verabschiedet, wenn er sie hier auch praktisch zum letztenmal anwendet. Eine Strukturierung, die sogar zwölftönig ist, wie Cage unter anderem beschreibt: »Für die *Music of Changes* wurden Tabellen benutzt, doch in Abhebung zu der Methode, die Zufallsoperationen einbezieht, unterliegen diese Tabellen einer rationalen Kontrolle: Von den vierundsechzig Elementen, in einem Quadrat von acht mal acht angeordnet (damit die Orakelwürfe des chinesischen *I Ging – Buch der Wandlungen* als Töne interpretiert werden konnten), sind 32 als Klänge bestimmt, die anderen 32 sind Stille. Die 32 Klänge werden in zwei Quadraten übereinander, jedes vier mal vier, angeordnet. Gleichgültig, ob die Tabellen beweglich oder unbeweglich sind, durch jeweils vier Elemente einer Reihe in einer gegebenen Tabelle *sind alle zwölf Töne präsent*[19], horizontal oder vertikal gelesen. Sowie diese Erfordernis der Zwölftönigkeit erfüllt war, wurden Geräusche und Tonwiederholungen frei eingesetzt. Man kann daraus ersehen, daß bei der *Music of Changes* die Auswirkungen der Zufallsoperationen auf die Struktur (deren anachronistischer Charakter dadurch deutlich wird) sich mit der *Kontrolle* des Materials im Gleichgewicht befinden.«[20] Noch hat der Zufall die Kontrolle nicht verdrängt, und das kann Boulez nur begrüßen.

Gewiß, Cage verzichtet nach dieser Erfahrung sehr bald auf derartige Verfahren zur Strukturierung und Kontrolle. In demselben Text unterstreicht er, was die *Music of Changes* dem dialektischen Spiel von Ordnung und Freiheit verdankt[21], der Wechselwirkung dessen, was er sonst Konstruktion nennt – »... ihre sukzessive Einteilbarkeit in Sätze, Perioden und Phrasen« – und Methode: »... das Mittel zur Kontrolle des Fortgangs von einer Note zur nächsten«[22]. Da die syntaktische Aneinanderreihung in diesem Stück mit Hilfe des Münzorakels – Kopf oder Zahl – hergestellt wurde, begann, in Cages Worten, die Methode die Strenge der Struktur aufzuweichen: »Was sich ereignete, geschah allein durch das Werfen der Münzen. Damit wurde klar, (...) daß Struktur nicht notwendig war. In *Music for piano* und den folgenden Stücken gehört die Struktur deshalb nicht mehr zu den kompositorischen Mitteln.«[23]

Doch zur Beunruhigung hat Boulez noch keinen Grund. Im Augenblick hört er ein Klangergebnis, bei dem die Zufallsoperationen zwar schon auf der kompositorischen Ebene eingegriffen haben, nicht jedoch auf der Ebene der Aufführung durch den Interpreten[24]. So hat die *Music of Changes* in dem Maße, in dem die Stillemomente darin eine beherrschende Rolle spielen, die Gestalt eines atonalen Werkes Webernscher Inspiration, und dies sogar mehr als Boulez' Stücke. Außerdem kann Boulez, da Cage hier auf die Verführungen des präparierten Klaviers verzichtet, darin das radikal Athematische seiner eigenen frühen Kompositionen (von ihrer Gewalt einmal abgesehen) und besonders die

John Cage 1949 in New York; dieses Foto schickte Cage an Pierre Souvchinsky.
(Collection Marianne Souvchinsky, Paris)

John Cage während der Arbeit an *Sonatas and Interludes,* 1947. (Artservices)

le 17 janvier

Mon cher Pierre

Ton lettre vient de paraître chez moi. Je ne peux pas te dire combien de joie ça
m'a donné. Sans nouvelles de toi je suis vraiment sans nouvelles de la musique.
Et tu sais que j'aime la musique avec tout mon coeur.
Tu écris en Anglais admirablement bien. (Merci)
Le voyage à l'Amérique du Sud doit être merveilleux! Maintenant il faut
le faire meilleur en descendant aussi à New York. Je vais tenter
d'arranger des concerts, conférences (je peux parler à Copland à propos de
Tanglewood, etc.); et tu peux rester ici chez moi et te servir d'un
piano désaccordé (!). Tout le monde ici parlent de toi (en prononçant
le Z) mais personne a entendu la musique (exceptions: Copland, Thomson)
L'atmosphère musicale est prête, — tout le monde plein d'envie.
Nous avons même grand besoin de la vitalité que tu pourras donner.
Parce que nôtre vie musicale n'est pas à ce moment très vivante.
Nous avons de Schoenberg (Serenade, dirigé par Mitropoulos, etc.) et il y
a des 'jeunes' qui reprennent la question Stravinsky (Mavra, etc.)
Mais je crois que nous sommes maintenant 1950. On avait le
Jolivet, mais sans moi (j'avais entendu l'enregistrement à Paris, et
l'oeuvre ne m'intéresse pas). Messiaen était ici; — je l'aime pour
ses idées rhythmiques. Presque tout le monde était contre lui à
cause de son esprit demi-religieux demi-Hollywood. Je l'ai
invité chez moi (grande réception, dîner, et musique), et il
a expliqué à quelques compositeurs sa partition de Turangalila.
Depuis te connaissant, nôtre musique me semble faible. En verité,
c'est seulement toi qui m'intéresse. J'ai entendu Sonate (Violon et
piano) de STEFAN WOLPE, et quelques oeuvres de BEN WEBER.
C'est tout; et tous les deux sont de côté Berg au lieu de Webern.
Et ce qui est étonnant, nous avons deux compositeurs écrivant
musique pentatonique! Pauvre Merton Brown commence à
visiter les médecins psychoanalytiques. On parle d'un Kirchner (Léon)
Un de ces jours je vais entendre la musique de MILTON BABBITT, le
plus Webernien. Il m'a parlé d'inversions rhythmiques. Il prend une
durée, et il inverte les fractions (correspondant à l'octave et inversion

Brief von John Cage an Pierre Boulez vom 17. Januar 1950.
(Paul Sacher Stiftung, Basel)

des intervalles). Mais il a l'air d'un musicologue.

William Masselos va jouer ta Sonate (2eme pour piano) mais il a demandé un an pour le travailler. Il est très occupé. Il y a maintenant deux quatuors qui veulent jouer ta quatuor. J'ai dit deux ans pour le travailler (afin de leur donner de pe… qui est bon pour le santé).

Je viens de terminer l'enregistrement de ma musique pour ciném… J'ai commencé cet oeuvre dans un état de rêve: j'ai voulu écrire sans idées musicales (sous sans relation) et enregistrer la résultat 4 fois en changeant chaque fois la position des clous (mobi… Comme ça j'ai voulu trouver des changements subtiles de fréquence, timbre, durée (en ecrivant notes trop difficiles à jouer avec exactit… et amplitude (electroniquement changé chaque fois). Mais j'ai trouvé tout autour de moi des idées musicales, et le resul… será (je veux dire: 'would have been') rien que des canons sim… ou peut-être japonais. J'ai abandonné le rêve et j'ai écrit de musique. Aussi l'aventure était terminé par les machines qui sont trop parfaites aujourd'hui. Elles sont stupides. Quand même j'ai eu de plaisir dans la 2e partie en enregistrant sythétiquement (sans exécutants) des brui… L'hasard y est venu pour nous donner de l'inconnu. Il par… qu' on va voir le film à Paris (le moment que je sais l… date, je teledirais).

Cunningham a donné son concert de danse le 15 janvier. C'e… un grand succès. Je t'envoie la programme.

Je vais déjeuner avec Nicole Henriot le 28. On va parler de t… ce qui sera un grand plaisir.

(En visitant le Brésil, prends de cotton pour les oreilles afin de ne pas te Milhauder!)

Demain il faut jouer les Sonates et Interludes pour les élèves de Henry Cowell. La classe va venir chez moi. J'aimerais mieux rester seul et tranquille travaillant sur le quatuor que j'ai commencé à Paris, et lequel (je veux dire, which I didn't have the courage to show you).

Virgil Thomson a beaucoup aimé ton article dans Polyphonie: "Propositions" Il m'a dit qu'il va écrire un article sur tes idées rythmiques.

Maintenant quelque chose à propos le Construction en Métal. La structure rhythmique est 4,3,2,3,4. (16 x 16) Tu vois que le premier numéro (4) egalent le nombre des chiffres qui le suivent. " " est divisé 1,1,1,1, et je presente d'abord les idées qui se devellopent dans le 3, puis celles du 2, etc. Pour la méthode: il y a 16 motives rhythmiques divisés 4,4,4,4, conçus comme séries en cercles 4(1)2 4(2)2 etc. (1 au-dessus, 3 au-dessous) Quand on se trouve chez 1 on peut se servir de 2 3 4 1 ou rétrograde. On peut se répéter (e.g. 1 1 2 3 4 4 3 2 2 etc.) Mais on ne peut pas aller 2 4 ou 1 3. Quand on se trouve chez 2, on peut se servir non seulement de même idée mais on peut rentrer chez 1 en se servant des "portes" 1 ou 4. (Des jeux tout à fait simples) Les instruments sont également 16 pour chaque exécutant. (Fixation sur le chiffre 16) Mais (drôle à raconter) il n'y a que 6 exécutants! Je ne sais pas la raison (peut-être j'avais à ce moment là que 6 exécutants). Et les relations des instruments (dans la méthode) sont semblable aux celles des rhythmes (cercles-séries). Tout l'oeuvre est écrit en $\frac{4}{4}$ (four measures, 3 measures, 2 measures, 3 measures, 4 measures, le tout 16 fois). La partition n'est pas chez moi mais je vais ~~tenter~~ maintenant de te donner les noms des instruments. (en Anglais)

1st exécutant		Thundersheet, orchestral bells
2nd	"	Piano (le pianist a un assistant qui se sert des cylindres de métal sur les cordes; le pianist produit des trilles; l'assistant les transforme en glissandi)
3rd	"	12 graduated Sleigh or oxen bells, suspen sleigh bells, thundersheet.
4th	"	4 Brake drums (from the wheels of automobi 8 cowbells 3 Japanese Temple gongs, Thundersheet
5th	"	Thundersheet, 4 Turkish cymbals 8 anvils or pipe lengths 4 Chinese cymbals
6th	"	Thundersheet, 4 muted gongs 1 Suspended " Water gong Tam Tam

Le numéro 16 est trouvé en quelques cas en considerant changement de manière de battre (différence de sonorité).

Tu sais qu'avec exposition et développement (sans recapitulation) et avec la forme (climax, apothéose (?)) etc., cette Construction est 19ème siècle. Tes idées pour les conférences sont très biens. Je n'ai rien à ajouter. On vient d'éditer des œuvres de Suzuki sur le Buddhisme Zen. Tu me trouves un peu vide. Je viens du travail du film et du concert de Cunningham et il faut demain matin les Sonates et je ne suis pas encore établi dans le royaume du Conservatoire. Et je suis fatigué.

English part.

Gatti's letter was marvellous and by now there must be a new Gatti. Give my love to them all and say I am writing to him tomorrow. I think of you all almost every day and I miss you deeply. Tell Gaby that I am very fond of his drawing that he gave me.

The great trouble with our life here is the absence of an intellectual life. Noone has an idea. And should one by accident get one, no one would have the time to consider it. That must account for the pentatonic music.

I know you will enjoy travelling to South America; it must be very beautiful. I have never been there. Please keep me well-informed about your plans so that should the Tanglewood idea go through, you could always be reached.

I forgot to mention that the New Music Edition is publishing one of Woronow's pieces (the Sonnet to Dallapiccola). I must write and tell him so.

I am starting a society called "Capitalists Inc." (so that we will not be accused of being communists); everyone who joins has to show that he has destroyed not less than 100 disks of music or one sound recording device; also everyone who joins automatically becomes President. We will have connections with 2 other organizations, that for the implementation of nonsense (anyone wanting to do something absurd will be financed to do it) and that Against Progress. If the American influence gets too strong in France I am sure you will want to join.

Very affectionately

Your friend

John

abstrakte Reinheit seiner *Zweiten Klaviersonate* wiederfinden. Und nicht zuletzt füllt die *Music of Changes* nach dem Muster von *Sonatas and Interludes* ein ganzes Konzert – ein Projekt, das Boulez von *Pli selon Pli* bis zu *Répons* unablässig beschäftigt.

Wie Dominique Jameux[25] betont, ist Boulez deutlich fasziniert von dem Unpersönlichen, das sich in Cages Schemata und Tabellen ausdrückt. »Cage geht von einer völlig unpersönlichen Formidee aus, die sich in Zahlenverhältnissen ausdrückt (...) Auf diese Weise gelangt man zu einer *a priori* numerischen Struktur, die von John Cage als prismatisch bezeichnet wird, die ich aber kristallin nennen würde.« (Nr. 1) Boulez nimmt fast identische Begriffe in seinem Artikel »Möglichkeiten« wieder auf[26]. In der Einführung zu den *Sonatas and Interludes* 1949 (Nr. 1) bringt er Cages Verwendung von ganzen Zahlen, die er, wie kaum bekannt ist, für die Strukturierung der Tempi von »Constellation-Miroir« in seiner *Dritten Klaviersonate* übernimmt, sowie die von Teilzahlen zur Sprache. Später, 1952, hebt er »seine [Cages] Art, die rhythmische Konstruktion aufzufassen [hervor]; sie stützt sich auf die Vorstellung der realen Zeit und wird hervorgebracht durch Zahlenverhältnisse, in denen *kein persönlicher Faktor mitspielt.*«[27] (Zu diesem Punkt gibt Boulez' Text von 1949 weitere technische Einzelheiten an.)

In seinem Artikel von 1952 führt er aus: »Neuerdings beschäftigt er [Cage] sich damit, strukturelle Beziehungen zwischen den verschiedenen Komponenten eines Klangs herzustellen, und benutzt dazu Tabellen, die jede Komponente in parallelen, aber selbständigen Anordnungen organisieren. Die Richtung, in der John Cage seine Untersuchungen vornimmt, ist der unseren zu benachbart, als daß wir sie hier hätten übergehen dürfen.«[28]

Soviel zur öffentlichen Anerkennung. Doch der chronologisch angeordnete Briefwechsel enthüllt noch mehr. Bisher wurde Boulez' Erfindung der auf alle Parameter angewandten Reihe immer mit dem Stück *Mode de valeurs et d'intensités* von Olivier Messiaen verbunden[29]. Und Boulez hat diese Herkunft noch betont, indem er für seine *Structures pour deux pianos* die Reihe aus diesem Messiaen-Stück übernahm[30]. Allerdings belegt die vorliegende Korrespondenz eindeutig, daß Cages Ideen – wenn nicht seine Stücke – theoretisch wohl kaum zur Verallgemeinerung des Prinzips der Reihe beigetragen haben, aber eindeutig zur Erarbeitung dieser kompositorischen Technik.

Bereits 1949 sagte Boulez (Nr. 1), daß das präparierte Klavier zu der *Notwendigkeit*[31] führe, die Dauer, die Lautstärke, die Tonhöhe und die Klangfarbe zu verändern – also alle vier Charakteristika eines Tons. Und als er im Sommer 1951 gleichzeitig an *Structures pour deux pianos* und dem Artikel »Möglichkeiten« arbeitet, schreibt er an Cage (Nr. 27): »In diesen Arbeiten geht es mir darum, die serielle Architektur auf allen Ebenen umzusetzen: in der Disposition der Tonhöhen, der Lautstärken, der Anschlagsarten und der Dauern. (...) *Ich habe für mich Dein Schachbrettsystem aufgegriffen, um es auf den verschiedenen Ebenen arbeiten zu lassen – auf den voneinander unabhängigen, den entgegengesetzten, den parallel verlaufenden und den gegenläufigen.*«[32]

Es geht um jenes Organisationsverfahren, das Cage ausführlich in seinem Brief (Nr. 28) vom 22. Mai 1951 darstellt und worauf Boulez ihm antwortet: »[Dieser Brief von Dir] hat mich wahnsinnig interessiert. Wir befinden uns im gleichen Stadium der Suche.« (Nr. 29) Cage schreibt etwas später an Boulez: »Ich bin voller Bewunderung (...) für die Art, wie Du das Prinzip der Reihe verallgemeinert hast.« (Nr. 38)

Ist es bei dieser Begegnung aber vielleicht eher Boulez, der von dem Älteren lernt? Ein einziges Stück hat seine Bewunderung hervorgerufen: die *Music of Changes*. Gleichzeitig nimmt er von Cages Aktivitäten fast nur die technischen Erklärungen auf, die dieser ihm mitteilt. Im folgenden soll gezeigt werden, was seit 1949 die Wurzel der späteren Entzweiung ausmacht. Boulez' höfliche Vorbehalte vergrößern sich in dem Maße, wie in Cages Schaffen der Zufall Oberhand über die Organisation gewinnt und damit zur endgültigen Distanzierung beiträgt.

Schon in der Einführung der *Sonatas and Interludes* von 1949 zeigte sich Boulez' Ablehnung des Neoklassizismus (Nr. 1): »... daß die Struktur dieser Sonaten eine vorklassische Struktur mit einer rhythmischen Struktur zusammenbringt, die zu zwei völlig unterschiedlichen Welten gehören; um dieses Zusammenkommen als möglich zu denken, muß man auf eine außermusikalische Dialektik zurückgreifen – ein Bereich gefährlicher Uneindeutigkeiten.« Dieselbe Kritik richtete Boulez auch an Schönberg [in dem Artikel »Schönberg ist tot« von 1952], dem er vorwirft, den revolutionären Prozeß der Reihe in ein formales, rhythmisches und metrisches Modell einzuführen, das von der Tonalität geprägt bleibe. Und aus diesem Grund, nämlich um den von der Tonalität bestimmten Charakter der Behandlung der anderen Parameter anzugehen, stürzt sich Boulez in das radikale Unternehmen der Verallgemeinerung des Prinzips der Reihe, auch wenn es sich bald als Sackgasse erweist, wie er selbst zugibt[33].

Ein zweiter Punkt, der Boulez bereits zu Beginn beunruhigt, ist Cages Vorliebe für die Einzigartigkeit jedes einzelnen Klangs: »So geht man vielleicht gerade in jene Falle, die man um jeden Preis vermeiden wollte.« (Nr. 1) Schon hier hebt er eine Überlegenheit des Webernschen Unterfangens gegenüber Cage hervor: »Wenn man im Gegensatz dazu von vornherein jeden Ton als neutral behandelt – wie z.B. Webern –, so bringt der Kontext bei jedem Wiedererscheinen desselben Tons eine andere Individualisierung dieses Tons hervor.« (Nr. 1) Diese Formulierung nahm Boulez nahezu wortgetreu 1952 in »Möglichkeiten« wieder auf[34].

Was nun Cage betrifft, so gibt uns eine in dieses Buch aufgenommene Quelle (Nr. 5) recht genauen Aufschluß über seine Ideen zur Zeit der Begegnung mit Boulez 1949. Es handelt sich um Cages Aufsatz »Vorreiter der Modernen Musik«, der zuerst im März 1949 in der Zeitschrift *The Tiger's Eye* in den USA und bald darauf in Frankreich in *Contrepoints* unter dem veränderten Titel »Existenzberechtigung der modernen Musik«[35] erschien. Auf diesen Artikel kommt Boulez in seinem Brief (Nr. 6) vom 3. Januar 1950 zu sprechen[36]. Die Fassung von 1949 weicht einigermaßen von derjenigen in der Schriftensammlung *Silence* ab. Wir beziehen uns hier auf die Boulez damals bekannte französische Übertragung.

Im *großen und ganzen* konnte sich Boulez mit den Definitionen von John Cage einverstanden erklären: »Die *Konstruktion* [Originalfassung: *Struktur*] in der Musik ist ihre Einteilbarkeit in Sätze, Perioden und Phrasen. Die *Form* ist die lebendige Kontinuität all dessen: Sie ist also paradoxerweise bereits Inhalt. Als *Methode* bezeichnen wir die Gesamtheit der Mittel zur Kontrolle des Fortgangs von einer Note zur nächsten. Das *Material* der Musik sind der Klang und die Stille. *Komponieren* heißt, Material, Konstruktion und Form mit Hilfe der Methode in Beziehung zu setzen. Die *Konstruktion* [Struktur] gehört zum Bereich des Verstandes: Denn Verstand und Konstruktion verlangen gleichermaßen, daß die Dinge definiert und Gesetze befolgt werden.«[37] So weit, so gut. Doch während Cage in seiner *(First) Construction in Metal*

(1939) Struktur, Methode und Material noch einer Organisation unterwarf, beeilt er sich, hier anzufügen: »Demgegenüber kann die *Form* nur aus der Freiheit entspringen. Sie gehört zum Herz, und das Gesetz – wenn sie denn einem gehorchte – ist noch nicht formuliert worden und hat kaum Chancen, je formuliert zu werden.«[37] In mehreren Texten schränkt Cage die Funktion der Reihe ein. Zum Beispiel sagt er: »Die Zwölftonreihe ist eine Methode. Eine Methode ist eine Kontrolle jeder einzelnen Note.«[38]

Für Boulez – in der Nachfolge Weberns – genügt es nicht, bis Zwölf zählen zu können, um serielle Musik zu schreiben. Die Reihentechnik ist für ihn ein Konstruktionsprinzip, das zugleich die Form bestimmt. Deutlich sagt er das 1951 in dem Aufsatz »Bach als Kraftmoment«: »Webern dagegen erreicht die *klangliche Evidenz* durch die Erzeugung der Struktur aus dem Material. Wir heben auf die Tatsache ab, daß die Architektur des Werkes in gerader Linie vom Aufbau der Reihe abgeleitet ist.«[39]

Cage hingegen betrachtet Schönbergs Erfindung unter einem gesellschaftlichen Gesichtspunkt, der Boulez immer fremd bleiben wird. 1937 sagt er: »Schönbergs Methode verhält sich analog zu einer Gesellschaft, in der die Betonung auf der Gruppe sowie auf der Integration des Individuums in die Gruppe liegt.« Aus seiner eigenen Perspektive ist im Gegensatz dazu »jeder Klang für einen Komponisten von Schlagzeugmusik akzeptabel«[40]. In seinem Aufsatz »Existenzberechtigung der modernen Musik« in *Contrepoints* schrieb er 1949: »Die Musik versetzt die Seele in Schwingung – diese Seele, die nach Meister Eckehart disparate Elemente sammelt und bündelt. Die sich die Musik anverwandelt.«[41]

Dieser Artikel von Cage liefert den Schlüssel für die Ambiguität der Begegnung beider Komponisten: Noch bis 1952 organisiert Cage, was er als Struktur seiner Stücke bezeichnet. Doch schon seit langem wendet er die Reihentechnik nicht mehr auf die Tonhöhe an, sondern ist vordringlich damit beschäftigt, Rhythmus und Zeiteinheiten zu organisieren. Boulez wiederum findet bei Cage Klangexperimente, die noch kontrolliert sind. Daher ihr wechselseitiges Interesse aneinander und die Möglichkeit einer Berührung. Nach 1952 allerdings wird sich alles wenden: Cage läßt das Zufallsprinzip nicht mehr nur als Kompositionsmethode walten (*Music of Changes*), sondern dehnt es auch auf die Aufführung aus (*Williams Mix*) und wird später musikalische Werke in

Ereignisse, *happenings*, verwandeln. Im Gegensatz dazu dehnt Boulez die Kontrolle aus, indem er das Prinzip der Reihe auf alle Parameter anwendet.

Wo befindet sich nun Boulez zwischen 1949 und 1952 in bezug auf Cage? Wenn er sein Interesse oder seine Bewunderung für die Entdeckungen des Freundes ausdrückt – wie etwa für die Erzeugung eines nichttemperierten Klangraumes mit Hilfe einer handwerklichen Veränderung [der Präparierung] des Klaviers oder für die Erschließung der Klangaggregate und die Organisation rhythmischer Strukturen –, so eignet er sich die ganze Neuheit dieser Ideen an, *um sie in der Umgebung einer musikalischen Sprache und Morphologie fruchtbar zu machen, die im Augenblick ihrer Begegnung von Cage bereits aufgegeben worden war.* 1949 ist die Richtung des Boulez'schen Stils, bei allen Unterschieden zwischen seiner *Ersten* und *Zweiten Klaviersonate*, bereits ziemlich festgelegt. Da die Ideen, die Boulez von Cage übernimmt, in eine Klangwelt eingehen, die Cage schon eine Zeitlang nicht mehr interessiert, nehmen ähnliche Konstruktionstechniken sehr unterschiedliche Bedeutungen an: Für Cage geht es darum, den zeitlichen Verlauf eines Stückes zu organisieren, wobei der Zufall schon vorherrscht – entsprechend seinen musikalischen und gesellschaftlichen Auffassungen. Boulez hat mit der auf alle Parameter angewandten Reihe ein Mittel gefunden, letzte mögliche Rückstände der Tonalität aus seiner neuen Klangwelt zu eliminieren. Unter ästhetischen Gesichtspunkten wäre die Begegnung dieser beiden Komponisten nichts weiter als ein Mißverständnis gewesen. Man kann die Situation etwa mit derjenigen Wagners vergleichen, der bei Weber, Mendelssohn, Meyerbeer oder Liszt, ja, bei der ganzen großen Oper melodische Wendungen oder harmonische Fundstücke entlehnt und sie einem neuen Universum zuführt, in dem sie eine überraschende und transzendente Tragweite gewinnen. Ähnlich kann man Boulez' Vorgehen sehen, wenn er aus der *Tetralogie* [Richard Wagners *Ring der Nibelungen*] kompositorische Ideen zu extrahieren versteht – aus einer musikalischen Sprache also, die von seiner eigenen Lichtjahre weit entfernt ist. Indem er auf abstraktester Ebene ihre tiefere Bedeutung erfaßt, kann er sich ihr Wesen anverwandeln[42].

Doch hat Boulez, von der anderen Seite her betrachtet, umgekehrt Cage etwas gegeben? Aus allem, was Cage in bezug auf Boulez sagt und durch Gesten ausdrückt, spricht seine Bewunderung für dessen formale Strenge.

Damit berührt man den widersprüchlichsten und empfindlichsten Punkt dieser Begegnung. Als Henry Cowell Cage einmal danach fragte, was er denn Boulez verdanke, erhielt er die erstaunliche Antwort: »Boulez hat mich mit seiner Idee von der Beweglichkeit beeinflußt.«[43]

So könnte Boulez also Cage einiges für seine Verallgemeinerung des Prinzips der Reihe verdanken, während Cage dank Boulez zum Zufallsprinzip vorgedrungen wäre?! Eine Bemerkung von Dominique Jameux zielt in diese Richtung: »Die von Boulez 1951 mit *Structure 1a* gesuchte Aufhebung von Persönlichem ist sehr nahe an einer Konzeption des Zufalls, wie sie sich Cage *noch nicht* zu eigen gemacht hat.«[44] Sicher ist nur soviel, wie Boulez im nachhinein mehrfach sagte, daß die auf alle Parameter angewandte Reihe automatisch eine, in seinen Worten: »statistische«, oder, technisch gesprochen, eine entropische Anarchie erzeugt, die »von der anderen Seite« her im Resultat wieder mit dem Zufall zusammentrifft. Doch kann man deshalb behaupten, Cage sei dadurch in seiner Entwicklung beeinflußt worden? Das scheint fraglich.

Vorsicht ist angezeigt. Zuallererst stellt sich die Frage, um was für eine »Beweglichkeit« es sich handelt. Ausgehend von den Quellen, die uns zur Verfügung stehen – wobei der Begriff bei Boulez in der vorliegenden Korrespondenz überhaupt nicht auftaucht –, findet sich dieses Wort in den vor dem Januar 1952 (Zeitpunkt der Bemerkung Cages gegenüber Cowell) verfaßten Artikeln nur ein einziges Mal. Boulez schreibt in seinem Aufsatz »Vorschläge«, der 1948, vor der Begegnung mit Cage, publiziert wurde[45]: »Fürs erste muß ich erklären, was ich unter Dynamismus oder Statik in der Tonskala verstehe. Wenn man in der Zwölftontechnik eine Art von Nuancierung erreichen will, die den tonalen Nuancierungen – etwa der Modulation – entspricht, dann scheint es mir unerläßlich, zu ganz verschiedenen Prozeduren zu greifen, Prozeduren, denen die Beweglichkeit oder die Fixierung der Noten als Grundlage dient. Mit Beweglichkeit ist hier gemeint, daß eine Note, wenn sie wiedererscheint, jedesmal in anderer Höhenlage auftritt; bei der Fixierung dagegen wird die kontrapunktische Linie innerhalb einer Disposition verlaufen, bei der jeder der zwölf Töne seine genau bestimmte Höhenlage hat.«[46] Nichts an diesem Konzept der Beweglichkeit hat mit der Einführung des Zufallsprinzips in die Komposition zu tun. Hier handelt es sich um die Freiheit des Komponisten, die *Höhe* einer jeden Note der Reihe *zu bestimmen*. Ihr *Platz* im Verhältnis zur übrigen Reihe bleibt fixiert.

Cage hat in *Silence* einige Hinweise auf die Dialektik von Beweglichkeit und Unbeweglichkeit bzw. Fixierung gegeben, die er mit Hilfe von Korrelationstabellen ins Werk setzte und die seine Stücke bis zu *Williams Mix* organisieren: »Das Prinzip, das Beweglichkeit/Unbeweglichkeit genannt wird, ist folgendes: Jedes Ding verändert sich, aber während einige Dinge sich verändern, tun es andere nicht. Schließlich beginnen jene, die bisher nicht in Veränderung waren, sich plötzlich zu verändern *et vice versa ad infinitum*.«[47] An anderer Stelle in diesem Text gibt er an, daß ihn dieses Prinzip aktuell (Oktober 1954) nicht mehr interessiere[48].

Bleibt also der Zufall an und für sich, der die Freundschaft zwischen Cage und Boulez vergiften wird – bei Boulez auf der ästhetischen, bei Cage wohl eher auf der psychologischen Ebene.

Im Januar 1950, das heißt nach seiner Rückkehr nach New York, schreibt Cage an Boulez: »Außerdem ist dieses Abenteuer von den Maschinen beendet worden, die zu perfekt sind heutzutage. Sie sind dumm. (...) Hier trat der Zufall hinzu und schenkte uns das Unbekannte.« (Nr. 7)

Der Zufall greift in Cages kompositorische Strategien erst 1952 mit der *Music of Changes* ein, doch taucht er schon in seinen Projekten auf, wenn er in der *Imaginary Landscape Nr. 1* (1939) »zwei Tonbänder mit variablen Geschwindigkeiten« benutzt, oder wenn die Präparationsobjekte im Klavier bei *Bacchanale* von 1939 bzw. 1940 die üblichen Töne auf verschiedene Weise verwandeln, die keine Notation mehr genau festhalten kann, oder wenn in *Credo in Us* (1942) eine beliebige Radiosendung zum Bestandteil des Stückes wird. Cages Hinwendung zum Zufall datiert deutlich vor 1951, ohne daß er ihn zu diesem Zeitpunkt schon zum Fundament seiner Ästhetik gemacht hätte.

In einem Brief (Nr. 35), der wahrscheinlich gegen Ende 1951 geschrieben wurde, nimmt Boulez zum erstenmal entschlossen gegen Cages Zufallskonzept Stellung. Anläßlich der *Music of Changes* schreibt er: »Nur eines, entschuldige, finde ich nicht richtig, und das ist die Methode des absoluten Zufalls, indem man Münzen wirft. Ich glaube, daß der Zufall ganz im Gegenteil stark kontrolliert werden muß: Ich glaube, wenn man generell Tabellen oder Reihen von Tabellen benutzt, kann es einem gelingen, den Automatismus des Zufalls (notiert oder nicht) zu lenken. (...) Denn schließlich tritt schon genug Unbekanntes auf.«[49] Über diesen Anteil an Unbekanntem im kreativen Prozeß drückt sich Boulez an anderer Stelle wunderbar poetisch aus: »Aus den Gegebenheiten, die wir im einzelnen studierten, erwächst das Unvorhersehbare. (...) Es gibt eine Schöpfung nur im Unvorhersehbaren, das zur Notwendigkeit wird.«[50]

Folgt man den Aussagen, die Joan Peyser über die Begegnung von Boulez und Cage im Jahr 1952 in New York gesammelt hat[51] – und besonders derjenigen David Tudors –, so distanziert sich Boulez im Zusammenhang mit dem Problem des Zufalls. Doch entgegen Peysers Behauptung[52] beendet Boulez nach dieser Reise nicht etwa die Korrespondenz mit Cage, auch wenn er die Divergenzen stärker hervorhebt. So etwa 1953: »Ich will mit Dir über die Tonbandmusik (*Williams Mix*) noch diskutieren. Das läuft wieder auf unsere früheren bewegten Diskussionen hinaus, und wir werden mit Sicherheit noch einmal auf die Notwendigkeiten des Zufalls zurückkommen.« (Nr. 44) Die folgenden Briefe von Boulez enthalten vor allem Neuigkeiten aus dem europäischen Kulturleben und Berichte über seine eigenen Aktivitäten. Es ist übrigens kein Zufall, daß Boulez nach diesem Wiedersehen in den USA von Cage nur einen einzigen Brief (Nr. 43) aufbewahrt hat. Etwa im Juni 1954, als Boulez an die Komposition des *Marteau sans Maître* geht, äußert er sich gegenüber Cage zu seiner eigenen Ausrichtung ganz unmißverständlich (Nr. 45). Er verweist dort auch auf einen Artikel, der in den *Cahiers Renaud-Barrault*[53] erschienen war: »Wir betrachten das Werk als eine Folge von Verweigerungen inmitten so vieler Wahrscheinlichkeiten; man muß eine Entscheidung treffen – und genau hier liegt die Schwierigkeit, die man mit dem ausdrücklichen Wunsch nach ›Objektivität‹ so gut wegeskamotiert hatte. (...) Nie wird Komposition mit dem Zusammenstellen von Fügungen gleichzusetzen sein, wie sie sich in einer immensen Statistik ergeben.«[54] Deutlich wird, daß der Vorwurf durchaus selbstkritisch gemeint ist: Boulez lehnt den unerwarteten Zufall ab, der mit der Selbsttätigkeit des allgemein angewandten Prinzips der Reihe auftaucht. Faßte Cage diese Feststellungen – vielleicht in einem Brief, der nicht erhalten ist – als direkt auf sich gemünzt auf? Zu diesem Zeitpunkt jedenfalls hatte Boulez die Art aleatorischer Form, die er nicht nur akzeptieren, sondern sich auch wünschen kann, noch nicht ausgearbeitet, und er schrieb an Cage: »Allerdings werden wir an diesem Punkt nie übereinstimmen. Den Zufall als Bestandteil eines komponierten

Werkes akzeptiere ich nicht und werde ihn, denke ich, auch in Zukunft nicht akzeptieren. Ich erweitere die Möglichkeiten von *festgelegter oder freier* Musik. Aber was den Zufall betrifft, so kann ich nicht einmal den Gedanken daran ertragen.« (Nr. 45) In einem nächsten Text werde er das Thema noch einmal aufgreifen. Wahrscheinlich handelt es sich dabei um seinen Artikel »Alea«[55], der aber noch drei Jahre auf sich warten ließ. Er bezieht sich darin auf die Erfahrung der *Dritten Klaviersonate*, die er zwischen 1955 und 1957 komponierte (Jameux, Werkeliste Nr. 19).

Wenn Boulez in seinem Kurztext über Cage für die *Encyclopédie Fasquelle* 1958[56] nur von »abenteuerlichen Studien über den Zufall« spricht, so nimmt er in »Alea« kein Blatt vor den Mund: »Gegenwärtig läßt sich bei mehreren Komponisten unserer Generation eine unausgesetzte Beunruhigung durch den Zufall feststellen. (...) So bestände die unterste Stufe einer Anverwandlung des Zufalls in der Übernahme einer östlich getünchten Philosophie, die eine grundlegende Schwäche der Kompositionstechnik zu verdecken hätte. (...) Ich möchte diesen Versuch als Zufall aus Versehen bezeichnen.«[57] Dem Zufall, der Weigerung, Entscheidungen zu treffen, und der Übertragung der Verantwortung auf den Interpreten also[58], setzt Boulez seine »überwachte Wegkreuzung« entgegen, »eine Art Labyrinth mit vielerlei Gängen«[59], eine »Form, die sich nicht festlegt«[60], »den gelenkten Zufall«[61]. Die *Dritte Klaviersonate* verkörpert seine Vorstellung von Aleatorik.

Wie so oft nennt Boulez auch in »Alea« keinen Namen, doch Cage verstand. Dem Bericht von Joan Peyser zufolge reagierte er ärgerlich: »Nachdem Boulez wiederholt verlautbaren ließ, daß man das, was ich gerade tat, nicht tun dürfe, entdeckte er das *Livre* von Mallarmé. Und dieses ganze Buch ist bis in die letzte Einzelheit eine einzige Zufallsoperation. Im Zusammenhang mit mir mußte das Prinzip strikt abgelehnt werden, bei Mallarmé wurde es plötzlich akzeptabel. Nun macht Boulez Reklame für den Zufall, nur muß es eben *seine* Art Zufall sein.«[62] Der Unterschied war aber tatsächlich eminent: Dort, wo Cage einen großen Teil der kompositorischen Verantwortung auf die Interpreten übertrug, blieb Boulez dabei, die musikalische Textur eines jeden Formanten bis in die kleinsten Einzelheiten festzulegen. Wie er 1954 an Cage schrieb, schlug er auf der Ebene des Verlaufs eine »freie Musik« (Nr. 45) vor.

Muß nun aber dem *Buch* von Stéphane Mallarmé, das in der Rekonstruktion Jacques Schérers am 13. März 1957 in Frankreich erschien, ein entscheidender Einfluß auf die *Dritte Klaviersonate* beigemessen werden? 1960 schreibt Boulez in »Zu meiner Dritten Klaviersonate«: »... und hatte meine Arbeit zur Hauptsache abgeschlossen, als ein Buch mit den nachgelassenen Aufzeichnungen Mallarmés zu seinem geplanten Werk *Le Livre* erschien; Jacques Schérer hatte ihm eine hervorragende Studie über Mallarmés Absichten vorangestellt. Das war für mich im wahrsten Sinn des Wortes eine Offenbarung. (...) *Le Livre* von Mallarmé war nicht nur eine Bestätigung für mich, sondern auch der Beweis, daß eine Erneuerung in Poetik, Ästhetik und Form dringend geboten sei.«[63] Stellt man die Vielzahl der Boulez'schen Entwürfe für die *Dritte Klaviersonate*, die bei der Basler Sacher-Stiftung aufbewahrt werden, in Rechnung, so ist zu bezweifeln, daß er dieses Werk zwischen März und September 1957, dem Darmstädter Aufführungsdatum, entworfen und geschrieben haben sollte. Jedoch ist es nicht unmöglich, daß er auf den Gedanken, die Formanten beweglich zu machen, *erst nach* der Lektüre von Jacques Schérers Mallarmé-Ausgabe gekommen ist. Da der Zufall hier nur auf die Disposition der Blöcke wirkt, deren Text festgelegt ist, brauchte es nicht viel, um sie beweglich zu machen. Die Frage bleibt offen, denn in den Gesprächen mit Célestin Deliège versichert Boulez: »Als ich viel später, 1956/57, die *Dritte Klaviersonate* schrieb, hatte ich das *Buch* von Mallarmé noch nicht gelesen, weil er erst Ende 1957 veröffentlicht wurde«[64], – was allerdings unrichtig ist.

Cage unterstellte Boulez, den Begriff des Zufalls nun für sich zu vereinnahmen. Und Joan Peyser erklärt in ihrer Boulez-Biographie den Konflikt in diesem Stadium allein mit dem Boulez'schen Streben, immer der Erste sein zu wollen. Daran mag etwas sein, doch ist dies nicht charakteristisch für *jeden* Künstler, der sich bewußt ist, daß er Neues hervorbringt?

Hören wir Cage: »Da die zeitgenössische Musik in der Weise, wie ich sie verändere, sich weiter verändert, wird man schließlich die Klänge immer vollständiger befreien. (...) Ich rede & die zeitgenössische Musik verändert sich.«[65]

Vom historischen Standpunkt aus scheint uns die Situation komplexer. Eindeutig hegte Cage eine regelrechte Leidenschaft für den Zufall, für die Offenheit und Nichtfestgelegtheit, in der gesellschaftspolitische und musikalische Auffassungen zusammentreffen. Auch die Nacheiferer Cages sind da zu nennen – Christian Wolff, Morton Feldman und Earle Brown –, die sich ab 1952 in das Abenteuer stürzten; ebenso Karlheinz Stockhausen, den Boulez zu dieser Zeit sicherlich mehr bewunderte als Cage und dem es gelang, die Strenge des Tonsatzes mit dem Einwirken des Zufalls zu vermitteln – mit *Zeitmaße* (1955/56) und mit seinem *Klavierstück XI* (1956). Gegenüber letzterem ist Boulez es sich schuldig, seine eigene Antwort auf die Frage des offenen Werkes zu finden. Doch er tut dies, ohne im geringsten von seinen grundsätzlichen Optionen oder seinem persönlichen Stil abzugehen. Im Gegenteil, wenn die Dialektik von Bestimmtheit und (bis zu einem gewissen Grad) Unbestimmtheit ganz und gar den binären Oszillationen entspricht, die uns eine Konstante in Boulez' Werk und Denken zu sein scheinen, dann antwortet seine Art der aleatorischen Form auf zwei für ihn wesentliche Probleme des Tonsatzes: 1. gilt es, dem »Zufall durch Automatismus«, aufgrund der Selbsttätigkeit des auf alle Parameter angewandten Prinzips der Reihe, einen gelenkten Zufall entgegenzusetzen; 2. muß – auf dem Nebenweg der Wahlmöglichkeiten für den Interpreten – eine sich selbst fortsetzende Nichtfestgelegtheit der Form geschaffen werden, die in keinem Moment wiedererkennbaren und somit reproduzierbaren Stereotypen Raum gibt.

Wie reagiert Cage öffentlich auf all dies? Sehr unaggressiv, mit Humor und Ironie. Die in *Silence* versammelten Texte enthalten zahlreiche kleine Anspielungen. In seinem Text »45′ für einen Sprecher« von 1954 spielt er eindeutig auf Boulez an, ohne dessen Namen zu nennen: »[Jemand fragte Debussy] HAST DU NICHT DEINEN FREUND VERLOREN? Nein, mein Herr, ich habe auch meinen Freund nicht verloren. Ist es interessant? Es ist's und ist's wieder nicht. Aber eins ist sicher. Sie sind in bezug auf Kontrapunkt Melodie Harmonie Rhythmus und irgendwelche andern musikalischen Methoden *sinnlos*. Alles, was notwendig ist, ist ein leerer Zeitraum, um ihn auf seine eigene magnetische Weise wirken zu lassen. Schließlich wird genug darin sein, das zwitschert. Um es auf all diese verschiedenen Merkmale anzuwenden, reduziert er es notwendig auf Zahlen. Er hat auch einen mathematischen Weg zur Herstellung einer Entsprechung zwischen Reihen gefunden. Ich erinnere mich, als Kind alle Klänge geliebt zu haben, auch die nicht präparierten; ich mochte sie besonders in Mund Wangen und Zunge und der Kommentar dazu heißt: ›Der oberflächlichste Weg, andere zu beeinflussen zu suchen, ist durch Gespräch, hinter dem nichts Wirkliches steht. Der Einfluß, der durch solch pures Zungenwackeln erzeugt wird, muß notwendig unbedeutend bleiben.‹« Und dies: »ICH GLAUBE, daß man dahin gelangen kann, das Phänomen des Automatismus des Zufalls zu lenken, dem ich als einer Möglichkeit mißtraue, die nicht absolut notwendig ist. Denn schließlich tritt schon genug Unbekanntes auf bei den sich ergebenden Zwischenschaltungen und Überkreuzungen [Interpolationen und Interferenzen] der verschiedenen Reihen, wenn eine von ihnen von den Dauern zu den Tonhöhen übergeht, während eine andere von den Lautstärken zu den Anschlagsarten übergeht usw.«[66]

In »Music Lover's Field Companion«, ebenfalls von 1954[67], vermischt er die Erinnerung an die Treffen in der rue Beautreillis mit dem Besuch einer Champignon-Ausstellung und spielt auf das Erscheinen des Boulez-Artikels »Einsichten und Aussichten« an: »Mein Freund Pierre Boulez interessiert sich für Musik und Anführungsstriche und Kursivschrift! Diese Kombination von Interessen erscheint mir exzessiv in ihrer Vielzahl. Ich bevorzuge meine eigene Wahl der Pilze. Sie ist außerdem avant-garde.«[68]

1958, vier Jahre später, als Boulez' Artikel »Alea« erschienen ist, wird sein Ton schneidender: »Wer interessiert sich heute noch für Satie? Pierre Boulez[69] keinesfalls: Er hat die zwölf Töne, leitet die *Domaine Musicale*, während Satie nur die *groupe des six* hatte und Lehrer von Arcueil genannt wurde.«[70] Und im selben Jahr: »Stimmst du mit Boulez überein, wenn er sagt, was er sagt? [...] Zwölf. Warum solltest du? (Du weißt mehr oder weniger schon vorher, was du herausbekommen wirst.) Wird Boulez da sein, oder ist er weggegangen, als ich nicht hinsah? Warum nimmst du an, die Zahl 12 wurde aufgegeben, während die Idee der Reihe beibehalten wurde? Oder wurde sie auch aufgegeben? Und wenn nicht, warum nicht?«[71] Cage stellt hier eine bezeichnende vergleichende Bilanz zwischen den europäischen und amerikanischen Tendenzen auf: »Die amerikanische Avantgarde (an)erkannte den provokativen Charakter bestimmter europäischer Werke – von Pierre Boulez, Karlheinz Stockhausen, Henri Pousseur, Bo Nilsson und Bengt Hambraeus – und stellte sie in ihren Konzerten vor, namentlich in Aufführungen mit David Tudor, Pianist. Daß diese Werke in der Methode seriell vorgehen, mindert etwas das Interesse, das sie wecken. Doch die umfassende Anwendung der Methode, die eine von konventionellen Erwartungen freie Situation herstellt, öffnet häufig das Ohr. Gleichzeitig führen die europäischen Stücke aber eine Harmonik, eine Dramatik oder eine Poesie vor, die mehr mit ihren Komponisten zu tun hat als mit ihren Hörern, und bewegen sich daher in eine Richtung, die von den amerikanischen Komponisten nicht geteilt wird. Viele der amerikanischen Stücke betrachten jeden Hörer als Zentrum, so daß die Platzanordnung bei einem Konzert nicht Zuhörende und Aufführende gegenüberstellt, sondern die letzteren zwischen und um die ersteren herum gruppiert, was jedem Ohrenpaar eine einzigartige akustische Erfahrung verschafft. Zugegebenermaßen entzieht sich eine Situation von solcher Komplexität der Kontrolle, doch sie ähnelt der Alltagssituation der Zuhörer vor und nach der Konzert-Erfahrung. Es scheint, als liege eine solch durchgängige (Hör-)Erfahrung nicht im europäischen Interesse, da sie die Trennung zwischen ›Kunst‹ und ›Leben‹ auflöst.

Für den Unerfahrenen zeigt sich der Unterschied zwischen Europäern und Amerikanern daran, daß die letzteren mehr Stillemomente in ihre Werke aufnehmen. In dieser Hinsicht erscheint die Musik Bo Nilssons als Mittler, die von Boulez und die des Autors dieses Artikels als gegensätzlich. Dieser oberflächliche Unterschied ist auch tiefgründig: Dort, wo Stille als solche nicht in Erscheinung tritt, tut es der Wille des Komponisten. Einbezogene Stille entspricht demgegenüber dem Aufgeben einer eigenen Absicht. ›Während ich schlummere, stampfe ich den Reis.‹ Nichtsdestoweniger kann eine durchgängige Aktivität auftreten, in welcher der Wille nicht dominiert. Weder als Syntax noch als Struktur, sondern analog der Vielfalt der Natur, kommt sie absichtslos zustande.«[72]

Ein noch radikalerer Text, 1959 für die *Darmstädter Beiträge* verfaßt, entbehrt nicht eines gewissen Triumphs, so sehr ist Cage davon überzeugt, daß Boulez die Idee des Zufalls nur zu seinem eigenen Vorteil vereinnahmt habe: »Die Vitalität, welche die gegenwärtige musikalische Szene Europas auszeichnet, folgt aus den Aktivitäten von Boulez, Stockhausen, Nono, Maderna, Pousseur, Berio und so fort; in all dieser Aktivität steckt ein Moment von Tradition, von Kontinuität mit der Vergangenheit, ob im musikalischen Diskurs oder in dessen Organisation. Kritiker pflegen diese Aktivität nachwebernsch zu nennen. Doch kann dieser Ausdruck allenfalls meinen, daß es sich um Musik handelt, die nach Webern geschrieben wurde, denn es handelt sich nicht um eine, die etwa infolge der Webernschen geschrieben wurde: kaum gibt es Anzeichen von Klangfarbenmelodie, keine Bemühung um Diskontinuität ist spürbar – eher eine überraschende Hinnahme selbst der banalsten Mittel von Kontinuität: aufsteigende oder absteigende lineare Passagen,

Crescendi und Diminuendi, unmerklich angelegte Übergänge vom Tonband zum Orchester. Die Fertigkeit, dergleichen Vorgänge hervorzubringen, kann akademisch erworben werden. Diese Szene wird sich aber ändern. Die Pausen der experimentellen amerikanischen Musik und sogar ihre (früheren) technischen Einlassungen mit Zufallsoperationen dringen in die neue europäische Musik ein. Zwar wird es für Europa nicht leicht sein, sich als Europa aufzugeben. Europa wird dies aber tun und muß es: Die Welt ist heute eine einzige Welt.«[73]

Glücklicherweise wird die Korrespondenz im guten beendet. Jenseits der ästhetischen Differenzen schreibt Boulez im September 1962 einen letzten Brief an Cage – zu dessen fünfzigstem Geburtstag (Nr. 48). Es ist herauszuhören, daß Cage sich wegen einer Einladung nach Paris an ihn gewandt hatte, aber Boulez widmet seine Antwort vor allem dem Geburtstag des ehemaligen Freundes, mit einem witzigen, surrealistisch anmutenden Text, wie er sie bisweilen schrieb, dessen numerologischer Charakter möglicherweise auf ihre kontroversen Diskussionen der fünfziger Jahre anspielt.

Unter ästhetischen Gesichtspunkten ist für Boulez die Sache klar. 1970 erklärt er seinem Interviewer Claude Samuel am Mikrofon von *France-Culture*: »John Cage hat Verantwortung übernommen, wie Satie Verantwortung übernahm. Er hat einen wohltuenden Einfluß ausgeübt in dem Maße, in dem er dazu beitrug, in den fünfziger Jahren die Zwangsjacke aus Disziplin zu zerreißen. Er hat das mit Unbefangenheit und Naivität getan. In seiner Produktion gibt es sehr viel Humor und diese Unerschrockenheit, die Disziplin zu verletzen und ihre Absurdität, ihren Akademismus zu zeigen. Doch danach hat es wenig anderes als Nachahmungen gegeben. Und eine Handlung zu imitieren heißt eigentlich nur, sich wie ein Affe aufführen. Es gibt keinen neuen Gedanken, bloß Handlungen, die sich wiederholen. Und es erzeugt Überdruß, seit zwölf Jahren dieselben Handlungen sich wiederholen zu sehen.«

Gegenüber Célestin Deliège (1975) merkt er in bezug auf Cage an: »Es gibt Handlungen, die man nicht tun wollen darf. Was ist denn das genau, das anti-ästhetische Projekt? Es ist das Einnehmen einer Passivität gegenüber dem, was ist: Es ist eine Konzeption des Sichgehenlassens. (...) Der gesellschaftsfeindliche Aspekt einer solchen anti-ästhetischen Haltung liegt für mich klar auf der Hand: In diesem Augenblick ist man reif für faschistische Gesellschaften, die einem eine Spielwiese überlassen. Meiner Meinung nach heißt das, freiwillig sich zum Hofnarren herzugeben. Das ist eine sehr gefährliche Haltung, auch vom politischen Standpunkt aus, weil eine bestimmte Gesellschaft Ihnen unter der Bedingung das Vorrecht einräumt, Hofnarr zu sein, daß Sie diese Position akzeptieren und sie nicht verlassen. Nun, für mich gibt es keine niedrigere Geisteshaltung als die, Hofnarr sein zu wollen, Narr einer Gesellschaft, und ihr als Feigenblatt dafür zu dienen, daß sie eine geschlossene Gesellschaft mit faschistischen Tendenzen ist.«[74]

Die letzten Anlässe zu einer Begegnung sind rein professioneller Natur. Im Jahr 1976 dirigiert Boulez Cages *Apartment House 1776* – »Material für einen Musizirkus zur Begehung der Zweihundertjahrfeier der U.S.A.« mit dem New York Philharmonic Orchestra. 1979 lädt er Cage an das IRCAM nach Paris ein, um einen anderen »Circus on ...« vorzustellen: »Ein Mittel, jegliches Buch in Musik zu übersetzen. *Roaratorio, an Irish Circus on Finnegan's Wake* ist eine Realisation dieses Stückes von John Cage und John Fulleman.«[75] Es ist nicht ganz auszuschließen, daß *Roaratorio* – aus dem Abstand vieler Jahre geschrieben – eine halb ironische, halb freundschaftliche Antwort Cages auf Boulez darstellt, der anläßlich des Zankapfels, seiner *Dritten Klaviersonate,* geschrieben hatte: »Was hat mich dazu veranlaßt, solcherart eine ›Sonate‹ für Klavier zu schreiben? Weniger musikalische Erwägungen als literarische Fühlungnahmen. Im Grunde genommen ist mein gegenwärtiges Denken mehr aus Reflexionen über die Literatur als über die Musik hervorgegangen.«[76]

Während sich Cage vom Zufallsprinzip Schritt für Schritt in Richtung *happening* bewegte, wird Boulez auch nach diesem Austausch nie sein Konzept der Verantwortlichkeit als Komponist aufgeben. Nachdem er den Tunnel der auf alle Parameter angewandten Reihe verlassen hat, verfolgt er nach und nach all die roten Fäden seines Vorgehens: Er schafft das Instrumentarium und die Institution, den Rahmen für sein großes Werk, in dem alle Parameter, ihrer letzten Anklänge an die Tonalität entledigt, sich eng miteinander verknüpft finden. So ist *Répons* aus heutiger Sicht auch eine späte Umsetzung der Gespräche von 1949, als ein junger Mann von 24 Jahren von dem nicht verwirklichten Projekt eines Zentrums für experimentelle Musik hörte und Zeuge wurde, wie eine improvisierte Maschine [das präparierte Klavier] die traditionellen Parameter veränderte. Doch schon zu diesem Zeitpunkt kam es mit seiner *Sonatine pour flûte et piano,* der *Ersten* und *Zweiten Klavier-*

sonate sowie dem *Livre pour Quatuor* für ihn gar nicht in Frage, auf die schöpferische Geste des Selbstausdrucks zu verzichten. Denn vom Standpunkt der Verantwortlichkeit des Komponisten aus betrachtet beruht die Opposition von Boulez und Cage auf einer grundsätzlichen Feststellung, die von den Anhängern des Zufalls oft vergessen wird: In der Unmittelbarkeit der Improvisation kann ein Interpret nur allzu leicht auf Erinnertes und auf stilistische Klischees verfallen. »Jede Erneuerung in der Musik, selbst die des Materials, geschieht durch die Neuorganisation des Tonsatzes«, schreibt Boulez in einem unveröffentlichten Brief[77]. »Ich war mit diesem Denken in der Vereinzelung und der Diaspora ziemlich allein. Man sprach – und spricht noch immer – viel von Freiheit, während diese sogenannte Freiheit nichts als eine geschönte Unterwerfung unter die Erinnerung darstellt. Die Illusion in der Höhle …«

Anmerkungen

1 Joan Peyser, *Boulez*, New York/London: Schirmer Books 1976, S. 60ff; Dominique Jameux, *Pierre Boulez*, Paris: Fayard 1984, S. 72f.

2 »Le système mis à nu«, in: Pierre Boulez, *Points de repère,* Paris: Bourgois 1981, S. 127–140 (2. Ausgabe S. 129–142). [Dieser Aufsatz wurde nicht in die deutsche Ausgabe *Anhaltspunkte* (siehe Anm. 36) aufgenommen. A.d.Ü.]. Joan Peyser hat in ihrer Biographie (a.a.O., S. 87) ein Faksimile der letzten Seite eines der Briefe von Boulez sowie kurze Auszüge aus einigen anderen Briefen dieser Korrespondenz abgedruckt.

3 Dominique Jameux sei hier gedankt für die vielen Informationen, die sein Buch über Boulez gibt. Sie haben uns bei dieser Herausgabe sehr geholfen. Auf seine Boulez-Werkeliste (a.a.O., S. 447–452) beziehe ich mich im folgenden, ggf. mit Ergänzungen und Berichtigungen.

4 Das genaue Datum ist nicht bekannt. Im Gegensatz zu dem, was Dominique Jameux schreibt (a.a.O., S. 72), kann der Abend bei Suzanne Tézenas nicht im Dezember stattgefunden haben, da der erste Brief von Cage nach seiner Rückkehr nach New York (Nr. 4) das Datum des 4.12.1949 trägt. Außerdem macht Boulez bei seiner Einführung zu Cage auf ein Konzert mit Arthur Gold und Robert Fizdale aufmerksam, das am 24. Juni stattfand. Der Abend lag folglich vor diesem Datum.
[*Präpariertes Klavier*: Cage verändert die Klangfarben, teilweise die Tonhöhen der Klaviertöne, indem er bestimmte Gegenstände (verschiedene Bolzen, Schrauben, Radiergummis, Plastikstücke u.a.m.) zwischen die Saiten klemmt bzw. auf ihnen anbringt. Da jeder Klavierton auf diese Weise eine eigenartige Klangfarbe annehmen kann und auch andere Tonhöhen als die der chromatischen Skala entstehen, erhält Cage so ein höchst vielfältiges und fremdartiges Klangspektrum. Siehe auch: M. Fürst-Heidtmann, *Das präparierte Klavier des John Cage*, Reihe Kölner Beiträge zur Musikforschung, Bd. 97, Regensburg: Bosse 1979, A.d.Ü.]

5 Peyser, a.a.O., S. 61

6 David Tudor begleitete Severino Gazzelloni auf dem Klavier bei der ersten Einspielung der Boulez'schen *Sonatine pour flûte et piano*, die 1957 in der Schallplattenreihe *domaine musical* (Vega C30 A139) produziert wurde.

7 John Cage, *Silence – Lectures and Writings*, Middletown/Connecticut: Wesleyan University Press 1961; französ. Ausgabe: John Cage, *Silence*, Paris: Denoel 1970; deutsche Ausgabe: John Cage, *Silence*, aus dem Amerikanischen von Ernst Jandl, Darmstadt/Neuwied: Luchterhand 1969 und Frankfurt/M.: Suhrkamp 1987. In der französ. wie der dt. Ausg. *fehlen* Cages Artikel zu kompositionstechnischen Fragen. Die dt. Ausg. enthält eine noch kleinere

Auswahl seiner ausschließlich künstlerischen Hör-Texte. [Zitate nach Edition Suhrkamp 1987. A.d.Ü.]
Die amerikan. Originalausgabe dagegen bietet die Artikel: »To Describe the Process of Composition used in *Music of Changes* and *Imaginary Landscape No. 4*« (S. 57–59) und »To Describe the Process of Composition used in *Music for Piano 21–52*« (S. 60–61). Der erste der beiden Texte wurde, ausgehend von der Fassung für die Zeitschrift *Trans/formation* von 1952, als Teil der Quelle Nr. 32 in dieses Buch aufgenommen, die einzelnen Textvarianten zur *Silence*-Version wurden in die dazugehörige Anmerkung 2 gesetzt.

8 Jameux, a.a.O., S. 73.

9 Ebenda S. 63 und S. 72ff.

10 »Eventuellement...«, in: *Revue musicale*, Nr. 212/ Mai 1952, S. 117–148. Aufgenommen in: Pierre Boulez, *Relevés d'apprenti*, Paris: du Seuil 1966, S. 147–182. Deutsch: »Möglichkeiten«, in: Pierre Boulez, *Werkstattexte*, hg. und übers. v. Josef Häusler, Berlin/Frankfurt/M.: Ullstein/Propyläen 1972, S. 22–52.

11 *Revue musicale,* a.a.O., S. 142; siehe auch Quelle Nr. 37.

12 »Tendances de la musique récente«, in: *Revue musicale* Nr. 236/1957, S. 28–35; in: *Relevés d'apprenti*, a.a.O., S. 223–231. Wie Robert Piencikowski anmerkt, wurde dieser Aufsatz schon 1953 verfaßt. Deutsch: »Tendenzen – 1957«, in: *Werkstattexte*, a.a.O., S. 92–99.

13 Frz. a.a.O., S. 227f; dt. a.a.O., S. 96f (siehe auch Quelle Nr. 42).

14 »The Future of Music: Credo«, in: *Silence,* amerikan. Ausg., a.a.O. (Anm. 7), S. 3–6. Er kommt 1961 in dem Text »Where are we going? and what are we doing?« (*Silence*, amerikan. Ausg. S. 233 und 243) darauf zurück. Diese beiden Texte fehlen in der franz. und dt. Ausgabe.

15 Siehe Brief Nr. 30, dazugehörige Anm. 1.

16 »Tendances de la musique récente«, a.a.O., S. 227; dt.: »Tendenzen – 1957«, a.a.O., S. 96.

17 »Accord«, aufgenommen in: *Relevés d'apprenti,* S. 281; dt.: »Akkord«, in: *Werkstattexte*, a.a.O., S. 262.

18 Peyser, a.a.O. (Anm. 1), S. 121.

19 Hervorhebung vom Herausgeber.

20 »Changes« (1958) in: *Silence*, amerikan. Ausg., a.a.O., S. 25f.

21 Ebenda, S. 20.

22 »Forerunners of Modern Music« (1949) in: *Silence*, a.a.O., S. 62. In diesem Buch als Quelle Nr. 5, »Vorreiter der Modernen Musik«.

23 »Changes« in: *Silence,* a.a.O., S. 22.

24 Siehe auch: »Indeterminacy« in: *Silence*, a.a.O. (Anm. 7), S. 36.

25 Jameux, a.a.O. (Anm. 1), S. 63.

26 »Eventuellement...«, in: *Revue musicale*, a.a.O., S. 143 (siehe Quelle Nr. 37); dt.: »Möglichkeiten«, a.a.O. (Anm. 10).

27 Ebenda. Hervorhebungen vom Herausgeber.

28 Ebenda.

29 Begonnen 1949 in Darmstadt, beendet im Winter 1950 in Paris.

30 Er gibt dies in seinem Brief Nr. 31 an.

31 Hervorhebungen vom Herausgeber.
32 Hervorhebungen vom Herausgeber.
33 Der Aufsatz heißt »Schoenberg est mort«, aufgenommen in: *Relevés d'apprenti*, a.a.O. (Anm. 10); deutsch: »Schönberg ist tot«, abweichend von französ. Ausgabe aufgenommen in: Pierre Boulez, *Anhaltspunkte*, hg. und übersetzt von Josef Häusler, Stuttgart/Zürich: Belser 1975, S. 288–296; und Taschenbuchausgabe: Kassel/London/München: Bärenreiter/DTV 1979. »Webern hat nur die Tonhöhen organisiert; jetzt organisiert man den Rhythmus, die Klangfarbe, die Dynamik. Alles wird zum Futter für diese monströse polyvalente Organisation, die man schleunigst aufgeben sollte, will man sich nicht selbst zu Taubheit verurteilen«, aus: »Recherches maintenant« (1954), in: *Relevés d'apprenti*, a.a.O. (Anm. 10), S. 29; dt.: »Einsichten – Aussichten«, in: *Werkstattexte*, a.a.O., S. 54.
»... doch glauben wir, daß jede der vier von uns aufgestellten [Erzeugungsformen] die besonderen Eigenschaften der Tonhöhe und der Zeit beleuchtet; denn Tonhöhe und Zeit sind grundlegend für jedes Werk und allein fähig, eine Klangwelt hervorzubringen, wogegen Lautstärke und Klangfarbe gewiß eine wichtige Funktion haben, aber derart weitreichende Verantwortungen nicht übernehmen können«, in: »Auprès et au loin« (1954), aufgenommen in: *Relevés d'apprenti*, a.a.O., S. 199; dt.: »Nahsicht und Fernsicht«, in: *Werkstattexte*, a.a.O., S. 72.
34 *Revue musicale*, a.a.O., S. 142 und in: *Relevés d'apprenti*, a.a.O., S. 176; dt.: »Möglichkeiten«, in: *Werkstattexte*, a.a.O., S. 47.
35 *Contrepoints,* Nr. 6/1949, S. 55–61; *Silence,* a.a.O. (Anm. 7), S. 62–66. [Abweichend von der Originalausgabe dieses Briefwechsels (Basel und Winterthur: Amadeus Verlag/Paul Sacher Stiftung 1990) wurde der deutschen Übersetzung von Cages Aufsatz »Forerunners of modern music«/ »Raison d'être de la musique moderne« (»Vorreiter der Modernen Musik«/ »Existenzberechtigung der Modernen Musik«), der hier als Quelle Nr. 5 aufgenommen ist, die amerikanische Originalfassung von John Cage in *Silence* zugrundegelegt, während die Zitate in dem Aufsatz von Jean-Jacques Nattiez nach der französischen Übersetzung von Frédéric Goldbeck ins Deutsche gebracht wurden, um die französische Rezeption von Cages Ideen deutlich werden zu lassen. A.d.Ü.]
36 Cages Artikel erschien zur gleichen Zeit wie Boulez' »Trajectoires – Ravel, Stravinsky, Schoenberg«, aufgenommen in: *Relevés d'apprenti,* a.a.O., S. 241–262. Deutsch: »Flugbahnen«, in: Pierre Boulez, *Anhaltspunkte*, a.a.O., S. 242–265
37 Zitat nach der französ. Version in: *Contrepoints* Nr. 6/1949, S. 55. Vgl. auch die abweichende französ. Fassung in der französ. Ausgabe von *Silence*, a.a.O. (Anm. 7), S. 30.
38 »45' for a Speaker« (1954) in: *Silence*, amerikan. Ausg., a.a.O., S. 153; deutsch: »45' für einen Sprecher«, in: *Silence*, a.a.O., S. 78.
39 In: *Relevés d'apprenti*, a.a.O. (Anm. 10), S. 17; dt.: »Bach als Kraftmoment«, in: *Anhaltspunkte*, a.a.O. (Anm. 33), S. 60–78.

40 »The Future of Music: Credo«, in: *Silence,* S. 5.
41 *Contrepoints* 6/1949, S. 55; vgl.: *Silence*, frz. Ausg., S. 30 und amerikan. Ausgabe S. 62.
42 Siehe auch: J.J. Nattiez, *Tétralogies – Wagner, Boulez, Chéreau*, Paris: Bourgois 1983, S. 236.
43 Januar 1952, siehe Brief Nr. 30, Anm. 1.
44 Jameux, a.a.O. (Anm. 1), S. 73.
45 »Propositions«, in: *Polyphonie*, Nr. 2/1948, S. 65–72; aufgenommen in: *Relevés d'apprenti*, a.a.O. (Anm. 10), S. 65–74; deutsch: »Vorschläge«, in: *Werkstattexte*, a.a.O., S. 10–21.
46 »Propositions«, a.a.O., S. 68f; dt.: »Vorschläge«, a.a.O., S. 16.
47 »45' for a Speaker«, in: *Silence*, a.a.O. (Anm. 7), S. 154; dt.: »45' für einen Sprecher«, in: *Silence*, a.a.O., S. 80.
48 Amerikan.: a.a.O., S. 159, dt.: a.a.O., S. 90.
49 Siehe Nr. 35. Dieser Brief ist nicht vollständig in der Briefesammlung von John Cage enthalten, die in der Northwestern Library [Northwestern University Evanston/Illinois] hinterlegt wurde. Joan Peyser zitiert in ihrer Boulez-Biographie diese Passage folgendermaßen: »By temperament I cannot toss a coin … Chance must be very well controlled. Il y a suffisament d'inconnu.« (»Es widerstrebt meiner Persönlichkeit, Münzen zu werfen. … Der Zufall muß sehr gut kontrolliert werden. Es gibt genug Unbekanntes.«), a.a.O., S. 82.
[Die deutsche Übersetzung bringt den Brief Nr. 35 soweit vollständig; es wurden die 1990 von John Holzaepfel im Archiv von David Tudor gefundenen Passagen, die Cage ins Amerikanische übersetzt hatte, nach der englischen Ausgabe: *The Boulez – Cage Correspondence*, by Jean-Jacques Nattiez, hg. Robert Samuels, Cambridge/New York/Melbourne: Cambridge University Press 1993, ins Deutsche gebracht. Mit meinem besonderen Dank an Robert Piencikowski. A.d.Ü.]
50 »Eventuellement…«, in: *Relevés d'apprenti*, S. 174; dt.: »Möglichkeiten«, in: *Werkstattexte*, a.a.O., S. 45.
51 Peyser, a.a.O., S. 82.
52 Ebenda S. 85.
53 »Auprès et au loin«, in: *Cahiers de la Compagnie Renaud-Barrault*, Nr. 3/1954, S. 7–24; aufgenommen in: *Relevés d'apprenti*, a.a.O., S. 183–203. Deutsch: »Nahsicht und Fernsicht«, in: *Werkstattexte*, a.a.O. (Anm. 10), S. 58–75.
54 »Auprès et au loin«, a.a.O., S. 202f; dt.: »Nahsicht…«, a.a.O., S. 75.
55 »Aléa«, in: *Nouvelle Revue Française* Nr. 59/Nov. 1959, S. 839–857; aufgenommen in: *Relevés d'apprenti*, a.a.O., S. 41–56; dt.: »Alea«, in: *Werkstattexte*, a.a.O., S. 100–113.
56 Dieser kurze Artikel wurde nicht in *Relevés d'apprenti – Werkstattexte* aufgenommen. Er findet sich hier als Quelle Nr. 47.
57 Frz.: »Aléa«, a.a.O., S. 41; dt.: »Alea«, a.a.O., S. 100.
58 Frz.: a.a.O., S. 43; dt.: a.a.O., S. 102.
59 Frz.: a.a.O., S. 44; dt.: a.a.O., S. 103.

60 Frz.: a.a.O., S. 45; dt.: a.a.O., S. 103.

61 Frz.: a.a.O., S. 47; dt.: a.a.O., S. 106.

62 Peyser, a.a.O., S. 129.

63 »Sonate ›que me veux tu‹«, (1964) in: *Points de repère,* a.a.O. (Anm. 10), S. 155f; dt.: »Zu meiner Dritten Klaviersonate«, in: *Werkstattexte,* a.a.O., S. 164–178.

64 Pierre Boulez, *Par volonté et par hasard,* Paris: du Seuil 1975, S. 64. Deutsch: Pierre Boulez, *Wille und Zufall – Gespräche mit Célestin Deliège und Hans Mayer,* übers. von Josef Häusler, Stuttgart/Zürich: Belser 1977, S. 56.

65 »45' for a Speaker«, in: *Silence,* a.a.O. (Anm. 7), S. 161 und 181; dt.: »45' für einen Sprecher«, in: *Silence,* a.a.O., S. 94 und S. 134.

66 Frz.: a.a.O., S. 177f. Das Ende der Passage gibt den Anfang des Briefes von Boulez (Nr. 35) wieder; dt.: a.a.O., S. 127ff. [Die deutsche Übersetzung von Ernst Jandl wurde in der zuletzt zitierten Passage revidiert. A.d.Ü.]

67 In: *Silence,* a.a.O., S. 275.

68 Ebenda, S. 276.

69 Der sich 1952 in seinem Artikel »Chien flasque«, in: *Revue musicale* Nr. 214, S. 153f (und: *Points de repère,* a.a.O., S. 285f) recht ironisch über Eric Satie äußerte. [Deutsch nicht in *Werkstattexte* oder *Anhaltspunkte* aufgenommen. A.d.Ü.] Joan Peyser (a.a.O., S. 85) meint, daß dieser Artikel untergründig gegen Cage gerichtet sei. Boulez bezeichnet dort als Erfindungen Saties: die Simplizität, seine Schüler ... Das zitierte Cage-Diktum kann als Replik auf folgende Bemerkung von Boulez gelten: »L'humour de Satie, le meilleur: ›le maître d'Arcueil‹. Un titre, excellent, sans que musique s'en suive.« (»Am besten noch Saties Humor: ›Lehrer‹ von Arcueil. Ein exzellenter Titel, ohne daß Musik daraus folgte.«)

70 »Eric Satie«, in: *Silence,* a.a.O., S. 77.
[Die *groupe des six* oder »Gruppe der Sechs« war eine vor dem Zweiten Weltkrieg bereits prominente Pariser Komponistengruppe, der u.a. Jean Cocteau, Arthur Honegger, Francis Poulenc und Germaine Tailleferre angehörten. »Lehrer von Arcueil« bezieht sich auf Saties sehr unkonventionelles Musikschulprojekt in der Pariser Vorstadt Arcueil. A.d.Ü.]

71 »Communication« (1958) in: *Silence,* a.a.O., S. 48.

72 Ebenda, S. 53.

73 »History of experimental Music in the United States« (1959) in: *Silence,* a.a.O., S. 74f; deutsche Fassung: »Zur Geschichte der experimentellen Musik in den Vereinigten Staaten«, übers. von Heinz-Klaus Metzger, in: *Darmstädter Beiträge zur Neuen Musik 1959,* Mainz/New York: Schott's Söhne 1959, S. 53.

74 In: *Par volonté et par hasard,* a.a.O. (Anm. 64), S. 111; dt. in: *Wille und Zufall,* a.a.O., S. 97.

75 *A John Cage Reader,* hg. Peter Gena/Jonathan Brent, New York/London/Frankfurt/M.: Edition C.F. Peters 1982, S. 199.

76 »Sonate ›que me veux tu‹«, in: *Points de repère,* a.a.O. (Anm. 10), S. 151; dt.: »Zu meiner Dritten Klaviersonate«, in: *Werkstattexte,* a.a.O., S. 164.

77 Brief an J.J. Nattiez, Februar 1985.

Anhang

Auswahlbibliographie

Pierre Boulez

Pierre Boulez, *Musikdenken heute*, 2 Bände (Reihe: Darmstädter Beiträge zur neuen Musik), Mainz/New York: Schott's Söhne 1963

derselbe, *Werkstattexte* (Artikel), hg. u. übers. von Josef Häusler, Frankfurt/M./Berlin: Ullstein/Propyläen 1972

derselbe, *Anhaltspunkte* (Artikel), hg. u. übers. von Josef Häusler, Stuttgart/Zürich: Belser Verlag 1975 und als Taschenbuch bei DTV-Bärenreiter 1979

derselbe, *Wille und Zufall* – Gespräche mit Célestin Deliège und Hans Mayer, übers. von Josef Häusler und Hans Mayer, Stuttgart/Zürich: Belser Verlag 1977

Theo Hirsbrunner, *Pierre Boulez und sein Werk*, Laaber: Laaber Verlag 1985

Pierre Boulez, ein Band in der Zeitschriftenreihe *Musik-Konzepte*, hg. von Heinz-Klaus Metzger und Rainer Riehn, München: edition text + kritik (enthält eine ausführliche Diskographie)

John Cage

John Cage, *Silence*, Middletown/Conn.: Wesleyan University Press 1976

derselbe, *Silence*, übertr. von Ernst Jandl, Frankfurt/M.: Edition Suhrkamp 1987

derselbe, *Empty Words*, London/Boston: Marion Boyars 1980

derselbe, *Anarchic Harmony*, hg. von S. Schädler/W. Zimmermann, Mainz/New York: Schott's Söhne/Frankfurt Feste Alte Oper '92, 1992

Richard Kostelanetz, *John Cage*, übers. von Iris Schnebel und H.R. Zeller, Köln: DuMont-Schauberg (Reihe: DuMont Dokumente) 1973

Daniel Charles, *Für die Vögel* – John Cage im Gespräch mit Daniel Charles, übers. von Birger Ollrogge, Berlin: Merve 1984

David Revill, *Tosende Stille* (eine John Cage Biographie), übers. von Hans Thenhors-Esch, München: List 1995

John Cage (1978 und 1990), zwei Bände der Zeitschriftenreihe *Musik-Konzepte*, hg. von Heinz-Klaus Metzger und Rainer Riehn, München: edition text + kritik (enthält eine ausführliche Diskographie)

Für alle, die sich im Verlauf der Lektüre fragten, was es damit wohl auf sich habe:
Das *I Ging – Buch der Wandlungen*, hg. und übers. von Richard Wilhelm, München: Diederichs (Gelbe Reihe) 1973, 1985, 1990

Biographisches Glossar

Zusammengestellt von Bettina Schäfer

Ajemian, Maro (geb. 1927): amerikanische Pianistin. Sie spielte die erste Aufnahme von Cages *Sonatas and Interludes* (1951, DIAL 19/20) ein. Sie konzertierte häufig mit der Geigerin Anahid Ajemian, ihrer Schwester. Die Komponisten Harrison, Cowell, Alan Hovhaness, Ernst Krenek, Wallingford Riegger und Cage schrieben Stücke für die beiden Interpretinnen.

Ansermet, Ernest (1883–1969): Gründer, Dirigent und Leiter des Orchestre de la Suisse Romande (Orchester der französischen Schweiz), hat seine phänomenologisch begründete Auffassung der Musik in seinem Buch *Les fondements de la musique dans la conscience humaine*, Neuchâtel: La Baconnière 1961, sowie in seinen *Ecrits sur la musique*, ebenda 1971, dargelegt.

Ardevol, José (geb. 1911 in Barcelona): kubanischer Komponist, Dirigierstudium bei Hermann Scherchen. Er nahm an der kubanischen Revolution teil und wurde innerhalb des Kulturministeriums »musikalischer Direktor« Kubas. Schuf zuerst Werke in nationalistischem und neoklassischem Stil; in den fünfziger Jahren stark von Webern beeinflußt, wandte er sich später auch aleatorischen Verfahren zu.

Babbitt, Milton (geb. 1916): sehr einflußreicher amerikanischer Komponist und Theoretiker. Lehrte seit 1948 in Princeton, an der Juilliard School und unter anderem in Darmstadt. Mitherausgeber der Zeitschrift *Perspectives of New Music*.

Barab, Seymour: Cellist, spielte bei der Cage-Cunningham-Aufführung in Paris am 15.1.1950 und bei der Aufführung des *Pierrot lunaire* unter der Leitung von René Leibowitz (Hinweis von Robert Piencikowski).

Barrault, Jean-Louis (1910–1993): bekannter französischer Schauspieler und Theaterregisseur, beeinflußt u.a. von Artaud, spielte auch zahlreiche Filmrollen (z.B. als Pierrot in Marcel Carnés *Die Kinder des Olymp*). Gründete zusammen mit Madeleine Renaud im Jahr 1947 die Compagnie Renaud-Barrault, die sich auf die Aufführung zeitgenössischer Stücke spezialisierte. Später Direktor der *Comédie Française*. Zu seinen Schriften zählen – neben den *Cahiers de la Compagnie Renaud-Barrault* [Hefte des Theaters Ren.-Barr.]: *Réflexions sur le théatre* (1959) und *Souvenirs pour demain* (1972) (RS).

Bayle, François (geb. 1932): französischer Komponist. Studierte bei Stockhausen in Darmstadt und Messiaen in Paris. Kam 1960 zur Gruppe der *musique concrète*, wurde 1966 Leiter der *groupe de recherches musicales* am Studio von Pierre Schaeffer. Als dessen Schüler widmete er sich ausschließlich der elektroakustischen Musik, die er »acousmatische« Musik nannte.

Beyer, Johanna (1888–1944): amerikanische Komponistin. Ihr schmales Werk erschien bei der New Music Edition in New York.

Brown, Earle (geb. 1926): amerikanischer Komponist. Seit 1952 in enger Verbindung mit Cage, Tudor, Feldman und Wolff. Beeinflußt von den Malern und Bildhauern Jackson Pollock und Alexander Calder. Er schrieb im November/Dezember 1952 erste graphisch notierte Stücke und entwickelte im Laufe der fünfziger Jahre eine Konzeption der offenen Form, z.B. mit *Twenty five pages*.

Brown, Merton (geb. 1913): amerikanischer Komponist, studierte bei Wallingford Riegger und Carl Ruggles. Seine Werke verwenden als System das, was als »dissonant counterpoint« bekannt wurde. Er gehörte bis 1949 zum engeren Kreis um Cage, ging dann nach Rom. Erst 1967 kehrte er nach New York zurück.

Calder, Alexander (1898–1979): moderner amerikanischer Bildhauer und Zeichner. Wurde vor allem mit seinen eigenwilligen Mobiles und Stabiles bekannt.

Casanova, André (geb. 1919): französischer Komponist, studierte an der Pariser Ecole Normale de Musique und gehörte 1944 zu den ersten Schülern von René Leibowitz. Sein *Concertino pour piano* (1952) wurde 1959 von Yvonne Loriod uraufgeführt.

Char, René (1907–1988): französischer Lyriker, wohl der bedeutendste Poet des Surrealismus. Seine Werke *Le marteau sans maître* (1934), *Fureur et mystère* (1948), *Le soleil des eaux* (1949) und *Les matinaux* (1950) interessierten damals Boulez am meisten. Seine gesammelten Werke, *Œuvres complètes*, erschienen 1983 (Paris: Gallimard, Coll. La Pléiade), deutsch: René Char, *Dichtungen/Poésies I*, Frankfurt/M.: S. Fischer 1959; ders., *Dichtungen/Poésies II*, ebda. 1968 und zweisprachige Einzelausgaben im Fischer Taschenbuch seit 1991: *Die Bibliothek in Flammen* (1991), *Zorn und Geheimnis* (1992) u.a.m.

Copland, Aaron (1900–1990): amerikanischer Komponist, zusammen mit Leonard Bernstein der populärste Komponist ernster Musik. Bekannt wurde er besonders mit den Werken *El Salon Mexico* (1933–36), *Appalachian Spring* (1943–44) und *Rodeo* (1942).

Cowell, Henry (1897–1965): amerikanischer Komponist, Pianist und Musikwissenschaftler. Er war ungeheuer produktiv und vor allem ein Experimentator, hinterließ an die tausend Stücke. Seine 1916/19 entstandene Schrift *New Musical Resources* erschien 1930. Erfand das »string piano« und zusammen mit Lev Termen das Rhythmicon. Prägte den Begriff »cluster«.

Cunningham, Merce (eigtl. Mercier, geb. 1919): avantgardistischer amerikanischer Tänzer und Choreograph, Ausbildung zeitweise bei Martha Graham. Begegnete Cage an der Cornish School in Seattle. Sie befreundeten sich und arbeiteten seitdem zusammen. 1953 gründete er seine eigene Balletttruppe, 1959 seine Schule. Gilt als einer der inventivsten Choreographen seiner Generation. Arbeitete auch mit Brown, Feldman, Tudor und Wolff zusammen.

Dallapiccola, Luigi (1904–1975): italienischer Komponist, Pianist und Schriftsteller. Pionier der seriellen Technik in Italien. Schuf ein umfangreiches Werk, darunter die wichtigen Opern *Volo di notte*, *Il prigioniero* und *Ulisse* sowie seine *Canti di prigionia* und *Canti di liberazione*, in denen sich auch sein politisches Engagement ausdrückt.

De Schloezer, Boris (1881–1969): französischer Komponist und Musikwissenschaftler, bekannt durch seine Schriften. Mitherausgeber der *Revue Musicale* und Mitarbeiter bei der NRF (*Nouvelle Revue Française*) von 1921 bis 1957. Seine *Introduction à Jean Sébastien Bach* (Paris: Gallimard 1947) war das erste französische von der Gestaltpsychologie beeinflußte musikwissenschaftliche Werk. Wichtig auch: *Problèmes de la musique moderne* (zusammen mit Marina Scriabine; Paris 1959).

Désormière, Roger (1898–1963): französischer Dirigent, der mit Eric Saties Schule von Arcueil und der Gruppe der Sechs in Verbindung stand. Musikalischer Leiter der *Ballets Russes* (Diaghilew) bis 1925 und ab 1937 Chefdirigent der *Opéra comique*. Von ihm stammt eine maßstabsetzende Aufnahme der Debussy-Oper *Pelléas et Mélisande*. Dirigierte die Uraufführung der *Soleil des Eaux* von Boulez (am 18.7.1950).

Deutsch, Max (1892–1982): wichtiger Schönberg-Schüler, Komponist, Lehrer und Dirigent. Dirigierte die Uraufführungen vieler Werke der zweiten Wiener Schule – Schönberg, Berg, Webern –, wovon Bergs *Kammerkonzert* 1927 hervorzuheben ist. Als seine wichtigsten Opern gelten *Die freudlose Straße* und *Der Schatz*. Er war vor allem berühmt als Lehrer.

Duhamel, Antoine (geb. 1925): Schüler von Messiaen und Leibowitz, engagiertes Mitglied der Experimentalgruppe am Studio für konkrete Musik von Pierre Schaeffer.

Eimert, Herbert (1897–1972): deutscher Komponist und Theoretiker. Seine *Atonale Musiklehre* war die erste Beschreibung einer Zwölftontechnik. 1951 wurde er Gründer des Studios für elektronische Musik beim NWDR in Köln, das er bis 1962 leitete. Er entwickelte die Idee von einer elektronischen Musik, die ausschließlich synthetisch erzeugte Klänge verwendet (im Unterschied zu Pierre Schaeffers elektroakustischen Experimenten, wo Klänge zwar elektronisch bearbeitet, jedoch von nichtelektronischen Instrumenten aller Art erzeugt wurden). Herausgeber der Zeitschrift *Die Reihe*, die als eine der ersten Artikel zu elektronischer und allgemein Neuer Musik brachte.

Fano, Michel (geb. 1929): französischer Komponist; er studierte bei Nadia Boulanger und Messiaen. Seine *Sonate für zwei Klaviere* und *Etüden für fünfzehn Instrumente* wurden 1952 in Donaueschingen und Darmstadt uraufgeführt. Wandte sich später der Filmmusik zu (Filme von Alain Robbe-Grillet); veröffentlichte 1953 zusammen mit Pierre Jean Jouve *Wozzeck*.

Feldman, Morton (1926–1987): amerikanischer Komponist, studierte bei Wallingford Riegger und Stefan Wolpe. Seit der Begegnung mit Cage 1950 im engeren Kreis der »New York School«: Earle und Merton Brown, Cage, David Tudor, Christian Wolff. Beschäftigte sich mit der Malerei, befreundet mit Guston, Johns, Rauschenberg und Rothko. Verwendete Anfang der fünfziger Jahre vorübergehend graphische Notation (siehe auch: Nr. 31, 32 und 35). 1973 übernahm er den Edgard-Varèse-Lehrstuhl an der New York State University in Buffalo/N.Y.

Fizdale, Robert (geb. 1920): amerikanischer Pianist, bildete ein Duo mit Arthur Gold. Ihre gemeinsame Laufbahn begann mit *A Book of Music* und *Three Dances* (für präpariertes Klavier), die Cage für sie komponierte. Luciano Berios *Concerto* für zwei Klaviere wurde 1972 von ihnen uraufgeführt.

Freund, Marya (1876–1966): Sopranistin, spezialisierte sich auf das deutsche romantische Lied und auf Musik des 20. Jahrhunderts. Sie sang bei der Uraufführung von Schönbergs *Gurreliedern* sowie bei den französischen Erstaufführungen von *Pierrot lunaire*, *Das Buch der hängenden Gärten* und das *Zweite Streichquartett* mit Sopran.
Froidebise, Pierre (1914–1962): belgischer Komponist, Organist und Musikwissenschaftler, war Professor für Harmonielehre am Conservatoire von Liège/Lüttich. Seine wichtigsten Werke: *De l'aube à la nuit*, *Trois poèmes japonnais*, *Cinq comptines*, *Auvercoeur* und *Stèle pour Sei Shonagon*.
Gatti, Armand (geb. 1924): französischer Dramatiker und Theaterregisseur italienischer Abstammung, Anarchist. Seine bekanntesten Stücke, die revolutionäre Inhalte auf die Bühne bringen, datieren aus einer späteren Zeit: *Le crapaud-buffle*, *La vie imaginaire de l'éboueur Auguste G.*, *V comme Vietnam*.
Gold, Arthur (geb. 1917): kanadischer Pianist, wurde bekannt als Duo-Partner von Robert Fizdale, mit dem er an der New Yorker Juilliard-School zusammentraf.
Green, Ray (geb. 1908): amerikanischer Komponist. Verfasser einer *Bibliography on Music Therapy*, 1952. Er beabsichtigte, einen originär amerikanischen Musikstil zu schaffen. Seine wichtigsten Werke: *Festival Fugues*, *Holiday for Four*, *Sunday Sing Symphony*.
Grimaud, Yvette (geb. 1920): französische Pianistin, Komponistin und Musikethnologin. Sie spielte die Uraufführungen früher Werke von Boulez (*Notations*, *Trois psalmodies*, *Erste* und *Zweite Klaviersonate*) und zusammen mit Yvonne Loriod die Uraufführung des ersten Buches der *Structures* für zwei Klaviere. Aufführungen von Werken von Nigg, Jolivet, Honegger und anderen. Wichtigste Werke: *Préludes*, *Quatre chants d'espace*, *Chant de courbe* für zwei Klaviere. Als Musikethnologin beschäftigte sie sich mit der Musik der Bochiman und der Pygmäen.
Guston, Philip (1913–1980): amerikanischer Maler. Zunächst geprägt von den italienischen Meistern Ucello und Piero della Francesca, dann vom Kubismus Picassos und vom Expressionismus Max Beckmanns. Ab 1950 abstrakte Bilder; unterrichtete am Washington Square College der New York University bis 1958; das Interesse von Boulez und Cage an seiner Malerei kann bei seinen damaligen Ausstellungen in verschiedenen New Yorker Galerien erwacht sein. Eigenwillige Rückkehr zu einer Art Gegenständlichkeit im Spätwerk.
Harrison, Lou (geb. 1917): amerikanischer Komponist, Schüler bei Schönberg und Cowell. Er erfand einige Musikinstrumente, wie etwa das »tack piano«. Dirigierte 1947 die Uraufführung der *Dritten Symphonie* von Charles Ives. Er komponierte auch für außereuropäische Instrumente, besonders für Gamelan-Orchester.
Henriot, Nicole (geb. 1925): französische Pianistin, studierte am Pariser Conservatoire und wurde mit dem Prix Marguerite Long ausgezeichnet. Ihr internationales Konzertprogramm war zugeschnitten auf die deutsche Romantik und auf zeitgenössische Komponisten.
Henry, Pierre (geb. 1927): französischer Komponist, Schüler von Nadia Boulanger und Messiaen. Trat 1949 in Pierre Schaeffers Studio für *musique concrète* ein

und leitete die dort arbeitende *groupe de recherche* von 1950 bis 1958. Später brachte er Prinzipien der konkreten Musik mit denen der elektronischen Musik in vielen eigenen Kompositionen für Elektronik zusammen – auch für Film, Fernsehen und Radio.

Jarre, Maurice (geb. 1924): französischer Komponist, Schüler von Honegger, Schlagzeuger im Musikensemble des Theaters Renaud-Barrault, das Boulez dirigierte. Später komponierte er für das T.N.P. (Théatre National Populaire, Paris), und nach einigen seriellen Werken wandte er sich der Filmmusik zu. Berühmt wurde er mit der Musik zu *Lawrence von Arabien* 1963 und *Doktor Schiwago* 1965.

Joffroy, Pierre: französischer Schriftsteller. Autor von *Les prétendants*, Erzählungen (Paris: du Seuil 1966), *L'espion de Dieu, La passion de Kurt Gerstein* (Paris, 1969), *La punition* (Theater) (Paris, 1971), *Vingt têtes à couper* (Paris, 1973). Zusammen mit Armand Gatti entstand 1961 das Buch *Vie de Churchill*.

Jolivet, André (1905–1974): französischer Komponist, beeinflußt von Schönberg und Varèse. Seine Werke waren nie strikt seriell. Er wurde in den vierziger und fünfziger Jahren mit verschiedenen substantiellen Werken bekannt, zuerst dem *Concerto pour ondes Martenot*.

Jutras, Claude (1930–1987): francokanadischer Filmemacher und etwa der Alexander Kluge des neuen quebecischen Films. Seine wichtigsten Filme: *Le dément du lac Jean-Jeune* (1947), *Mouvement perpetuel* (1949), *Pierrot des bois* (1956) und die Publikumserfolge *Mon oncle Antoine* (1971) und *Kamouraska* (1973).

Kirchner, Léon (geb. 1919): amerikanischer Pianist, Komponist und Dirigent. Erfolgreich vor allem mit seiner *Piano Sonata* 1949.

Leibowitz, René (1913–1972): französischer Komponist, Musikwissenschaftler, Dirigent und Lehrer. Schüler von Schönberg, Webern und Ravel. Von 1945 bis 1947 nahm Boulez bei ihm Privatunterricht über die neue Wiener Schule. Bekannter als seine Kompositionen wurden seine theoretischen Schriften: *Schoenberg et son école*, 1946; *Introduction à la musique de douze sons*, 1949; *L'évolution de la musique de Bach à Schoenberg*, 1952; *Histoire de l'opéra*, 1957 und *Schoenberg*, 1972.

Loriod, Yvonne (geb. 1924): französische Pianistin, studierte am Pariser Conservatoire bei Lévy, Ciampi, Messiaen und Milhaud. Wurde Messiaens zweite Ehefrau und spielte alle seine Werke für Klavier, wovon die meisten auf Schallplatte aufgenommen wurden. Ihre Aufnahmen von Boulez' *Zweiter Klaviersonate* sowie von Barraqués *Sonate* waren maßgeblich. 1961 Uraufführung von Boulez' zweitem Buch der *Structures* für zwei Klaviere, zusammen mit dem Komponisten in Donaueschingen. Lehrte in Darmstadt und am Pariser Conservatoire.

Martinet, Jean-Louis (geb. 1912): französischer Komponist und Dirigent. Schüler von Messiaen, Koechlin, Munch und Désormière. Besuchte außerdem Kurse bei Leibowitz. Seine Stilmittel leitete er aus Inhalt und »Empfindungen« seiner Werke her.

Masselos, William (geb. 1920): amerikanischer Pianist, widmete sich der Neuen

Musik, mit der er bekannt wurde. Uraufführungen von Charles Ives' *First Piano Sonata*, 1949; Aaron Coplands *Piano Fantasy*, 1957, und Ben Webers *Piano Concerto*, 1961.

McLaren, Norman (1914–1987), kanadischer Filmemacher und Erfinder der direkten »Zeichnung« auf Filmmaterial, Begründer des Studios für Zeichentrick des Office National du Film/Montréal.

Messiaen, Olivier (1908–1992), wahrscheinlich der bedeutendste französische Komponist und Lehrer in diesem Jahrhundert. Zu seinen Schülern gehörten u.a. Boulez und Stockhausen, seine Arbeit am Pariser Conservatoire wie bei den Darmstädter Ferienkursen in den fünfziger Jahren übte starken Einfluß auf eine ganze Generation avantgardistischer Komponisten aus.

Milhaud, Darius (1892–1974), in eigenen Worten »französischer Komponist jüdischer Religion«, Schüler am Conservatoire bei Dukas und Widor, befreundet mit Paul Claudel, als dessen Sekretär er zwei Jahre in Brasilien (1916 bis 1918) lebt. Hier entstehen *Saudades do Brasil.* Zurück in Frankreich Mitglied der *Gruppe der Sechs*, Einfluß auf Arthur Honegger. Polytonalität, Jazz-Elemente, Aufnahme folkloristischer Elemente. *Christophe Colomb* (1928) als heterogenes Bühnenwerk mit großem Chor scheint alle Facetten seiner grenzüberschreitenden Kunst zu vereinen. Sehr erfolgreiche Uraufführung in Berlin 1930. 1940 Emigration in die USA, intensive Schaffensphase trotz Lehrstuhl am Mills College. Rückkehr nach Frankreich 1947 und Eintritt ins Conservatoire, enger Kontakt zu den USA, schafft ein umfangreiches modernes Werk. Ehrungen zum 80. Geburtstag in Rom, Brüssel, seiner Heimatstadt Aix-en-Provence, den USA und weiteren Städten.

Monod, Jacques (geb. 1927), französischer Komponist, Pianist und Dirigent, Schüler von Messiaen und Leibowitz, später an der Juilliard School in New York, wo er Assistent bei R.F. Goldman wurde. Debüt als Pianist beim Konzert zum 75. Geburtstag Arnold Schönbergs. Von 1960 bis 1966 Chefdirigent des Londoner BBC Symphonieorchesters.

Nabokov, Nicolas (1903–1978): russischer Komponist, emigrierte 1933 in die Vereinigten Staaten, lebte seit 1950 hauptsächlich in Paris. Schüler von Busoni, Cousin des bekannten Schriftstellers Vladimir Nabokov. Machte sich um die Organisation verschiedener Musikfestivals verdient: *Congrès pour la liberté culturelle*, 1951; *Chefs d'oeuvre du XXe siècle*, 1952; *Musique de notre temps*, 1954. Schrieb vor allem Ballettmusik, z.B. *Ode*, 1927, und *Union Pacific*, 1934. 1964 erschien ein Buch über Igor Strawinskij.

Nigg, Serge (geb. 1920): französischer Komponist, studierte bei Messiaen und Leibowitz, Mitstudent von Boulez am Pariser Conservatoire. Engagierte sich in der französischen kritischen Linken um das »Prager Manifest«, wandte sich in dieser Zeit von der Zwölftonmusik ab. In dieser Zeit entstanden die Werke: *Le fusillé inconnu*, 1949, und *Pour un poète captif*, 1950. Professor am Pariser Conservatoire.

Philippot, Michel (1925–1996): französischer Komponist, studierte bei Leibowitz. Er schrieb serielle Musik, hatte verschiedene Verwaltungsposten beim französischen Rundfunk inne.

Pousseur, Henri (geb. 1929): belgischer Komponist und Theoretiker. Zu seinen wichtigsten Schriften gehören: *Fragments théoriques sur la musique expérimentale* und *Musique, sémantique, société*. Er war einer der Hauptvertreter serieller Musik in den fünfziger Jahren. Lehrte seit 1957 bei den Darmstädter Ferienkursen, komponierte Auftragswerke für Darmstadt und Donaueschingen. Gründete 1958 das elektronische Studio APELAC in Brüssel. Wichtige Werke: *Scambi*, 1957; *Répons*, 1960; *Trois visages de Liège*, 1961; *Votre Faust*, 1960–67 (zusammen mit Michel Butor), und *Les éphémérides d'Icare II*, 1970. Derzeit Direktor des Conservatoire von Liège/Lüttich.

Renaud, Madeleine (geb. 1920): französische Theater- und Filmschauspielerin, Regisseurin. Zusammen mit Jean-Louis Barrault Gründerin und Leiterin der Theatercompagnie Renaud-Barrault (siehe auch *Barrault, J.-L.*).

Roldan, Amadeo (1900–1939): kubanischer Komponist, Geiger, Dirigent und Lehrer. Seine Werke inspirieren sich vielfach an der afro-kubanischen Folklore, z.B. *La Rebambaramba* und *Ritmicas V & VI* für Schlagzeugensemble, 1930.

Saby, Bernard (1925–1975): französischer Maler aus dem Freundeskreis von Boulez, der für die Konzertprogramme des *domaine musical* oft nebenbei die Plakate und Titelseiten entwarf. 1986 große Retrospektive des Musée d'Art Moderne de la Ville de Paris, zu deren Katalog Boulez einen Beitrag beisteuerte.

Scelsi, Giacinto (1905–1988): italienischer Komponist. Studierte zuerst Zwölftontechnik bei Walter Klein und setzte sich bald intensiv mit Alexandr Skrjabin auseinander. Trat in Paris 1937 mit dem Stück *Rotative* hervor, veranstaltete zusammen mit Goffredo Petrassi Konzerte avantgardistischer Musik in Rom. Beschäftigung mit chinesischer Philosophie, was seine Komposition nachhaltig beeinflußte. Wichtige Werke: *Kya*, 1959; *Khoom*, 1962, und die *Streichquartette Nr. 2* bis *Nr. 5*, 1961 bis 1985.

Schaeffer, Pierre (1910–1995): französischer Komponist und Theoretiker, der musikalische Experimente mit konkreter Musik (*musique concrète*) durchführte. Ab 1942 setzte er Funk und Radio für die Résistance ein; Gründung des Versuchsstudios (*club d'essai*) beim französischen Hörfunk R.T.F. und nach Kriegsende der *groupe de recherches sur la musique concrète*, die 1958 zu einer Gruppe für experimentelle Musik wurde. Wichtigste Schriften: *A la recherche d'une musique concrète*, Paris 1952, und die einflußreiche Studie zur Klangmorphologie *Traité des objets musicaux*, Paris 1966 (RS).

Scherchen, Hermann (1891–1966): deutscher Dirigent und Lehrer. Eine der einflußreichsten Persönlichkeiten in der Musik des 20. Jahrhunderts. Zusammenarbeit mit Schönberg für die Uraufführung des *Pierrot lunaire* 1911; gründete 1918 die *Neue Musikgesellschaft* und das *Scherchen Quartett*. Herausgeber der Zeitschrift *Melos* (1919). Uraufführung von Alban Bergs *Wozzeck* 1924 in Frankfurt und von Schönbergs Opernfragment *Moses und Aaron* 1951. Lehrte u.a. in Venedig und Darmstadt, lehnte den Einsatz des Taktstocks ab. 1954 Gründung des Studios für elektronische Musik in Gravesano/Italien und Herausgabe der *Gravesaner Blätter*. Mitbegründer des Verlags für Neue Musik *Ars viva*.

Schlee, Alfred (geb. 1901) österreichischer Musikverleger, Direktor der Wiener Universal Edition, engagierte sich besonders für junge Komponisten Neuer Musik.

Scriabine, Marina (geb. 1911): russisch-französische Musikwissenschaftlerin und Komponistin, Tochter des Komponisten Alexandr Skrjabin. Ließ sich 1927 in Paris nieder. Autorin von *Introduction au langage musical* und *Le langage musical*, Paris: du Minuit 1961 und 1963; zusammen mit Boris de Schloezer, *Problèmes de la musique moderne*, 1959.

Sekula, Sonia (1918–1963), ungarisch-schweizerische Malerin, befreundet mit Klaus Mann und Annemarie Schwarzenbach, seit 1936 in New York, lernte 1947 Cage und Cunningham dort kennen und lebte zeitweise im selben Haus in der 326, Monroe Street. Ausstellungen in der Galerie Betty Parsons, große Europa- und Nordafrikareise, während derer sie offenbar auch Boulez besuchte. 1952 Rückkehr in die Schweiz, 1963 Selbstmord in Zürich. Sie kommt in einigen Anekdoten in *Silence* vor, 1996 erscheint bei Lenos in Basel: *Sonia Sekula, Im Zeichen der Frage – im Zeichen der Antwort*, ausgew. Texte u. Bilder, hg. von Roger Perret.

Souris, André (1899–1970): belgischer Komponist, Dirigent und Musikwissenschaftler. Dirigierschüler von Scherchen, gründete 1947 die Zeitschrift *Polyphonie*. Unterrichtete von 1949 bis 1964 Harmonielehre am Conservatoire in Brüssel; seine wichtige Schrift *Conditions de la musique*, Brüssel 1976, ist beeinflußt von der Gestaltpsychologie und der Philosophie Gaston Bachelards.

Souvchinsky, Pierre (1892–1985): russischer Publizist und Kritiker, emigrierte 1927 nach Paris. Begegnete früh Prokofjew und Strawinskij, gründete noch in Rußland die Zeitschrift *Le contemporain musical* und zusammen mit dem Linguisten Trubetzkoj in Prag die Zeitschrift *Eurasia*. Umfangreiche Korrespondenz mit Boris Pasternak, Freundschaft mit Antonin Artaud. Mitarbeit bei der bedeutenden Kulturzeitschrift *Nouvelle Revue Française (NRF)*, Autor von *Un siècle de musique russe* und Herausgeber der beiden Bände *Musique russe*, Paris 1953, wofür Boulez den erwähnten Artikel über Strawinskijs *Sacre du Printemps* verfaßte.

Stockhausen, Karlheinz (geb. 1928): deutscher Komponist, schrieb die ersten Stücke elektronischer Musik und war in den fünfziger Jahren ein gefeierter Vertreter der musikalischen Avantgarde. Wie Boulez und Luigi Nono entwickelte er den Serialismus. Sein Konzept der »Momentform« beeinflußte viele nachfolgende Komponisten. Sein eigenes Werk weist seit den siebziger Jahren Einflüsse der japanischen Philosophie und des amerikanischen Minimalismus auf; sein siebenteiliger Opernzyklus *Licht* ist das ambitionierteste »work in progress« der Neuen Musik.

Strang, Gerald (1908–1983): Komponist und Lehrer, studierte bei Schönberg, Toch und Koechlin. Komponierte vor allem Instrumentalwerke, später elektronische und Computer-Musik.

Strobel, Heinrich (1898–1970): deutscher Musikkritiker und Musikorganisator. Leiter der Musikabteilung des Südwestfunks, Baden-Baden, wohin er Boulez 1959 einlud. Direktor der *Donaueschinger Musiktage*. Übernahm die Herausgabe der Zeitschrift *Melos* mit ihrem ersten Wiedererscheinen nach dem Krieg

1946. Die nach ihm benannte Heinrich-Strobel-Stiftung fördert heute junge Komponisten Neuer Musik. Boulez schrieb einen Nachruf auf ihn, der in *Anhaltspunkte* aufgenommen ist.

Tézenas, Suzanne (gest. 1991): französische Mäzenin, die junge Musiker förderte und Boulez bei der Gründung der Konzertreihe Neuer Musik im Théatre du Marigny, die bald unter ihrem Vorsitz als *Domaine Musical* berühmt wurde, unterstützte.

Thomson, Virgil (1896–1989): amerikanischer Komponist und Kritiker, lebte von 1925 bis 1940 in Paris. Obwohl er ästhetisch eher dem Neoklassizismus nahestand, legte er in vielen Artikeln konstantes, freundliches Interesse für Cage und Boulez an den Tag. Schrieb zwei Opern zu Libretti von Gertrude Stein: *Four Saints in Three Acts*, 1927/28, und *The Mother of Us All*, 1947. Mitbegründer der League of Composers.

Tudor, David (1926–1996), bedeutender amerikanischer Pianist und Komponist Neuer Musik, wurde seit den frühen fünfziger Jahren bekannt als Interpret und Anreger des Komponistenkreises um Cage. Aufführungen und Aufnahmen wichtiger Werke von Cage, Feldman, Brown, Stockhausen und anderen. Amerikanische Erstaufführung von Boulez' *Zweiter Klaviersonate* am 17.12.1950, Uraufführung von Cages *Music of Changes* am 1.1.1952 und am 29.8. desselben Jahres auch von *4'33*, dem ersten völlig stummen Stück der westlichen Musikgeschichte, in Woodstock/New York. Uraufführung des *Concerto for Prepared Piano and Chamber Orchestra* von Cage (15.5.1958); 1959 und 1960 Uraufführungen von *Refrain* und *Kontakte* von Stockhausen, der Tudor seine *Klavierstücke IV-VIII* widmete. Seit 1953 häufig für das Ballett Merce Cunningham tätig, zwischen 1956 und 1961 regelmäßig Veranstaltungen bei den Darmstädter Ferienkursen für neue Musik. Seit Mitte der sechziger Jahre Komposition und Interpretation von Musik für Live-Elektronik.

Weber, Ben (geb. 1916): amerikanischer Komponist, schuf Werke in Zwölfton- und serieller Technik.

Wolff, Christian (geb. 1934): amerikanischer Komponist deutscher Herkunft, geboren in Nizza als Sohn des bekannten deutschen Verlegerpaares Helen und Kurt Wolff, das 1941 in die Vereinigten Staaten emigrierte. Studierte (und lehrte später) klassische Philologie in Harvard. Zuerst musikalischer Autodidakt, dann Unterricht bei Cage. Beschäftigte sich in den fünfziger Jahren mit der Interaktion zwischen den Interpreten, mit der Rolle von Stille in der Musik und dem Wert jedes Klangs für sich genommen.

Wolpe, Stefan (1902–1972): deutscher Komponist und Kommunist, war als Sechzehnjähriger in eine Berliner Künstlerkommune eingezogen, studierte später bei Webern Instrumentation. Eintritt in die KPD, gründete noch in Berlin ein AgitProp-Kabarett, für das er die Musik schrieb. Emigrierte zuerst nach Palästina, wo er auch lehrte, ein Jahr später in die Vereinigten Staaten. Lehrte dort an verschiedenen Universitäten und Colleges, übte auf Feldman, Shapey und Tudor einigen Einfluß aus. Sein wichtigstes Werk: *Sonate für Klavier und Geige*, 1949.

Woronow, Wladimir (1903–1980): belgischer Komponist russischer Herkunft. Schuf Werke in serieller Technik.

Wyschnegradski, Iwan (1893–1979): russischer Komponist, seit 1920 in Frankreich ansässig. Schüler bei Sokolow, geprägt von Skrjabin. Er experimentierte mit Vierteltönen, sogar Sechsteltönen und anderen Tonhöhensystemen. Konstruierte ein Vierteltonklavier; seine frühesten Vierteltonwerke datieren von 1918 (RS).

Personen- und Werkregister